中国社会科学院创新工程学术出版资助项目

穿透"我思"

——对科耶夫欲望理论的存在论研究

崔唯航◎著

中国社会科学出版社

图书在版编目(CIP)数据

穿透"我思":对科耶夫欲望理论的存在论研究/崔唯航著.—北京:
中国社会科学出版社,2014.4
ISBN 978-7-5161-4146-5

Ⅰ.①穿… Ⅱ.①崔… Ⅲ.①科耶夫,A(1902~1968)—政治哲学—
研究 Ⅳ.①D0

中国版本图书馆 CIP 数据核字(2014)第 066703 号

出 版 人	赵剑英
责任编辑	赵 丽
责任校对	张依婧
责任印制	王炳图

出 版	中国社会科学出版社
社 址	北京鼓楼西大街甲 158 号(邮编 100720)
网 址	http://www.csspw.cn
	中文域名:中国社科网 010-64070619
发 行 部	010-84083685
门 市 部	010-84029450
经 销	新华书店及其他书店

印 刷	北京君升印刷有限公司
装 订	廊坊市广阳区广增装订厂
版 次	2014 年 4 月第 1 版
印 次	2014 年 4 月第 1 次印刷

开 本	710×1000 1/16
印 张	14.75
插 页	2
字 数	258 千字
定 价	45.00 元

凡购买中国社会科学出版社图书,如有质量问题请与本社联系调换
电话:010-64009791

目 录

引　言

科耶夫是谁

　　1930 年，乐口奶酪公司的股票价格大幅度下跌，这使得作为投资人之一的亚历山大·弗拉基米洛维奇·科耶夫尼科夫的富足生活突然化为乌有。与此同时，法国高等研究实践学校黑格尔研讨班的主讲者亚历山大·科瓦雷的晋升使得研讨班面临后继无人的危机。历史的某种契合将这两件看似完全无关的事情连接了起来。在科日雷的力荐下，这位喜欢别人称其为"科耶夫"的科耶夫尼科夫担当起了新一任黑格尔研讨班的主讲人。这一方面解决了黑格尔哲学研讨班的继承人问题，另一方面科耶夫也因此可以"挣点小钱"用以维持生计。两个危机同时得到了解决。但在此之前，这位刚刚进入而立之年的青年学者不过是这一研讨班中的一个成员而已。一个学员凭借什么能够在一夜之间要成为这个研讨班的主讲人？这位俄裔的学术新秀能否担当这样一份工作？所有这些疑问，究其根本，都在于我们对于这个被称为科耶夫的人一无所知。

　　科耶夫的学生阿兰·布鲁姆曾经这样描述过他的生活：只要办公室的门一关，他（科耶夫）就会回到对康德、黑格尔哲学津津乐道的探讨之中。[①] 科耶夫的人生始终与他的哲学相互渗透、互为参照。他的哲学主张就是他的生活理想，他的现实生活就是他的哲学主张的实现。哲学与现实在科耶夫那里达到了高度统一，难怪他自诩为黑格尔思想的唯一后继者。按照他的理解，黑格尔是拿破仑在哲学上的代言人，拿破仑则是黑格尔在现实中的代理人。二者都是绝对精神的体现。在科耶夫看来，这是黑格尔在耶拿战争的炮火中所体验到的历史的终结所带给他的智慧。而科耶夫则是今天的黑格尔，因为他一方面大胆否定了黑格尔对于历史终结于拿破仑

---

　　① 参见莎蒂亚·德鲁里《亚历山大·科耶夫：后现代政治的根源》，赵琦译，新星出版社2007 年版，第 267 页。

的判断；另一方面却又仿照黑格尔的推演模式，指出了一个新的历史终结点，即斯大林的统治才是历史真正的终结点，并同时将自身视为这一终结点的唯一洞察者。与黑格尔有所不同的是，科耶夫不满足于仅仅在书斋中描述历史，他还要走入现实之中去创造历史。

海德格尔在讲述亚里士多德生平的时候只用了三个词予以描述：出生、工作、死亡。这种简洁到极致的描述使它几乎可以适用于描述任何人的一生。然而我们也可以透过这三个简单的词汇解读出丰富的可能性，以此来描述的人生亦将是色彩斑斓的。特别是对于像科耶夫这样拥有如此之复杂经历的人而言，更是如此。

一　出生

20 世纪初在俄国贵族家庭的"出生"注定了科耶夫的一生无法平静安逸。这个"出生"决定了科耶夫及其思想的可能走向。1919 年年底，不满 18 岁的科耶夫在革命的炮火中游走他乡，在经历了被放逐的切身体验之后，科耶夫在他带有自传色彩的《哲学笔记》中记录下了当时这种逃离的真切体验："今天，我越过了边境线；只是在今天，我才理解什么是祖国。整整一天，忧伤的情绪没有离开过我。"[1]这种"失去"之后体验到的存在之意义，对于科耶夫的人生来说成为了不断被重复的历史：父亲与继父的先后死亡，财富的突然到来与消失一次次冲击着科耶夫不断复归平静的生活。因此，毫无疑问，这些体验成为了构筑其哲学思想的核心概念的存在论基础，这些概念包括：非实存、死亡与欲望。

青年时代的"放逐"，在研究者的眼中或许是被动的，但对于科耶夫本人来说却包含着一种主动的意味，并且这一主动性充满了悖论，这一悖论埋下了他思想中复杂的政治取向。科耶夫的被"放逐"源于 1918 年的一次黑市交易。在战时共产主义的历史情景下，这一行为是被政府无法容忍的行为。科耶夫因为倒卖肥皂的黑市交易被捕，并亲眼看见了他的年轻伙伴无声无息的消失。这种恐怖的经历合乎逻辑的结果是科耶夫应该憎恨革命。作为贵族，这种对革命的憎恨似乎应该是与生俱来的。但与之相反

---

① 科耶夫：《哲学笔记》，1920，转引自多米尼克·奥弗莱《亚历山大·科耶夫：哲学、国家与历史的终结》，张尧均译，商务印书馆 2013 年版，第 76 页。

的是，科耶夫在这一经历中并没有产生对革命的憎恨，而是"被革命思想吸引了"，成为了一名共产主义者。①

这一令人大跌眼镜的反常结果或许应该从俄国贵族知识分子的独特特性来看。俄国知识分子天生带有反对资本主义的倾向。科技进步、生产力的发展所带来的贫富分化等一系列问题在一开始就已经被俄国思想家们所洞察。陀思妥耶夫斯基、赫尔岑、普希金、莱蒙托夫、果戈里、托尔斯泰、车尔尼雪夫斯基、索洛维约夫等人早年对于西方都有所向往，但之后却逐渐转向了民族主义，反对私有制，并对西方资本主义社会的发展表达了不同程度的反感。这种天生的现代性批判者是一种特有的文化根性，植根于所有俄国知识分子的内心当中。虽然他们并不擅长于行动，但这种批判精神却显然使其对于革命拥有天然的同情。年轻的科耶夫生长在莫斯科上流社会一个带有世界主义的精英阶层。因此必然沾染这个阶层特有的精神气质：同情革命，但同时又缺乏行动力。

当然科耶夫对于共产主义的同情决不能仅仅从这一个维度来加以分析，在我们看来，他在少年时代对于人的自由的关注也是其转向共产主义的根源所在。从科耶夫14岁时对于阿吉奴斯岛之战的关注（对此我们将在随后展开讨论），科耶夫已经开始关注到在个人与社会的道德冲突之中所凸显出来的个人自由的问题。在面对着革命与恐怖，科耶夫似乎体验到了一种实现人的绝对自由的可能性，尽管这种绝对自由的体现是以否定的方式被显现出来的。共产主义作为革命所指向的理想未来因此也成为了绝对自由的实现。

由此，科耶夫的放逐在形式上是被迫的——他由于家里的关系，才得以从监狱中被释放出来，由一个被判死刑的人再次成为自由人，因此流亡似乎是逃避这段经历的选择——但在实质上却是科耶夫的自主选择。科耶夫在1968年接受拉普吉为《文学半月谈》所做的访谈中仍然坚持这一观点："我当时是共产主义者，我没有理由逃离俄国。"②然而科耶夫最终却仍然选择和他的德国伙伴一起偷渡出国。其中的原因，科耶夫在同一访谈中

① 参见多米尼克·奥弗莱《亚历山大·科耶夫：哲学、国家与历史的终结》，张尧均译，商务印书馆2013年版，第66—67页。
② 同上书，第57页。

做了一个极为隐晦的说明:"我知道共产主义的建立将意味着可怕的三十年。"① 这一个断语包含着一个关于恐怖期限的设定。对于这个期限的设定,我们无须过于计较。需要认真面对的是科耶夫在面对历史时所带有的辩证性视角:否定性是达到肯定性的一个不可或缺的环节。历史性地去观看历史,苦难是通向理想未来的必要环节。但科耶夫却不愿意直面这个苦难,于是他用偷渡与流亡来回避着"可怕的三十年"。

流亡与放逐,对于不久之后就获得了一份可观财产的科耶夫来说,其实是一种幸福。科耶夫离开俄国之后,游历德法,精神生活极为丰富。他进行广泛的阅读,任思想的足迹信马由缰地驰骋在东方与西方、哲学与艺术、科学与政治之间。作为思想家的科耶夫在 1933 年之前如同一个还在母体中的婴儿,努力吸收着固有胚胎给他的营养,直到时机成熟之时,科耶夫完成了他的第二次"出生"——一个思想的诞生。

二　工作

1932 年,科瓦雷开始在高等研究实践学校讲授"黑格尔的宗教哲学"。科耶夫原本是这一研讨班的一员,此时的科耶夫已经不再富足,而是面临着生存的危机,因此当科瓦雷提名由他来继续主持这一研讨班的时候,科瓦雷的推荐是雪中送炭。这不仅意味着科瓦雷给了科耶夫一份"工作",同时更催生了科耶夫思想的诞生。

这是科耶夫的第一份真正意义上的"工作"。科耶夫成体系的著述并不是很多,因此由这个研讨班的课堂笔记整理出来的《黑格尔导读》就成为了一份理解科耶夫思想的最为扎实的一个文本。这是科耶夫第一份"工作"的成果。它将 1939 年之前科耶夫的所有思想全部倾泻而出。少年时代、青年时代的科耶夫曾经零打碎敲的一些思想现在都依赖于对黑格尔《精神现象学》的逐章解读而组成了一个体系。在这一体系当中,科耶夫将诸多带有东方神秘主义以及马克思主义色彩的多种富有灵性的思想都塞给了黑格尔。因此科耶夫对黑格尔《精神现象学》的导读,与其说是讨论黑格尔的思想,还不如说是第一次讲述了某种隶属于科耶夫本人的思想。

---

① 转引自多米尼克·奥弗莱《亚历山大·科耶夫:哲学、国家与历史的终结》,张尧均译,商务印书馆 2013 年 9 月版,第 71 页。

1948 年 10 月 7 日，科耶夫在回应越南哲学家唐·迪克陶的一封信中清晰的指认了这一点："我的著作并不是一种历史性的研究；黑格尔究竟在他的著作中试图说些什么，对我来说根本不重要。我只是借助于黑格尔的文本来展开我的现象学人类学。"[1]这种指认对于那些对于黑格尔的"本意"了如指掌的读者来说或许是一个不言自明的事实，但对于当时的法国学界来说却是一个非常有必要的声明。因为黑格尔及其《精神现象学》对于此时的法国学界来说，仍然是一个理论的黑洞。黑洞的旋涡中究竟翻滚着多少庞杂的思想，对于当时的法国青年学子来说都是未知的。因此，在当时的法国学子眼中，1933—1939 年科耶夫对于黑格尔《精神现象学》的导读就是对黑格尔哲学之本质的精神展现。人类思想史曾一再证明，重要的思想往往来自于某种或有意或无意的误读。科耶夫的黑格尔导读或许没有能够培养出一批研究黑格尔哲学的学者，但却孕育出了一大批影响当代法国哲学的思想者。其中包括雅克·拉康、雷蒙·阿隆、梅洛·庞蒂、巴塔耶，让·伊波利特，等等。这些科耶夫式的黑格尔主义者们在随后的三十年里成长为法国现象学、存在主义以及后现代主义运动的主将，而科耶夫的黑格尔研讨班对这些思想形成所具有的关键性启发意义，他们从未讳言。

拉康，这位孤傲的精神分析学家一生刚愎自用，但却坦然承认科耶夫是他的精神导师。[2]雷蒙·阿隆曾这样形容他在科耶夫研讨班中所经历的思想冲击："（科耶夫）使倾向于怀疑和批判的超级知识分子听众着迷，这是他的才能，他的辩证的知识造诣所致，甚至那些怀疑历史的天意的人，那些怀疑艺术的技巧的人，都抵挡不住这位哲学魔术师的诱惑。"[3] 由此雷蒙·阿隆毫不犹豫地把科耶夫列为平生所遇到的三个真正卓尔不群的心灵之一。1983 年，雷蒙·阿隆对《文学杂志》（*Magazine Littéraire*）的让—雅克·布洛歇说："我多次说过，科耶夫处在仅次于康德和黑格尔之类的伟大哲学家之列。"巴塔耶也曾经这样诉说自己在科耶夫的黑格尔研讨班上的体验：科耶夫对《精神现象学》的天才解释将他"撅断、捣碎、连续

---

[1]　《科耶夫给迪克淘一封信（1948 年 10 月 7 日）》，夏莹译，《学海》2010 年 6 期。

[2]　Elisabeth Roudinesco, *JacquesLacan*, trans. Barbara Bray, New York：Columbia University Press, 1997, p. 99.

[3]　吕迪格尔·萨弗兰斯基：《海德格尔传》，靳希平译，商务印书馆 1999 年版，第 459 页。

击毙死十几次；被掐死，被打倒在地，还踏上一只脚，然后撇在一边"。①
他的学生们几乎一致认为，科耶夫"在思想上绝对地统治了一代人"。②

科耶夫的研讨班何以具有如此强烈的感染力？其思想的独到之处当然
是不可回避的一个方面。对这一方面的展现，我们或可留待随后的理论研
究来加以展开。但在此我们更倾向于以一种感性的方式去直观科耶夫研讨
班的魅力所在。在新近出版的法国学者多米尼克·奥弗莱的科耶夫传记
中，我们透过文字，发现了在讲台上那个意气风发的青年贵族，用他独特
的言语和声音首先征服了他的听众：

"他的声音中的感染力根本不在于比如说有一种动听的音质。科耶夫
说一口流利的法语和德语，但他的音质与众不同，半是斯拉夫口音，半是
勃艮第口音，舒雅指出了这一点。他用舌尖颤动着发 r 音，有意地用一种
大众的语言，一种极为简单的表达方式，这与概念的严格性和逻辑的支配
性形成了对照。这是一种高空走索般的联系。一种生气勃勃、抑扬顿挫的
语言，配以一种并不柔软而具有爆发力和变化多姿的声音，它投射向前，
知其所往，时时改变音调，以启人心智。值得注意的，正是这种对每个短
语分别予以渲染，使之表现出其自身特质的方式，是他用'因此'、'为
何'等词所显现的逻辑明晰性，是某种来自其思想的金玉之质所体现的基
本力度，才使他的表达臻于极致。在这种犀利的语言中有一种冲力，贯穿
于其轻捷有度的流动中，有时桀骜不驯、咄咄逼人，有时又妙语连珠，如
水轻漾；这是一种完全道成肉身的思想的脉动，听者独特感奋正源于此。
令人称奇的，就是这种声音的人性魅力和它的修辞力量。"③

根据科耶夫研讨班中一位女学生邓尼斯·哈拉里的回忆，科耶夫的课
程之于她是"一种陶醉。我已经有幸参加过科瓦雷的课，这是与人们在索
邦能听到的课如此不同……尽管我也曾很有兴趣地听过布伦士维格、让·
华尔的课，但科耶夫，总而言之，他是完全不同的。科耶夫既非常谦逊，
又颇为自许。他总是微笑着对你们说：'我么，我就是一个天才。这总是
会使一些人不快，但最终，我之所以这么说，是因为这是事实。'随后，
他就解释，天才就是以一种直接的方式洞见事物。最终重建一种像儿童那

---

① 吕迪格尔·萨弗兰斯基：《海德格尔传》，靳希平译，商务印书馆1999年版，第459页。

② 同上。

③ 多米尼克·奥弗莱：《亚历山大·科耶夫：哲学、国家与历史的终结》，张尧均译，商务
印书馆2013年版，第254—255页。

样直达事物的方式。正是通过这样一种全新的观看方式，他使那些人哑口无言。这是人们特别会有的一种印象"。①另一位学生马蒂内这样说："新颖，且不容置疑！这就是可怕的地方。我们有一种陷入鱼篓子而无法找到出路的感觉，不可能再从中摆脱出来了，就是这样！"②

科耶夫主持的研讨班为他在学术界赢得了很高的声望，如果科耶夫沿着这条道路一直走下去，那么他将会成为当代法国哲学界一个德高望重的思想家和学者。但随着欧洲形势的恶化，整个法国似乎也难以放下一张平静的书桌。科耶夫于 1939 年年底收到了征兵令，并被编入了吕埃尔的兵营，但他却在一次获准度假中错过了其部队所参与的德国入侵阿登省的战役，并从此失去了与所属部队的联系。科耶夫所参加的第二次世界大战就此结束。虽然他没有能够再上战场，但却再也没有回到高等研究实践学校的课堂。这或许对于科耶夫来说是又一次断根，即与之前整个书斋式的研究路径的割裂。并且这种割裂又一次出于科耶夫的主观能动性，具体而言，是源于科耶夫在读解黑格尔过程中所凸显出的关于人的行动和自由的理解。

1939 年，科耶夫的黑格尔研究恰好接近尾声，他完成了对《精神现象学》第八章的系统解读。科耶夫在黑格尔的绝对知识中看到了历史的终结，人类社会将进入普遍而同质的国家。科耶夫是这个时代的智者，因为只有他看到了这一历史境遇，并最终指认了它。在这一历史境遇下，理论研究的意义似乎也近乎终结了。顺应历史的潮流，科耶夫更为关注如何构建未来普遍而同质的国家。历史是人创造的。科耶夫在凸显人的行动和自由的意义上带有着马克思主义的色彩。于是理论的洞察结束之后，随后的工作便理所当然地是在现实的实践中去行动，顺应历史的潮流，构建一个合理的未来。1939 年之后的科耶夫，结束了对黑格尔哲学的研讨。他的思想已经跃出了纯粹学理的探讨，走向了对于当下政治哲学的思考。于是诸如《法权现象学》的著作才得以产生。在其中，他对于以法律与经济所构筑的现代社会的种种问题给出了富有建设性的探讨。科耶夫的实践首先以理论的方式展现出来，而后一个恰好的机会让科耶夫进入了政界，并成为

---

① 转引自多米尼克·奥弗莱《亚历山大·科耶夫：哲学、国家与历史的终结》，张尧均译，商务印书馆 2013 年版，第 273—274 页。

② 同上书，第 274 页。

了法国政界的智囊团，参与了关于建立国际贸易组织的谈判。这种理论与实践的结合，注定了科耶夫的成功。

关于科耶夫政治生涯的卓越表现，他的同事克拉皮耶曾经这样描述："我坐在谈判桌主位，他坐在我的旁边，在一张小纸条上向我传递信息，向我建议可以利用的论据……这对其他的代表团来说是件可怕的事，恰恰是因为他的想象力极为丰富，他毫不费力地说明各种难以反驳的论据。当看到科耶夫在法国代表团里出现时，其他的代表团中都会出现恐慌，尤其是当没有人与他在一起时。那个时候，就是他的行政生涯中，同时也是他的辩证法中最精彩的一幕，因为他在那一刻完全成了游戏的主人。他的确具有无与伦比的智慧。"[①]

科耶夫的人生从此走向了一个完全不同的历史阶段。但不管从事什么样的"工作"，对于科耶夫来说都是一种幸福。因为他所做出的每个选择都是他的自主，因而也是自由的行动，而这一点恰是科耶夫哲学的核心精髓所在。从这一意义上说，科耶夫在他的人生中看到了他对人生的理解，这正是黑格尔的真理所包含的基本内涵。

三　死亡

对于科耶夫而言，死亡乃是自由的另一种显现。在《黑格尔导读》中，科耶夫曾经这样阐发死亡的现象学意义："'辩证的'死亡不止是纯粹的中介或从外面强加的限制。如果死亡是否定性的一种'显现'，那么正如我们所知道的，自由就是否定性的另一种'显现'。因此，死亡和自由只不过是一个唯一的和同样的事物的两个（'现象学的'）方面，因此，说'终有一死的'，就是等于说'自由的'，反之亦然。"[②]这一富有存在主义色彩的解读同样可以用来诠释科耶夫的死亡。

1968 年 6 月 4 日，科耶夫在布鲁塞尔参加一次共同市场的会议时，突发心脏病去世。这一年对于法国哲学来说是一个重要的转折点。在"五月风暴"的袭击下，法国哲学的黄金一代登上了历史舞台。在这场"不为了

---

① 多米尼克·奥弗莱：《亚历山大·科耶夫：哲学、国家与历史的终结》，张尧均译，商务印书馆 2013 年版，第 17 页。

② 科耶夫：《黑格尔导读》，姜志辉译，译林出版社 2005 年版，第 615 页。

面包，只为了玫瑰"的革命中，法国哲学从现代转向了后现代，拉康、雷蒙·阿隆、德里达、福柯、梅洛·庞蒂、巴塔耶、鲍德里亚等一批后现代思想家提出了形形色色的哲学批判。恰恰是在这个时候，科耶夫"死亡"了，正如他所理解的那样，这种死亡反而凸显了他的哲学意义。科耶夫的死亡成为了一个时代的终结，与另一个时代开启的标志。在死亡之前，他的思想以悄无声息的方式传播着、渗透着；在死亡之后，他播下的思想种子，在革命的催化之下迅速成长为一片森林。在这片思想的森林之中，几乎每一株树木都曾经或多或少、或直接或间接地吸收过科耶夫思想的养分。

2007 年 3 月 6 日，当代法国思想家鲍德里亚去世了。各大媒体纷纷宣称法国黄金一代思想家彻底陨落了。作为 1968 年开始登上学术舞台的一代，鲍德里亚思想是"68 革命"的产物，也是法国思想界在经历了科耶夫思想洗礼之后，所结出的一个最为晚近的思想果实。鲍德里亚的死亡再次被标注为一个时代的终结，而我们总是习惯于在终结点上进行回顾，也许此时正是我们回望法国当代哲学的一个绝好时机。在这种回望中，科耶夫无论如何是不应被忽视的。因为正是他首先吹响了法国哲学批判的号角，并为法国哲学的后现代转向奠定了基础；同时，科耶夫还对包括从柏拉图到黑格尔以来的整个西方哲学传统进行了精深而富有原创性的研究。除了《黑格尔导读》之外，他还有三卷本的《论异教哲学思想史》（第一卷：《前苏格拉底哲学家》；第二卷：《柏拉图—亚里士多德》；第三卷：《希腊化时代哲学—新柏拉图主义哲学家》）、《康德》、《论法学现象学》、《概念，时间和语言》等一系列著作。

我们总是习惯于关注一个孩子的成长，而忽略了母亲对于这一成长所具有的决定性作用。科耶夫思想在国内外学界至今还没有引起足够重视就说明了这一点。这种忽视一定会在某种程度上影响我们对于当代法国现象学运动、法国存在主义以及存在主义马克思主义等诸多思潮的理解。我们目前的这个研究或许可以在某种意义上接续这一历史的断裂。但这种接续严格说来并不全面。我们在此所做的工作并不是要对科耶夫思想进行一个全面的研究，而仅仅是选取其中一个要点，即对于科耶夫哲学中最富原创性的欲望理论给予一次较为系统的考察研究。在我们看来，科耶夫的欲望理论不仅支撑着科耶夫的哲学人类学，同时也是其所推崇的"非实在"哲学倾向的具体展开。我们在这一理论中不仅看到了科耶夫的哲学精髓，同时更看到了他作为"卓尔不群"的心灵为整个哲学历史的发展所作出的杰出贡献：对形而上学的批判与颠覆。虽然科耶夫绝不是批判和颠覆形而上学的第一人，但其独特的颠覆路径却对当代法国哲学产生了最为深刻的影响。进一步说，当代的法国哲学，就其产生的广泛影响而言，早已超出了一个国别哲学的概念，而在一定意义上成为了当代哲学的一个代名词。因此科耶夫对形而上学的批判和颠覆具有极其重要的历史和时代意义。

第 一 章

科耶夫哲学的历史境遇

科耶夫哲学的建构方式是独特而隐蔽的。他借助于对黑格尔的解读走出了自己的道路。一般而言，文本导读的形式往往以探寻文本的"原义"为旨归，但科耶夫的解读则与众不同。他在对黑格尔的解读中淋漓尽致地展现其自己的思想。这固然可以找到多种原因，但其所处的特定历史境遇则无论如何都不容忽视。因此，我们有必要在此予以一番历史性考察。具体来看，科耶夫在 1933 年开始讲授黑格尔的时候，对于法国学界而言，黑格尔哲学仍然是一个十分陌生的思想存在。作为两个临近的国家，法国哲学为什么难以接纳德国古典哲学的鸿篇巨制呢？面对异常深邃而又充满时代气息的德国哲学，法国学者为什么到了如此晚近的时候才真正为其所动？为了回答这些问题，我们需要将目光投向科耶夫思想诞生和成长的历史境遇，去探究德国哲学与法国哲学不断遭遇，又不断回避的那段历史。

第一节　当代法国的历史与哲学

"法国并不是一个具有哲学气质的国度"[①]，这是一部近 700 页的法国哲学史导言开篇所说的一句话。这种判断对于我们来说似乎有些不可理解。正如我们无法理解黑格尔否认中国哲学的存在一样。因为众所周知，如果没有笛卡尔，德国古典哲学的建构论将是难以想象的。因此如果在 17 世纪有人提出这个问题的话，那么他肯定将遭到人们的嘲笑，认为他根本不懂哲学。到了 18 世纪，如果有人再提出这个问题的话，则会被当作是对"启蒙运动"的反动，这也就意味着对抗整个世界历史发展的时代潮流。而到了 19 世纪，法国人自己却开始回避这个问题，其原因就是他们

---

① Denis Huisman, *Histoire de la philosophie française*, Perrin, 2002, p. 13.

普遍认为这个世纪是法国哲学黑暗的中世纪，没有哲学可言。这种观点当然是 19 世纪的思想家们所无法接受的，实证主义的鼻祖孔德成为这个时代的典范。但是到了 20 世纪，这个问题不但可以提出，而且变成了一个很迫切的问题。

实际上，在法国哲学是否存在的质疑当中，显然包含着对于哲学本身的一种理解。在当代法国，哲学缺乏一种学院气息，缺乏同时代德国哲学所具有的那种深邃的思辨性。尽管思辨哲学同样诞生于对社会现实的深切关注，但其关注的方式却与法国人不同。康德忧心于形而上学的没落，但却认为对认识论的考察是解决问题的基本路径。黑格尔强调对社会现实的洞察和把握，但却将这种现实性的实现诉诸以辩证法为核心的思辨哲学。虽然黑格尔醉心于法国大革命，并在青年时代对于自由与民主的政治体制颇为关注，但最终他只是用他的理论，而非现实的革命展开他对社会所抱有的宏伟抱负。与之形成鲜明对比的是当代法国学者关于哲学实现方式的所思所为，对此柏格森曾经这样说："法国哲学的书写并不局限于某个特定的范围，它关注于一般的人性。如果要衡量他们的思想深度，充分理解其内涵，要成为哲学家或者智者，但这些人并非是一些受过教育的人，后者仅仅读一些主要的著作，并从中得出某些结论。"①

柏格森的概括是准确的。当代法国哲学在面对共同的问题域，即对一般人性的关注之下结成了一个群体。这种共同问题域的形成一方面基于时代给予的共同问题，另一方面则源自共同的历史和文化语境。因此，我们在讨论法国哲学时或许不应过多地关注于某些哲学假设的统一传统，而应更为着重地关注哲学话语在法语语言中的历史展开。这种历史展开被法国公立机构（特别是各种公立教育和学术机构）所影响，并且打上了某些历史和学术重大事件的深深烙印。那么法国哲学中的"当代"问题又应该如何界定呢？这个问题也是一个难以达成共识的问题。在此，米歇尔·福柯为这一问题提供的一种解读较具启发意义。

1978 年，福柯在为康吉莱姆（Georges Canguilhem, 1904—1995）的《正常与变态》（*The Normal and the Pathological*）一书的英文版做序时，讲述了有关当代法国哲学兴起的历程：20 世纪 20 年代末胡塞尔的现象学被介绍到法国，法国哲学家们在接受了胡塞尔现象学的影响之后，逐渐形成

① Denis Huisman, *Histoire de la philosophie française*, Perrin, 2002, preface.

了两种不同的哲学思维模式。第一种哲学思维模式强调反思性和意识，是一种关于"体验、意义、主体"的哲学。福柯认为这种哲学思维模式的典型代表是萨特和梅洛—庞蒂。与之相反，第二种哲学思维模式与形式主义、直觉论和关于科学的理论联系在一起，产生了一种关于"知识、理性、概念"的哲学，其代表人物是巴什尔（Gaston Bachelard，1884—1962）、卡法叶（Jean Cavaillès，1903—1944）和康吉莱姆。[①] 这是对当代法国哲学思潮的一种简明概括。这些思潮经历了两次世界大战的洗礼，其所蕴含的哲学倾向总是伴随着重大历史事件的产生而不断变化。这是一个法国哲学思想动荡与繁荣的时期，也是人才辈出的一个时期。

法国在普法战争中彻底溃败。战后新诞生的共和国即第三共和国把精神道德建设当作首要任务。这场精神道德建设的起点便是全面的教育改革，教育改革的目标是用一个以科学、理性和人本主义（l'humanisme）为理想的高教系统去逐步取代由教会，尤其是由天主教会控制教育的局面。哲学成为这场精神道德建设的开路先锋。从此以后，哲学被定为高中毕业生必修的主课，而且成为高中毕业考试（Bac：le Baccalauréat）成败的关键。因此，大学哲学课程的设置主要是为了培养优秀的高中哲学老师。由此，一大批最有才华的高中毕业生争先恐后进入了大学哲学系；优秀毕业生在通过竞争激烈的教师资格考试（l'agrégation）后便成了学有专长的哲学工作者。法国哲学在第三共和国时期的地位如日中天，它最终取代了高中修辞学课程，坐上了第一把交椅，从而成为衡量学生聪明才智的标准。当时一位著名学者梯波岱（Albert Thibaudet，1874—1936）把第三共和国叫作"哲学家的共和国"。哲学的繁荣由此可见一斑。

从 20 世纪初到 1945 年二战结束，法国哲学处于一个过渡时期。第三共和国精神道德建设的基调是科学、理性和人本主义，这也使得崇尚科学和理性的实证主义和新康德主义顺理成章地成为了当时法国哲学的主导。由孔德创建的实证主义被其弟子杜尔凯姆（Emile Durkheim）全面继承和发展，成为 19 世纪末 20 世纪初在法国占统治地位的思想流派之一。新康德主义在这个时期的最主要代表是布汉什维格。总体而言，尽管这两个学术流派在很多方面存在分歧，但是在继承和发扬光大启蒙运动（Les

---

① Georges Canguilhem, *On The Normal and the Pathological*, Translated by CAROLYN R. FAWC-ETT, D. Reidel Publishing Company 1966, introduction, pp. X – XX.

Lumières）所倡导的人本主义哲学和价值观念上则是一致的。也就是说，他们都把理性、价值、人性、人类进步以及科学作为哲学思考和讨论的焦点，因此第三共和国把他们奉为国家哲学。

这种特殊地位也不可避免地带来了负面结果，也就是说，这两个学派的绝对统治地位严重束缚了哲学思考的自由，导致当时法国哲学的沉闷、僵化和教条化。物极必反，这种压抑守旧的哲学氛围激发了人们对新思想的渴望和追求。第一个向实证主义挑战的就是众所周知的柏格森（Henri Bergson, 1859—1941）。传统理性主义成了其生命哲学的首要批判目标。他对宗教神秘主义、心理自我、精神哲学以及情感时空的研究，都是基于对笛卡尔以来的绝对理性主义的批判性思考。那种在以往哲学中无所不在、又无所不能的绝对主体在柏格森哲学里已经被动摇。在这之后，反理性主义浪潮便逐渐演变为法国哲学界的主旋律。姆尼叶（Emmanuel Mounier, 1905—1950）的人格主义（le personnalisme）、萨特的存在主义、梅洛—庞蒂的存在现象学等都可视为反传统理性主义的产物。

过渡时期的法国哲学对传统理性主义进行了挑战，而在很多关键问题上仍然难以摆脱既有的思维方式。到了 1945 年后，情况就大为不同了：这时的哲学家们不再满足于仅仅向传统理性主义挑战，而是要与之决裂。他们的主要进攻目标是主体中心论。他们多半以怀疑论和相对主义者的姿态出现。他们一边全面质疑从笛卡尔到黑格尔的传统形而上学的哲学体系，一边无情指责过渡时期的法国哲学与传统形而上学之间所保持的暧昧关系。二战后的法国哲学主张彻底走出思辨哲学的封闭体系，从而走向具体哲学（la philosophie concrète），走向行动。换言之，他们厌倦了哲学的抽象化，渴望哲学的具体化。

1945 年以后，法国哲学界流行一种有关"三 H 时代"的说法。这里所说的三 H 是指黑格尔、胡塞尔和海德格尔这三位哲学家。1960 年后法国哲学又跨进了一个新时代，"三 H 时代"被"三位怀疑大师时代"所代替。三位怀疑大师分别指马克思、尼采和弗洛伊德。西方哲学往往认为以上三位思想家都把"怀疑"视为必要的哲学方法和态度，从而引发了一场哲学变革。当我们说法国哲学从"三 H 时代"走向"三位怀疑大师时代"的时候，这并不意味着 1960 年后，"三 H"的哲学已经从法国哲学舞台上消失了，而是说 1960 年后，这三位思想家的理论学说不再是法国哲学的热点和焦点了。从某种意义上讲，"三 H 时代"向"三位怀疑大师时代"

的转变已经为法国后来的后现代主义（le postmodernisme）和后结构主义（le poststructuralisme）思潮铺平了道路。

综上所述，战后法国哲学的发展是以一种"断裂"（la rupture）和"危机"（la crise）的形式呈现在我们面前的。从此以后，再想建立起黑格尔式的封闭的哲学体系既不可能，也不受欢迎。法国哲学进入了一个无中心、多中心或反中心的哲学局面，它鼓励我们以开放式的探讨和论争的姿态对待哲学。

在当代法国哲学的历史发展中，科耶夫哲学思想构成了其中的一个重要环节。他的思想处于三 H 时代的开端之处，甚至在某种意义上，他的思想正是推动这个"三 H 时代"到来的内在动力。正是通过科耶夫，黑格尔哲学第一次较为系统地被当代法国哲学所了解和接纳。毫无疑问，这种接纳是以我们以上提到的当代法国的社会历史和哲学思想的发展为背景。但科耶夫以其独特的人格魅力和其极具穿透力的解读，推动了黑格尔在法国思想界的传播。从这一意义上说，他也在这一历史发展过程中写下了浓墨重彩的一笔。国内学界在研究这一时期法国哲学的时候，总是将科耶夫一带而过，仅仅将其视为法国现象学运动的思想源头之一而一笔带过，但如果我们转化一下理论视角，以法国黑格尔主义思潮为主线来看，那么科耶夫哲学就不仅仅是其思想的源头，同时也是这一思潮中最富魅力，也是最具影响力的一部分。法国黑格尔主义是法国哲学与德国哲学在当代的第一次融合。这一过程进行得尤为艰难。法国学者对于德国哲学的接纳混合着复杂的情感，这种情感的复杂性使法国学者用了百年的时间才得以接受黑格尔。在我们展开对科耶夫思想的系统梳理之前，考察一下黑格尔哲学在法国学界的传播和接受史就是一件十分必要的事情了。

第二节　黑格尔在法国的传播

德国与法国，这样两个一衣带水的邻邦，无论是在思想上，还是在现实中，均长期处于相互交融和对抗之中。他们成为对手的时间总是长于他们成为朋友的时间。德法之间绵绵不绝的领土争端所引发的战争早在两次世界大战之前就已经成为了彼此内心无法回避的伤痛。同时，二者极其相反的国民性格又造就了两国之间彼此的关注和吸引。法国人，激情而感性；德国人，冷静而缜密。他们分别将这两种迥异的精神气质和文化倾向带入到了其哲学当中，成就了两种完全不同的哲学路径。

一　黑格尔进入法国的最初境遇

法国人是骄傲的，他们总是醉心于自己曾经拥有的辉煌历史。因此他们对于任何一种进入法国的异邦文化总是怀有戒心，加上与德国所进行的长期战争，促使法国人对于德国哲学持有一种近乎排斥的态度。即使是面对德国古典哲学，这样对整个世界都构成深远影响的哲学思潮也采取了漠视的态度。在科耶夫研讨班之前，法国人对于黑格尔所知寥寥。在科耶夫研讨班结束之后，《精神现象学》完整法文版（让·伊波利特所译）才第一次出版。法国人因为"痛恨"德国——这近乎不是理由的理由——在20世纪还仍然拒斥包括黑格尔在内的德国观念论传统。只有立足于法国特有的文化传统下，这样一个结果才得以理解。

虽然德法两种哲学相互隔膜，但作为时代精神之精华的哲学，在面对相同时代问题之时常常会出现不谋而合的现象。比如当代德法哲学在彼此分立的情况下产生了诸多共同的哲学取向：德国观念论关注人的自由，迷恋于构筑体系；而在同一时间，法国哲学也沉迷于对体系的解读，强调关注人的存在状况，试图将观念植入到历史与自由的领域中。体系和自由——这些都构成了黑格尔思想当中不可分割的部分，共同构筑了自1840年左右到20世纪末以来这150年的历史。[①]

相比于法国人对于德国哲学的拒斥态度，德国思想家却从来不曾忽视、否定法国思想对于德国哲学的固有影响。黑格尔在其哲学史讲演录中对于笛卡尔哲学所具有的开创性意义给予了高度评价，他认为笛卡尔是"一个彻底从头做起、带头重建哲学的基础的英雄人物，哲学在奔波了一千年之后，现在才回到这个基础上面"，[②] 于是"自笛卡尔起，我们踏进了一种独立的哲学。这种哲学明白：它自己是独立地从理性而来的，自身意识是真理的主要环节。在这里，我们可以说是到了自己的家，可以像一个在惊涛骇浪中长期漂泊之后的船夫一样，高呼'陆地'"[③]。对于法国大革命，黑格尔更是赞赏有加。黑格尔终其一生保持着每年7月14日纪念法

---

① 参见 G. Jaarczyk et P - J. Labarrière, *De Kojève à Hegel, 150 ans de pensée hégélienne en France*, Albin Michel, 1996, p. 17.

② 黑格尔：《哲学史讲演录》第4卷，贺麟、王太庆译，商务印书馆1978年版，第63页。

③ 同上书，第59页。

国大革命的习惯。他对于自由问题的探讨与法国大革命有着密切的关系。他甚至将入侵耶拿的拿破仑视为马背上的世界精神，而对自己因为这次入侵而不得不遭受的颠沛流离却所提甚少。法国人维克多·奎赞（Victor Cousin）在 1816 年曾经专程前往海德堡去拜访黑格尔。在他的《德国记忆》中这样写道：

> 我决定在汽车离开之前的几个小时中去拜访黑格尔，而那一天，汽车最终没有带走我，第二天，仍没有能够带走我。第三天，我带着注定还要回来，并要在此多待几日的决定离开了海德堡。……很难说清楚对他如此迅速而强烈的喜欢。这种喜欢决不来自于他有什么出色的口才，或者他的话语有怎样的魅力，相反他法语说得很不好，夹杂着大量的德语……黑格尔先生热爱法国，热爱 1789 年的法国大革命，黑格尔先生总是给我提到拿破仑，并且和我一样，对于拿破仑的描述总是充满忧伤（bleu），他充满自由思想，同时又很欣赏君主制……黑格尔崇尚无界限的自由精神，他将所有事物都放入他的哲学之中，宗教，政府，艺术，文学与科学，他让我看到了一个伟大精神的幽灵，他用属于他自己的有些学院化的语言向我们展示了庞大而一般的命题，它们都很大胆并且很新奇……①

在这段十分生动的描述中，我们不仅可以看到黑格尔对法国文化的热爱，同时也看到了一个法国人对于黑格尔的高度评价，作为一个后来对于法国大学教育有着深远影响的人物，维克多·奎赞所做的这个评价似乎预设了黑格尔思想在法国当代哲学中的兴盛。

但仅仅仰慕并不能成就一种哲学思潮的盛行。它需要大量的资料准备和理论研究工作，科耶夫的黑格尔研讨班不仅是这场声势浩大的思想运动的准备工作之一，同时也是这场运动发展到科耶夫为止之时所产生的必然结果。从这一意义上说，是时代逼迫科耶夫去讲述黑格尔的《精神现象学》。虽然科耶夫的解读完全是"法国式"的，但黑格尔作为一个思想大师所具有的理论魅力却开始被法国人所认可和追随。在这种追随当中，催

---

① Victor Cousin, *Souvenires d' Allemagne*, *Notes d' un journal de voyage*, in *Fragments et Souvenirs*, Paris, Didier, 1857, pp. 78 – 80.

生出了对马克思思想的关注,对胡塞尔与海德格尔现象学的关注,最终催生出了一种独特的,可与德国观念论相提并论的当代法国哲学。

这一哲学思潮常常被冠以法国现象学运动的名称,但人们却常常忽视在这一现象学运动当中,黑格尔思想所具有的巨大作用。当然法国人自己是不会忘记的,法国现象学运动的代表人物梅洛—庞蒂在 1948 年就曾指出:"黑格尔是上个世纪中所有重大哲学问题的起源……他开始着手解释非理性,并将它整合入一个庞大的理性之中。这仍是我们这个世纪的主要任务。可以毫无疑问地说对黑格尔的解读就是为我们这个世纪的哲学、政治和宗教问题给出了一个立脚点。"① 这种指认是诚恳而准确的。因此在我们对于当代法国哲学的思考中,应该在现象学运动之前谈论一下法国的黑格尔主义运动。这一运动的起点应该源自科耶夫主持的研讨班,但科耶夫的研讨班之所以能够获得如此广泛的追捧,却不能仅仅归结为科耶夫一个人的力量,它同样源于一个漫长的理论积累过程。

在法国,黑格尔著作最初出现于 1835 年,它是由 Heinrich Gustav Hotho 翻译的《美学讲演录》。1854 年 Ladrange 哲学书店出版了一本叫《黑格尔的主体性逻辑》小册子,由 H. Sloman 和 J. Wallon 翻译,并由前者做了一些评述。它改编于黑格尔《逻辑科学》第三本的第一节。由三个部分构成:《观念》,《判断》,《三段论》,当时的翻译者就已经承认:"这部书翻译的并不规范。"②

随后 1855 年《黑格尔哲学导论》由 Augusto Vera (1813—1885) 出版,带动了《逻辑学》(两卷,1859),《自然哲学》(三卷,1863—1866),《精神哲学》(2 卷,1867—1870)的相继出版。而《哲学百科全书》与《宗教哲学》到了 1876 年,1878 年才得以出版。由此,黑格尔成熟时期的著作才第一次得到了系统的引介。但这些译文的质量都差强人意。术语不统一,语言也不够优美,致使黑格尔思想的传播并没有因此而获得较为广泛的认可。尤其值得注意的是,黑格尔的《精神现象学》在这一时期常常被贬斥。

黑格尔的著作虽然在这一时期获得了比较多的引介,但正如以上所述

---

① Maurice Merleau - Ponty, *L' existentisme chez Hegel in Sens et non - sens*, Paris, 1948, pp. 125 - 126.

② G. Jaarczyk et P - J. Labarrière, *De Kojève à Hegel, 150 ans de pensée hégélienne en France*, Albin Michel, 1996, p. 21.

的诸多原因，并没有得到太多的受众。到了 1897 年，对黑格尔的引介很快就受到了一定的限制。法国哲学进入了一个被称为"唯灵论过"（spritu-alisme）和孔德的实证主义的时代，两者之间虽然也存在着争议和对峙，但他们共同构成了 19 世纪末 20 世纪初法国哲学的主流。

二 让·瓦勒的苦恼意识

作为一种独特的法国哲学，唯灵论由曼·德·比朗（Maine de Biran）所开创，并在柏格森哲学中得到了系统阐发，随即影响了当代欧洲哲学的发展方向。与之并存的另外一种思潮是以布伦茨威格（L. Brunschvicg）为代表的新康德主义。两者虽然对理论的具体表述各不相同，但却具有相似的理论特性，即他们都推崇认知与知识的力量，而忽略了人的现实历史，从而把人和社会现实都排除到了思想研究的视阈之外。这遭到了当时一批法国年轻学人的批评。如波伏娃就曾抱怨，这种倾向忽视了"人的历险"，萨特和梅洛—庞蒂也认为这样的认识论路径并不能触及真实的世界[1]。于是人们开始寻找一条不同于唯灵论的新道路。

让·瓦勒是较早系统引介黑格尔的法国哲学家，尽管这种引介带有法国人独特的研究风格，即不是单纯以符合文本的原意为旨归，而是更多的立足于个人的理论视角和阐发。让·瓦勒曾热衷于对克尔凯郭尔的研究，他在确立了存在主义的立场之后，将这一立场运用于对黑格尔《精神现象学》的研究，从而完成了其代表作《黑格尔哲学中的苦恼意识》。在这部著作中，黑格尔形象极为独特，完全不同于正统黑格尔研究中所勾画和解读出的黑格尔。让·瓦勒由此开启了法国的黑格主义思潮，更为重要的是，他将现象学以及存在主义顺利地引入了法国，为推翻唯灵论统治的战斗吹响了号角。

在让·瓦勒的著作引发关注之前，一个与科耶夫有着相同国籍，并有着相似名字的俄国学者亚历山大·科热雷（Alexandre Koyré）（1882—1964）已经在法国开始了他的黑格尔研讨班，科耶夫正是接过科热雷的接力棒才最终将黑格尔思想在法国的传播推向了高潮。与科耶夫相比，科热雷更为尊重黑格尔的原著。但科热雷的研究主要着力于青年黑格尔的神学

---

① Simone de Beauvoir, *Memoirs of a Dutiful Daughter*, trans, J, Kirkup, New York, 1959, p. 243, and Jean – Paul Sartre, Situations, trans, Benita Eisler, Greenwich, Conn, 1965, p. 158.

思想，强调黑格尔哲学的非宗教（irréligiosité）倾向，认为黑格尔思想从根本上说是一个无宗教的神学。这引发了随后法国黑格尔主义的基本定位。

由于让·瓦勒对黑格尔的解读运用了克尔凯郭尔式的概念，从而使其对黑格尔的解读带有了更为浓重的存在主义色彩。它更倾向于对黑格尔的逻辑体系进行一种人本化的解读，例如在《黑格尔哲学中的苦恼意识》一书中曾有着这样的一段话："黑格尔思想中所涉及的概念与某些情感很接近。分裂和统一，在相互转化之前，在分析的诸多观念中，或者在综合的观念中，知觉的概念都是一些体验与情感。分离是一种伤痛；矛盾是一种不适；对立的要素都是一些没有获得满足的要素，由此我们对于一些谜一样的词就不应感到惊讶，例如，那些被称之为理性的概念，首先应被称之为爱（amour）。[1]"

黑格尔的"苦恼意识"出现于《精神现象学》的自我意识章之中。它构成了在自我意识阶段中的一种"自由"。对于黑格尔来说，"自由"意味着在一种"和解"，即主体在对象世界中看到自身，这种主客统一性意味着自由的实现。对于整部《精神现象学》来说，意识的每一个发展阶段，即从"感性"、"知性"、"自我意识"到"理性"与"精神"，都不过是不断趋向"自由"的一个过程。每一个阶段都在以某种方式试图完成某种"和解"，但当最终发现无法实现"和解"的时候，向下一阶段的过渡就是必然的。就黑格尔的"苦恼意识"来说，它的出现是衔接从自我意识到理性转变的最后一个环节。经过了主奴辩证法的生死斗争，主人已经获得了奴隶的承认，而奴隶也正在通过"劳动"，这种被黑格尔称为"陶冶事物"[2] 的活动来获取对于奴隶的承认。奴隶的自我意识（在科耶夫看来，也即是一种人的自觉）在劳动过程中不断萌生，但却仍然没有获得完全的发展。由此，斯多葛主义、怀疑主义和苦恼意识，成为了奴隶在思想中获得自由的各种表现形式。

斯多葛主义代表着一种自我意识的抽象的自由，因为它"对于自然的有限存在是漠不关心的，因为它同样对于自然事物也听其自由"[3]。这种驻

---

① Jean Walh, *le Malheur de la conscience dans la philosophie de Hegel*, PUF, 1951, p. 11.
② 黑格尔：《精神现象学》（上卷），贺麟、王玖兴译，商务印书馆 1979 年版，第 130 页。
③ 同上书，第 135 页。

足于纯粹思想中的自由，在黑格尔看来"也只是自由的概念，并不是活生生的自由本身"。① 这是一种在单纯的肯定自身，漠视自然中获得的确证性。怀疑主义与之不同，它将否定性带入到了自我意识当中，"自由得到了实现，自我意识否定了另一方面即确定的有限存在这一方面"，② 由此，黑格尔发现"那过去划分为两个个人——主人与奴隶——的两面性，现在就集中在一个人身上了。于是现在就出现了自我意识在自身之内的二元化，这种二元化在精神的概念是本质的，不过这两方面的统一却还没有达到，——这就是苦恼的意识，苦恼的意识就是那意识到自身是二元化的、分裂的、仅仅是矛盾着的东西"。③

　　苦恼意识的出现是怀疑主义的一种结果。自我意识在不断成熟的过程中，从漠视外在事物，到承认它的存在的确定性，但却是以否定的方式，即怀疑的方式来承认外在事物。外在事实在这种怀疑中（否定中）被内化为我的一部分。由此自我与外在事物外在的对立，经过怀疑主义被转变为内在的对立。苦恼意识就是这种内在对立的反映。对于这种对立的展开，黑格尔仍然坚持了他的三段论式的论述方式，即意识为了完成这种对立的和解，仍然要经历："第一，作为纯粹的意识，第二作为个别的存在，这存在以欲望和劳动的形式对待现实性，第三，作为对它自己的自为存在的意识。"④

　　这种表述方式与自我意识自身的展开如出一辙。欲望和劳动，这两个被科耶夫反复强调的概念再次成为了苦恼意识中否定性环节不可缺少的一步。当苦恼意识形成了所谓自为存在的意识的时候，自我意识也就达到了理性。理性是一个在自身当中设定对立面，并在意识自身当中完成了这种对立面的和解。这一和解获得的确定性成为了理性的确定性，换言之，理性将对立面，否定性视为对自身的一种肯定，从而在意识内部通过自我设定就可以实现真理性。这就是以康德和费希特为代表的主观唯心主义的思想特质。

　　理性的确定性代表着启蒙以来理性的自信。对立的世界不再是一个不可调和的彼岸世界，而就是我所设定的世界。但对于还未及理性的确定性

---

① 黑格尔：《精神现象学》（上卷），贺麟、王玖兴译，商务印书馆1979年版，第135页。
② 同上书，第139页。
③ 同上书，第139—140页。
④ 同上书，第143页。

之前的苦恼意识而言，"*自在的存在仍是它自己的彼岸*"①。苦恼意识的苦恼之处正在于它始终深刻地体验到这种彼岸的不可消除，不管是在所谓苦恼意识的最初阶段，即"纯粹的意识"阶段，还是在所谓"个别的本质与现实性，虔诚的意识的活动"的阶段，与自我对立的对象世界始终是一个不能获得自我确定性的异在。在苦恼意识中所体验到的总是某种失落和痛苦，一种我是我，它是它的外在对立。

黑格尔对苦恼意识的论述虽然仍旧保持着其一贯冷静、繁杂而晦涩的表达，但苦恼意识的确触及了意识中难得的强烈情绪：苦恼失望、分裂为二等成为了黑格尔描述这种意识的用语。苦恼意识无法摆脱这种强烈的情绪，原因就在于它始终无法消除"彼岸"的存在。世界由此成为了一个二元分立的分裂世界。因此它是一个还未能达及真理和自由的中间阶段。

在对苦恼意识的讨论中，欲望和劳动曾经作为消除苦恼意识的一种有效路径，虽然未能在欲望和劳动中获得直接的和解，但也曾经发挥着重要的推动作用。因此，关注于苦恼意识，立足于欲望和劳动来阐发黑格尔，虽然并非阐发黑格尔哲学的正途，却也并非一种无渊源的误读，这种解读本身为我们呈现了一种不同的黑格尔。如果说 20 世纪 20 年代让·瓦勒选择了以苦恼意识来引介黑格尔或许是出于其个人的理论兴趣，但随后这样的一个黑格尔却被法国学界普遍接受，并产生了巨大的影响，这绝非偶然。思想需要回应时代提出的种种现实的问题，这是思想的使命。让·瓦勒抓住黑格尔的苦恼意识所作出的这种理解和重述恰逢其时，它真切地触碰到了 20 世纪初期法国社会的现实问题。

在瓦勒的解读中，"这种苦恼意识，似乎昭示了深层的失衡，尽管是一种暂时性的失衡，这种失衡不仅在哲学中，不仅在人类当中，同样也在整个宇宙当中。然而正是这一失衡才真正构成了意识之为意识的本质"②。瓦勒在此特别强调了苦恼意识中的辩证性。那么瓦勒强调这一点的目的何在呢？瓦勒所处的法国，正在经历着前所未有的"进步的信心"的挫败。法国虽然在一战中获得胜利，但在 20 世纪 20 年代，这种"胜利"却是成问题的。国家在现代工业资本主义的统治下发展的道路困难重重。法国思想家们都在思考着如何在不失去自身传统的同时获得国家的全面现代化。

---

① 黑格尔：《精神现象学》（上卷），贺麟、王玖兴译，商务印书馆 1979 年版，第 154 页。
② Jean Walh, *le Malheur de la conscience dans la philosophie de Hegel*, PUF, 1951, p. 10.

瓦勒的黑格尔提供了一个强调异化和冲突的理论，但同时他也提供了一种信念，这些危机的要素，最终必将被克服，苦恼意识所带来的苦难也必将被消融。这一方面昭示了人与神性之间痛苦的分裂，另一方面预示了历史的调解。这种解读不止于对困境的解读，同时还包含着一种隐形的线索，自我意识获得了它的自由，并最终达到了理性。在现实精神化的成熟过程中，苦恼意识已经是一种"理性"意识了。因此，瓦勒的黑格尔本质上代表的是对一个时代乐观的预言，它试图给当时的法国思想界带来一种必胜的信念。

在让·瓦勒的讨论中，克尔凯郭尔的影子挥之不去，因此更多的人视让·瓦勒为一个彻底的克尔凯郭尔式的存在主义者。这样一个理论身份意味着让·瓦勒的论域不仅要关注人及其存在，同时还需要对神学有所触及。但正如后来的科耶夫一样，让·瓦勒阐发这种思想倾向的切入点源自以《精神现象学》为主导的青年黑格尔。在瓦勒的眼中，黑格尔是一个有神论者："他的逻辑显现为一种试图进行阐释的努力，这种努力追随着那些神学所给予他的启示，人类意识的意图都是为了达到那个绝对的答案。"[1] 苦恼意识由此被视为这种基督教精神的一种体现。在其中人们真切地体验到了自身不可调和的二重性。这样的表述同样可以在黑格尔的论证中得以佐证，黑格尔对苦恼意识的第一种形态做了如下的描述：

"它不是在思想，而只是在默想，——他是虔敬默祷的默想。它的思维不过是无形象的钟声的沉响或一种热熏熏的香烟的缭绕……"[2] 这样的描述带有着鲜明的宗教性。这为让·瓦勒寻找黑格尔与克尔凯郭尔之间的关联性提供了一个契机。瓦勒抓住了这个契机，用黑格尔阐发了一种克尔凯郭尔式的存在主义。1947 年让·瓦勒出版了《存在主义简史》，在其中瓦勒对于这种存在主义的阐发路径给予了澄清："我们可以试图在青年黑格尔的思想中接近克尔凯郭尔思想的种种特质。这些特质理应得到应有的重视，但对青年黑格尔的批判却是始终被忽视的。这些接近克尔凯郭尔的要素在黑格尔哲学中以失去其主体性确证的方式得以显现。"[3]

究竟何为"失去其主体性确证的方式"？让·瓦勒在此所意指的是青

[1] Jean Walh, *le Malheur de la conscience dans la philosophie de Hegel*, PUF, 1951, p. 29.
[2] 黑格尔：《精神现象学》（上卷），贺麟、王玖兴译，商务印书馆 1979 年版，第 144 页。
[3] Jean Walh, *Esquisse pour une histoire de L'existentialisme*, L'Arche, 1949, p. 91.

年黑格尔哲学中所包含的克尔凯郭尔式的对主体的关注，这种关注并非弥漫在晚期黑格尔著作中的那浓重的理性主义色彩，而是意味着诸如"克尔凯郭尔的担忧（L'angoisse），抑或在萨特那里的恶心（la nausée）。它们都是从主体出发来理解这个世界的"①。这种从主体出发对于世界的理解使得让·瓦勒眼中的存在成为了一个动词，它是主体的感受和想法。

从这一意义上说，苦恼意识正是克尔凯郭尔式的主体性确证。正是它所包含的那种无法调和的痛苦感受凸显了人的存在的特性，人在经历了这种苦恼意识之后展开了自身的历史。让·瓦勒自此展开了关于人的历史的讨论，而黑格尔的精神现象学也从对自我及其意识的关注转向了对人类思想及其历史发展的关注。这种契合是理论的契合，也是现实的契合。在让·瓦勒之后，人及其历史的问题通过青年黑格尔的输入，终于成为了法国当代哲学中一个核心主题。

如果说让·瓦勒的苦恼意识为黑格尔进入法国吹响了号角，那么科耶夫的研讨班则是将黑格尔引入法国的助推器，发挥了"临门一脚"的作用。而这正是本书即将详尽展开的主题。

黑格尔思想在法国的传播促使了法国当代哲学从"精神"走向"存在"，并最终由"存在"转向了"结构"。在回溯这段历史的过程中，我们会发现这样一个无法回避的事实：无论是凸显以人为本的存在主义，抑或是宣扬无人的结构主义，其理论都可在科耶夫对黑格尔的阐释当中找到根源。对于一点，我们将在对欲望理论的研究中展开相应的讨论。因此在法国思想对黑格尔的接纳这百年历史中，我们不仅看到了法国哲学自身的演变过程，同时更看到了科耶夫哲学思想在其中所发挥的举足轻重的作用。

---

① Jean Walh, *Esquisse pour une histoire de L' existentialisme*, L' Arche, 1949, p. 8.

第 二 章

科耶夫哲学的现象学背景

科耶夫的哲学思想通过他对黑格尔的《精神现象学》的全面解读得以彰显出来。这部在耶拿战争的炮火中完成的著作，以晦涩难懂而闻名于世。但其所蕴含的丰富内容，也给后人留下了广阔的阐释空间。科耶夫正是有效地利用了这一阐释空间，将海德格尔和马克思的思想隐蔽地输入到了黑格尔之中，最终形成自己的哲学人类学。这种隐蔽输入的合法性在哪里？这一疑问引发我们回头探寻黑格尔与胡塞尔以及海德格尔现象学之间的关联及其差异。

第一节　精神现象学的经验基础

20 世纪现象学运动的发展开辟了哲学研究的新视阈，也为人们重新认识黑格尔的精神现象学提供了一个新视角。尽管绝大部分研究者都认为不能将胡塞尔的现象学与黑格尔的现象学等同起来，但显然两者在使用"现象学"这一核心术语上是一致的，这种一致性理应引发我们的思考。为什么德国古典哲学时期，"现象学"成为了一种哲学？为什么在黑格尔的精神现象学之后，胡塞尔要再一次使用"现象学"的术语，难道这仅仅是一种术语上的巧合？回答是否定的。不管在黑格尔那里，还是在胡塞尔那里，现象学都隐含着这样一个共同的问题：哲学如何面对经验现象？抑或经验现象应当如何进入哲学的视阈？只是对于黑格尔和胡塞尔来说，前者的精神现象学与后者的先验现象学，在其理论背景与核心内容上有着截然不同的展开路径。

从理论背景上说，黑格尔的精神现象学所面对的是康德、费希特与谢林所构筑的德国古典哲学的传统。康德的形式主义，谢林所带来的浪漫主义，都成为黑格尔前进的哲学阶梯。然而，康德哲学在认识论上的巨大推进也带来了难以弥合的哲学困境：先验哲学虽然为认识奠定了纯粹理性的基础，在某种意义上消解了休谟哲学给予理性认识的打击，但对于物自体的设定却最终为理性设定了一个界限。康德的二元论哲学虽然遭到了哲学家们的不断批判，但却开启了整个德国古典哲学的问题域。即如何面对物自体，抑或如何将物自体消解掉以消解理性的界限。费希特、谢林与黑格尔的哲学都可视为是对这一问题的不同回答。但经过费希特与谢林的发展，德国哲学无疑呈现出了一种主观唯心主义的倾向。经验的客观的世界，如果说在康德的二元论中还占有着一席之地的话，那么在随后的德国古典哲学当中却越来越失去其意义。对于"自我"的强调，在某种意义上强化了意识哲学的基调，而黑格尔哲学的超越之处也恰恰在这一点上：他也试图消解物自体，但却是在对主观唯心主义与庸俗唯物主义的双重超越当中实现的。在这一双重超越中，对庸俗唯物主义的超越是前黑格尔哲学已经完成的任务，对于黑格尔来说，他富有独创性的思想最为集中的显现在对主观唯心主义的超越。而精神现象学，在某种意义上就是完成这种超越的最为直接的显现。

海德格尔在其《黑格尔的精神现象学》中详尽论述了一个看似微不足道的细节，即应当如何理解黑格尔"精神现象学"的完整标题。精神现象学的完整标题为："科学体系，第一部分：意识经验的科学，或精神现象学。"从对这一长串标题的分析中，海德格尔分析了"绝对知识"、"科学"以及"经验"等诸多概念。在其中，黑格尔的现象学获得了一种"经验"式的解读。尽管这种"经验"不能与哲学史上的经验主义之"经验"的内涵完全等同，但也并非毫无关系。

海德格尔对于经验给出了两个界定：首先，"经验，在其宽泛的意义上，意味着通过回到事物本身来直接呈现某种观念或者某种知识"；其次，经验"意味着被经验着的事物自身当中所显现的经验，这种经验将不得不在事物究竟为何的证明当中来确证自身。……经验在此意味着事物在其所属的语境当中对自身的一种验证"①。海德格尔明确指认了黑格尔现象学的一个别名——"意识的经验科学"中的"经验"属于第二种"经验"的

---

① Heidegger, *Hegel's Phenomenology of Sprite*, Indiana University Press（August 22, 1988）, p. 19.

界定。① 这是一个在经验事物当中来确证经验、体验经验的过程。换言之，对精神现象学的理解也可以在对经验科学的理解当中获得说明。

我们或可对这种带有鲜明个人色彩的解读存有异议，但却无法忽视海德格尔在其中所洞悉到的黑格尔哲学的特性：一种让意识哲学的触角深入到经验事物当中的哲学倾向。经验事物没有如在康德哲学中一般被排斥在纯粹理性之外，成为"物自体"，也没有如费希特哲学一般使其在意识哲学中销声匿迹，而是成为一个体系化的科学得以成立的条件。体系化的科学在黑格尔的哲学当中就是精神哲学的全体。由此，经验事实之于精神哲学也就不再是可有可无的存在。它变成了精神呈现自身、确证自身的条件。精神在意识与"他者"的相互承认中获得自身的显现。现象学由此或可被视为一种"显相学"，即显现精神本质之相的学问，而其所显现的载体则不得不求助于经验事物。

就这一点来说，黑格尔哲学已经完成了对康德哲学的一种修正。因为在康德那里，经验事物及其所包含的感性原则只有在"被限制其有效性"的意义上才有被研究的价值。这也是康德最初提出"现象学一般"的基本指向。康德在 1770 年 9 月 2 日给朗贝尔特通信时，第一次提到，"在形而上学之先，看来必须有一个特殊的、虽说仅仅是消极的科学'现象学一般'，以规定感性原则的有效性和限度。庶可以使得感性原则和关于纯粹理性对象的判断不致混淆起来"。② 康德说得很准确，这个"现象学"是消极的。它是在"限制"的意义上存在的。如果与此对应，黑格尔的现象学或可被称为"积极的"，因为在黑格尔哲学中，经验事物中即便是最为直接的"感性确定性"，也是精神呈现自身的一个必要阶段。换言之，它也就是精神科学发展的必要条件。精神科学必须经过感性阶段才能完成自身。如果说康德哲学中的"现象"乃是一种理性的构造的话，那么黑格尔哲学中的"现象"则带有更多的杂质。它必须附带着感性原则进入理性、进入意识，并且近乎成为意识呈现自身、确证自身的条件——海德格尔对黑格尔"经验"概念的解说正是在这一意义具有相当的合理性。

我们或可做这样一个概括：黑格尔的现象学是通过"现象"来显现精

---

① Heidegger, *Hegel's Phenomenology of Sprite*, Indiana University Press（August 22，1988），p. 20.

② 转引自黑格尔《精神现象学》（上卷），贺麟、王玖兴译，商务印书馆 1979 年版，译者导言第 8 页。

神、确证精神的。精神的完整呈现，在黑格尔看来是体系化的科学——真理的最终完成。"真理是全体。"① 只是这个全体的形成需要一个包含不同发展阶段的过程，经过了这个过程，经验事物、感性原则被纳入到了意识当中，使得黑格尔哲学不再满足于驻留在纯粹理性范围内的自我确证，它必然是带着所有俘获物的一种凯旋。由此这种意义上的真理绝非主观意识的产物。当然同时，这种真理同样并非具有某种不以人的意志为转移的客观性。真理是精神的完整呈现。因此注定无法脱离开"人"的意识的参与与构建。只是人的意识的构建只能在"他者"当中得到呈现。康德强调经验的感性杂多对于进入认识所具有的基础性意义，在黑格尔哲学中同样有所继承。精神现象学的出现或可视为这种"继承"的一种显现。只是这种继承在辩证法的意义上表现得更为缜密和富有逻辑性，同时也表现得相对隐蔽。

这种隐蔽性表现在作为意识经验科学的现象学在整个黑格尔哲学体系中相对模糊的地位。在最初写作精神现象学的时候，黑格尔曾将这一哲学视为其整个哲学体系的第一部分（如其标题中所写的那样：科学体系，第一部分）。随后却又在1817年的《哲学全书》第三节"精神哲学"中，对"精神现象学"作为主观精神的一个环节作了简要说明。黑格尔哲学发展历史的这一状态让精神现象学的地位发生了微妙的变化，它由一个科学体系的入门变成了科学体系中的一个环节。但显然作为主观精神的精神现象学不能等同于作为意识经验科学的精神现象学。在某种意义上说，当精神现象学仅仅成为主观精神的一部分的时候，它已经从根本上失去了通过现象来显现精神的内涵。精神哲学作为黑格尔科学体系的最高阶段，已经变成了精神的自我确认。在早期精神现象学中所蕴含的关于"经验事物"以及"现象"与精神之显现之间的复杂关系已经不复存在了。

早期的精神现象学对于黑格尔来说意味着意识发展史的最初阶段，黑格尔对此有明确的解说。他在《逻辑学》中这样来描述精神现象学的："在我的《精神现象学》一书里，我是采取这样的进程，我从最初、最简单的精神现象，直接意识开首，进而从直接意识的矛盾进展逐步发展以达到哲学的观点，完全从意识矛盾进展的历程以指示哲学观点的必然性。

---

① 黑格尔：《精神现象学》（上卷），贺麟、王玖兴译，商务印书馆1979年版，第12页。

（也就因为这个缘故，当那书出版的时候，我把它认作科学体系的第一部分）。"① 只是这个最初阶段却并不能被理解为最为原始的，因此在其发展的高级阶段就必须被抛弃的一个阶段。相反，精神现象学在其哲学体系中的反复出现恰恰说明了其地位的重要性，它或可视为黑格尔哲学体系的一个基础，海德格尔称其为"基础性部分"（a foundational part）。②换言之，意识的最初阶段，那个带有经验和感性原则在内的意识对于精神哲学来说是哲学讨论的起点。只是对于黑格尔哲学来说，所有的经验与感性都是意识范围内的事情，但由于黑格尔所强调的这种意识并非纯粹意识哲学内所强调的主观意识，所以这个现象学的起点中所包含"经验"内涵与感性原则就变得复杂了。它们最终成为游离在现实的客观性与主观意识之间的一种存在。而正是这一点吸引了海德格尔。致使海德格尔在对黑格尔的讨论中，将关注的核心主要集中于对黑格尔《精神现象学》的分析当中。他不仅留下了由讲稿整理出来的《黑格尔的精神现象学》，同时还写作了《黑格尔的经验概念》，对黑格尔精神现象学中的"经验"概念大做文章。

海德格尔对于黑格尔《精神现象学》展开分析之时，也正是科耶夫讲授黑格尔精神现象学的时候。两者都集中在20世纪三四十年代。没有文献可以证明科耶夫是否了解海德格尔关于精神现象学的讨论。从科耶夫对黑格尔的解读中，我们也似乎无法找到海德格尔理解黑格尔的路径。在某种意义上说，科耶夫将黑格尔的精神现象学完全的"人化"了，并且因为这个人就是有血有肉的人，从而必然会带来这样一个严重的后果，即科耶夫的整个解读会将黑格尔哲学推向一种彻底的经验主义。而仅就此而言，科耶夫与海德格尔相去甚远。后者虽然热衷于对黑格尔"经验"概念的解读，但却并没有失去"经验"在黑格尔哲学当中所具有的那种游离在客观与主观之外的特性。本书随后会对此进行更为详尽的讨论，在此不再赘述。

言及至此，我们或可做这样一种断言：黑格尔的精神现象学作为其哲学体系的基础，意味着经验事实在黑格尔的哲学中构成了意识哲学的前提，占据着不可忽视的位置。正是这一点使得海德格尔更为关注黑格尔，因为黑格尔在其严密的逻辑学演绎之前首先完成了精神现象学，这或可视

---

① 黑格尔：《小逻辑》，贺麟译，商务印书馆1980年版，第103页。

② Heidegger, *Hegel's Phenomenology of Sprite*, Indiana University Press（August 22, 1988），p. 9.

为黑格尔为自己彻底的理性主义所找寻的一个经验性的基础。而海德格尔的存在论得以建构的思路也不过是为理性主义找寻其确立的基础，并且这种基础在海德格尔看来与经验事实，或者感性原则有着难以分割的密切关联。正是在这一意义上，海德格尔与黑格尔的切近程度就非比寻常。这一观点，获得了随后诸多思想家的认同。其中，海德格尔最出色的弟子，也是哲学解释学的创始人伽达默尔在其著作中多次就此问题给予了明确界说：

"海德格尔在追问先验哲学的'彻底的理想化了的主体'时，他的观点与黑格尔可能有某种程度的接近。一个像柯亨那样把自己的思想建立在'科学事实'之上的新康德主义者和逻辑学家，或者，一个像胡塞尔那样坚持先验主体性的现象学家，绝不会是黑格尔的支持者。因此从很早的时候起，海德格尔就体验到了黑格尔的吸引力——正是因为这个原因，他一直想和黑格尔划清界限。超越了'主观唯心主义'的黑格尔与海德格尔的距离相差无几，因此他更有理由质疑海德格尔。"① 又如，伽达默尔在讨论黑格尔辩证法的时候再次指出："思想最终必须从胡塞尔的迷梦，即作为严密科学的哲学中觉醒。正是在这个方面，海德格尔的思想接近了黑格尔。"②

海德格尔与黑格尔思想的切近或可为我们理解科耶夫式的黑格尔提供一种审视路径。对于科耶夫总是倾向于将海德格尔与黑格尔解读成一对"双胞胎"③ 有了更多的理解。但不容忽视的一个问题是，科耶夫在将黑格尔的精神现象学转变为其哲学人类学的时候，将胡塞尔、海德格尔与黑格尔的现象学混淆起来。这种混淆是最大的误读，虽然科耶夫认为自己的误读是出于故意，④ 但如果对于这种误读没有清醒的认识，那么我们就很容

① Hans – Georg Gadamer, *Reason in the Age of Science* (Cambridge, Massachusetts & London, England: The MIT Press, 1986), p. 55.

② Hans – Georg Gadamer, *Hegel's Dialectic – Five Hermeneutical Studies*, Yale University Press (September 10, 1982), p. 102.

③ 参见吕迪格尔·萨弗兰斯基《海德格尔传》，靳西平译，商务印书馆1999年版，第460页。

④ 参见《科耶夫给迪克淘一封信（1948年10月7日）》，在其中科耶夫这样坦言："就问题本身而言，我完全同意你对于现象学的解读。而我自身也想同时指出我的著作并不是一种历史性的研究；黑格尔究竟在他的著作中试图说些什么，对我来说根本不重要。我只是借助于黑格尔的文本来展开我的现象学人类学。"《科耶夫给迪克淘一封信（1948年10月7日）》，夏莹译，《学海》2010年12月。

易将原本仅属于科耶夫的哲学思想误认为是黑格尔哲学的本质。甚至将科耶夫的《黑格尔导读》真的看作是理解黑格尔哲学思想的一把钥匙，那么这不仅是对科耶夫思想的误解，同时更会将对黑格尔哲学的研究引入歧途。

第二节　胡塞尔与黑格尔的现象学差异

在本章的开头，我们已经指出了这样一个事实：胡塞尔重新提出"现象学"绝非偶然。作为一种哲学思潮，胡塞尔现象学所应对的是欧洲的危机。这一危机在胡塞尔看来是科学的发达与人性的萎缩。因此如何重新树立对人性力量的信念成了胡塞尔现象学诞生的根本动力。在胡塞尔对欧洲危机的诊断中，"理性主义"成为了危机的症结所在。而在对理性主义的讨论中，我们可以清晰感觉到盘旋于胡塞尔脑海中的两种理性观念：一种是"高贵的和真正意义上的理性，是原本的希腊意义上的理性。在那一时期，这种理性就成为古典时期的希腊哲学的理想"①。而"启蒙运动时期的理性主义赋予理性的发展形势是一种偏差"。②

由此理性与理性主义成为理性的两种存在状态，进一步说，虽然胡塞尔认为理性本身没有问题，这是恢复人性力量必须承认的一个前提，但启蒙运动以来的理性主义却将理性引入了歧途。这种理性主义被胡塞尔称为"客观主义的理性主义"，这种理性主义将人与自然事物等同起来。这种客观主义的理性主义体现为19世纪之后科学的普遍发展，但"现代人的整个世界观唯一受实证科学的支配，并且唯一被科学所造成的'繁荣'所迷惑，这种唯一性意味着人们以冷漠的态度避开了对真正的人性具有决定意义的问题。单纯注重事实的科学，造就单纯注重事实的人。……我们听到人们说，在我们生存的危机时刻，这种科学什么也没有告诉我们。它从原则上排除的正是对于在我们这个不幸时代听由命运攸关的根本变革所支配的人们来说十分紧迫的问题：即关于这整个的人的生存有意义与无意义的"③。

①　胡塞尔：《现象学与哲学的危机》，吕详译，国际文化出版公司1988年版，第161页。
②　同上。
③　胡塞尔：《欧洲科学的危机与超越论的现象学》，王炳文译，商务印书馆2001年版，第16页。

胡塞尔的现象学试图突破的就是这种"客观主义"的理性主义，并在此基础上构建他所谓的超越论的现象学。在胡塞尔看来，这样两种哲学思考方向是完全对立的。但同时这种对立的两类思考方式却并非是不相容的。相反，在某种意义上说，超越论的现象学构成了对客观主义思考方式的前提性批判。胡塞尔对于这样两种不同思维方式的特征有清晰的表述：

> 客观主义的特征就是，它在由经验不言而喻地预先给定的世界基础上活动，并且追问这个世界的"客观真理"，追问对这个世界，对每一个有理性的存在者，都无条件地有效的东西，追问这个世界本身是什么。普遍地进行这项工作是认识，理性，或更确切地说，哲学的任务。①

"与此相反，超越论说：预先给定的生活世界的存在意义是主观的构成物。是正在经历着的生活的，前科学的生活的成就。世界的意义和世界的存在的有效性，就是在这种生活中建立起来的，而且总是那个特定的世界对于当前的经历者现实有效。至于'客观上真的'世界，科学的世界，它是更高层次上的构成物，是建立在前科学的经验和思想活动之上的，更确切地说，是建立在经验和思想活动的有效性的成就之上的。"②

客观主义的理论态度所依赖的是"经验"的设定，这种设定给予世界以客观真理，构成了科学认识得以成立的基础。而超越论却进一步指出这种客观主义的科学认识得以成立的前提是"主观的构成物"。这是一个前科学的生活世界。而现象学不过是这种超越论哲学的最后形式③。这种前科学的超越论现象学所试图破除的就是被胡塞尔在欧洲科学危机的讨论中所反复强调的"自然主义"，"客观主义"的理性主义观念。

由是，胡塞尔现象学是真正意义上的纯粹意识的哲学。由于他拒斥客观主义的坚决态度，胡塞尔将哲学的全部重心都转移到了主观意识当中，即将先验主体设定为世界的本源，这种先验自我的纯粹性是由其彻底的主体构造来保证的。先验主体的构造性，在胡塞尔那里被认为是具有明证性

---

① 胡塞尔：《欧洲科学的危机与超越论的现象学》，王炳文译，商务印书馆 2001 年版，第 87 页。

② 同上。

③ 同上书，第 88 页。

和纯粹性，因此能够成为对象世界的确证性保障。"现象"也由此在胡塞尔的语境下变成了一种纯粹意识的产物，即所谓"意向活动"的结果。

胡塞尔的意向活动为我们理解其与黑格尔现象学的关系提供了一个视角。意向活动是意识的构造活动作用于对象而产生的。由于经过了布伦塔诺的启发，胡塞尔已经认定，所有的对象都是向"我"给出，因此都是意识内的。对于胡塞尔来说根本不存在主观意识之外，所谓不以人的意志为转移的事物。即便是所谓经验事物也从来都是意识先验设定的结果。由此，胡塞尔与黑格尔现象学之间的差异就变得明确起来。

就两者都是康德哲学的延伸而言，如果说黑格尔将康德的物自体消解在辩证法的运动当中，从而在理性视阈中给予感性原则以一定地位，那么胡塞尔则将康德的物自体"悬置"起来，并由此将感性直观彻底地排除在理性、认识之外。一切都仅仅源于主观意识的构造。对此胡塞尔这样说："对象不是一个像藏在口袋里一样的藏在认识中的东西，好像认识是一个到处都同样空洞的形式，是一个空口袋，在里面这次装进这个，下次装进那个。相反，我们认为，被给予性就是：对象在认识中构造自身。"①

就现象学的本质而言，黑格尔现象学所研究的并非一个纯粹的客观事物，或者一个纯粹的主观意识。黑格尔的"现象"与康德的"现象"都是主观观念与感性杂多的一种融合，只是对于黑格尔来说，这种融合不是一蹴而就的，而是一个过程。精神现象学也不过就是这个过程的呈现。黑格尔本人将精神现象学视为"一般科学或知识的形成过程"②，"意识在这条路上所经过的它那一系列的形态，可以说是意识向科学发展的一篇详细的形成历史"。③ 恩格斯由此将精神现象学类比为"精神胚胎学和精神的古生物学"。④

这一过程的最终指向是真理，真理作为认识的终极目标包含着从低级到高级的不同发展阶段。黑格尔通过对过程的描述克服了康德认识中的形式主义问题。在黑格尔那里，认识不是向口袋（先验范畴）中装东西（感性杂多）的一种活动。而是一个逐渐发展与成熟的过程。在黑格尔那里，从不存在"先验"范畴。范畴（概念）总是在运动中逐渐生成的。而

---

① 胡塞尔：《现象学的观念》，倪梁康译，上海译文出版社，1987年版，第12页。
② 黑格尔：《精神现象学》（上卷），贺麟、王玖兴译，商务印书馆1979年版，第19页。
③ 同上书，第59页。
④ 《马克思恩格斯全集》第4卷，人民出版社1958年版，第215页。

"现象学"就是这些概念在运动中的显现。对于黑格尔来说,现象学也是对世界本质的一种解释,本质是存在的,但这个本质却是在运动中逐渐构成的。

胡塞尔的现象学则是一个徘徊在主观观念中的哲学。在这一哲学当中,现象失去了黑格尔的复杂性,它成为了一个纯粹的主观意识。这种先验的哲学比康德还要纯粹,比黑格尔还要坚决。胡塞尔这种主观主义的设定在其哲学倾向上如同费希特哲学幽灵的盘旋。如果说黑格尔的哲学在精神的设定中超越了主观主义与客观主义,那么胡塞尔向主观主义的回归,是否意味着一种哲学上的回潮,甚至倒退?

回答这一问题是困难的。但毫无疑问,胡塞尔向主观主义的"回归"显然不是简单地回到与唯物主义对立的抽象的主观唯心主义。在意向性构造的帮助下,胡塞尔的先验现象学带有着对整个形而上学展开批判的能力。因为在某种意义上,胡塞尔时代的整个形而上学与科学主义具有了共同的理论基础——启蒙精神所带来的理性主义。由此纯粹哲学的地位在胡塞尔的时代遭受了重创。胡塞尔对整个传统形而上学的拒斥和改造,其意图包含着对属人的哲学的重构,以对应欧洲科学危机中对人性力量的忽视。

另一方面,胡塞尔的现象学中所谓的主观构造所意指的是面向"对象"的意向性活动。这是之前诸多主观唯心主义所未曾讨论的一种构造方式。而这一意向性活动所带来的一个直接后果就是将现实存在的被直观的对象消融在对其本质的理解当中。胡塞尔本人对这一本质直观的描述说明了这一点:"理念直观将它所需的引导性出发事例的事实性仅仅看作是纯粹的可能性;换言之,在一种自由的行为中,现实被看作是无关紧要的,因此,作为现实而在此的东西在某种程度上被置于自由想象的王国中。"①

现实之所以"被看作是无关紧要的",是因为本质直观所试图发现的永远是带有普遍性的存在,而非这一个,或者那一个的现实事物。这种普遍性必然是任意多的个别事物的共同特性,在胡塞尔看来,对于这一共同特性的直观,从来都不可能是"感性的看"。② 而是需要一个自由想象的王国,这个自由想象或可视为主观构造的根本特质。

---

① 胡塞尔:《胡塞尔选集》,倪梁康译,上海三联书店 1997 年版,第 493 页。
② 同上。

胡塞尔的这种本质直观的理论影响深远，它突破了主观主义的局限，一方面开辟了一条不同于传统形而上学的本质主义倾向的另外一条道路：本质并非是在存在背后所预先存在着的，而是就在存在的现实事物当中被"自由想象"出来的。尽管现实事物无关紧要，但离开了现实事物的存在，本质无从被"直观"。于是，本质与存在成为了一个内在同一的东西。这对于哲学研究而言具有转折性意义。同时，在这种本质直观的方法论教导下，海德格尔的存在论应运而生。这种在存在当中直观本质的方法无疑为海德格尔最终发现存在者之存在（即存在之意义）提供了一个理论的入径。锤子的本质只有在锤子被用来敲打东西的时候才存在，这是本质与现实融合唯一的海式解读，也是海德格尔存在论的一个经典事例。

概而言之，黑格尔与胡塞尔虽然都谈论现象学，然而两者却存在着根本的不同。黑格尔的现象学作为一种经验科学，感性事物的存在是其现象学展开自身的起点，这表现在感性确定性为现象学的出发点。但对胡塞尔而言，他的现象学所指的是纯粹主观的想象学。感性的、客观的事物在哲学中不再有存在的地位，这是其先验现象学的核心所指。正是这一点使得海德格尔在胡塞尔的现象学中看到了旧形而上学的主体性原则，并最终由胡塞尔的学生变成对胡塞尔现象学的批判者。

通过以上分析，我们发现，在面对胡塞尔的纯粹主观性中，黑格尔与海德格尔似乎站在了一个立场之上。尽管两者在思想的表现形式上不尽相同，但他们都没有完全抹杀感性存在之于哲学的重要性。当科耶夫有意或者无意间迎合着当时法国思想的诉求，将哲学引向对具体的人的分析之时，黑格尔与海德格尔的这一共同立场吸引了科耶夫的目光。但由于胡塞尔于1929年在访问索邦所取得的成功，当时的法国哲学对于胡塞尔有着自然的亲近，于是科耶夫将他原本极具存在论色彩的现象学冠以胡塞尔现象学之名，这或许是处于吸引听众的权宜之计。但却给我们回溯性的解读科耶夫的哲学人类学带来了困难。科耶夫这种有意或者无意的混淆形成了科耶夫独特的现象学背景，科耶夫借此形成了自己独特的哲学人类学。从我们本章的分析当中，我们看到了这种混淆在其学理上的合法性。当然科耶夫的这种现象学的背景形成于其独特的问题意识，这一意识早在科耶夫讲授黑格尔之前的多年前就已经形成了。

第 三 章

科耶夫哲学的思想谱系

萨夫兰斯基在其著名的《海德格尔》传记中曾经指出，科耶夫的解读带来了一个全新的黑格尔，这个黑格尔与海德格尔像双胞胎一样相似。"他所讲授的黑格尔，是一个人们根本不认识的黑格尔：这个黑格尔与海德格尔长得像双胞胎一样相似。"① 当科耶夫试图将现象学直接改造为哲学人类学的时候，这种倾向更为明显。因此，要全面把握科耶夫的哲学人类学，还需要对海德格尔的存在哲学予以探讨，这一探讨的核心目的在于把握科耶夫哲学人类学的思想谱系及其内部构成。其中一个重要的思想平台就是海德格尔的存在之思。

第一节　海德格尔的思想主题

海德格尔临终前拟为自己的全集写一个前言，在这个未完成的前言的扉页上，他对自己毕生的思想下了一个判词："道路—而非著作"（Weg—nicht Werke）。在海德格尔看来，著作总意味着某种程度的固定化和现成化，而道路则是未完成的，它总是不断地向前延伸，没有一个固定的终点。思想总是"在途中"的思想，对它而言，重要的不是找到终点，而是"上路"。海德格尔就是一个勇敢的行者，终身行走在思想的"林中路"上。那么，是什么召唤着海德格尔踏上这条思想之路的呢？

一　存在之遗忘

柏格森曾经说过，一个伟大的思想家往往终生只思考一个问题，对海

---

① 迪格尔·萨弗兰斯基：《海德格尔传》，靳西平译，商务印书馆1999年版，第460页。

德格尔来说，这个问题就是"Sein"（存在）①。在他看来，"Sein"距离人们最近也最远。说它最近，是因为人们周围的所有事物都是"Sein"（存在）的，人们也每天都要说"Sein"（是、有、存在）这个词；说它最远，是因为尽管人们每天都要也不得不同"Sein"打交道，但他们却从来没有认真地思考过"Sein"究竟意味着什么？正如海德格尔在其奠基之作——《存在与时间》的扉页上引用的柏拉图的那句名言："当你们用'存在着'这个词的时候，显然你们早就很熟悉这究竟是什么意思，不过，虽然我们也曾相信领会了它，现在却茫然失措了。"②

之所以"茫然失措"，是因为存在久已被遗忘了，而且，这一遗忘从柏拉图就已经开始，一直延续了两千多年，直到"在《存在与时间》里，追问存在意义的问题才第一次在哲学史上被特别作为问题提出来并得到发展"。③

在海德格尔看来，整个西方哲学史就是一部"存在"被遗忘的历史。但是，遗忘"存在"不等于不探讨"存在"，事实上，"存在"问题一直是西方哲学探讨的核心问题，从柏拉图、亚里士多德到康德、黑格尔，几乎每一个重要的哲学家都在追问"存在"。但他们对"存在"的追问，无论是将其规定为最高的本原、本质、物质，还是最高的普遍性、神性、精神，都犯了一个根本性的错误，即都将"存在者"（Seindes）误当作了"存在"，因此他们殚精竭虑、孜孜以求的"存在"实际上并非"存在"，而是"存在者"。由此，真的"存在"被遗忘了。进一步讲，"忘记存在就是忘记存在和存在者之间的区别"④。而存在和存在者之间的区别就是海

①　德文"Sein"在英文中被翻译成"Being"，汉语一般将其翻译为"存在"，但这并不意味着"Sein"就等于汉语的"存在"，也不意味着"存在"最接近"Sein"的意思。事实上，"Sein"对应于汉语中的"存在"、"是"、"有"三个意思。《存在与时间》的汉译者陈嘉映曾明确指出，"所以，从义理上说，把 Sein 译作'是'最好，译作'在'和'存在'还好，译作'有'则差得远一些"。从义理上看，与海德格尔的"Sein"的"原意"最为接近的为"是"，而之所以将"Sein"翻译为"存在"，是由于技术上的原因。因此，将约定俗成的惯例和准确理解海德格尔思想综合起来考虑，我们一般将"Sein"译为"存在"，但在特殊的、适当的地方也将 Sein 译为"是"或"有"，为了不引起误解，我们也将同时注上"Sein"。

②　柏拉图：《智者篇》，第 244a 页，转引自《存在与时间》，生活·读书·新知三联书店1999 年版，第 1 页。

③　Heidegger, *Einfüehrung in die Metaphysik*, Tuebingen：Niemeyer, 1953, p. 89.

④　Heidegger, Holzwege. Frankfort：klostermann, 1950, S. 336, *Kant and the Problem of Metaphysics Bloomington*, Indiana University Press, 1962, p. 243.

德格尔一再强调、并贯彻始终的存在论差异（Ontologische Differenz）①。无论是前期还是后期，海德格尔每提到"存在"，都或隐或显地连带着存在论差异，也就是说，海德格尔的"存在"总是存在论差异中的"存在"，不理解存在论差异，就无法理解海德格尔的"存在"，也就不可能理解海德格尔的基本思想。因此，存在论差异就是理解海德格尔的"存在"乃至海德格尔整个思想的一个关键。

二　存在论差异

按照通常的思维习惯，要弄清两个事物的差异，首先要知道它们分别是什么。所以，要弄清存在论差异，首先要问的是"存在者是什么"和"存在是什么"。关于前者，可以说，存在者是一座山，一棵树，一个杯子，也可以说存在者是水、是火、是土，还可以说存在者是一件艺术作品、一个制度、一个团体，总之，世界上的任何一个"东西"都有可能作为答案。所以，关于"存在者是什么、"的问题，可以有无数个答案。但不管有多少答案，也不管这些答案是多么的千奇百怪，其中有一点是共同的，即他们都是一个"存在者"。所以，这一问题的回答可以归结为这样一个公式："存在者"是"存在者"。

再看"存在是什么"的问题。西方哲学家具有一种超越的精神，他们不满足于仅仅用一个具体的存在者来解释世界，而总是试图超越具体的存在者，在具体的存在者之上、之外、之后寻找到一个普遍的、最高的"存在"，这个"存在"就是世上具体的万事万物的"本质"。在这一思路的引导下，自柏拉图以来的西方哲学家们，从各自的哲学体系出发，分别对这一问题做出了回答。于是便有了柏拉图的"理念"，亚里士多德的"第一推动力"，笛卡尔和莱布尼茨的"上帝"，康德的"物自体"和黑格尔的"绝对精神"。所有这些回答，从根本上看仍然都属于现成的"存在者"之列。所以，对这一问题的回答，也可以归结为一个公式："存在"是"存在者"。

而海德格尔认为，"存在就是存在，而不是存在者"②。传统哲学家用

---

① 在此需要说明的是我们的探讨仅限于在哲学、形而上的层面上进行，因为存在论差异（Ontologische Differenz）仅在这一层面才存在，才有意义，在日常经验、科学中，是无所谓存在论差异的，因为在这一层面，仅有"存在者"，而没有"存在"。

② 张汝伦:《海德格尔与现代哲学》，复旦大学出版社 1995 年版，第 59 页。

"存在者"来回答"存在"的问题，必然使"存在"为"存在者"所遮蔽，最终导致"存在"的被遗忘。既然"存在"不是"存在者"，那么，"存在"又是什么呢？海德格尔认为，问题恰恰出在这一问上，就是这一问使西方哲学走入了歧途，使真的"存在"被遗忘了两千多年。

"存在是什么"的发问方式来源于"这是什么"（Was ist das?）的发问方式。在《什么是哲学?》这一著名演讲中，海德格尔认为，"这是什么"的发问方式源于"希腊的"，并且认为"这是由苏格拉底、柏拉图、亚里士多德所发展出来的问题形式。例如，他们问：这是什么——美？这是什么——知识？这是什么——自然？这是什么——运动?"① 这一发问方式促进了科学的进步，并在科学的推动下，渗透到了生活中的每一个角落，最终成为了"垄断性"的发问方式。以致人们无论遇到什么问题，总要自觉不自觉地问一个"这是什么"。但人们却从来没有认真地思考过这一发问方式究竟意味着什么。

海德格尔认为，"这是什么"的发问方式所问的是"什么"。"人们把这个'什么'的意思称为 quit est，即：实质（quidditas）、所是（Washe-it）。"而"实质""所是"从根本上说，也是"什么"，即"存在者"。如这是一个杯子，那是一支钢笔，再如海是蓝的，楼是高的，其中的杯子、钢笔、蓝、高作为"这是什么"中所问的那个"什么"，也是一种存在者。关于这个"什么"，没有什么问题，问题出在那个"这"上。在"海是蓝的"，"楼是高的"例子中，不仅蓝、高是一种存在者，而且其中的海、楼也同样是一种存在者。在这是一个杯子，那是一支钢笔的例子中，"这"、"那"其实就是隐含着的杯子和钢笔。由此我们可以知道，"这是什么"这一发问方式隐含着两个前提，即其中的"这"和"什么"都必须属于存在者的系列，也就是说，这一发问方式仅在存在者的范围内有效，一旦超出这一范围，"真理就可能变成谬误"。

传统形而上学恰恰没有认识到这一点，而误将这一发问方式当作一把万能钥匙，运用到所有领域之中。以至于对于任何事物，都要问一个"这是什么"，由此它们也就很自然地问，"存在"是什么？而事实上"这是什么"的发问方式不适用于"存在"。因为，"存在"不是"什么"（存在者），既不是这个"什么"，也不是那个"什么"，它不是任何的"什么"，

① 孙周兴选编：《海德格尔选集》，上海三联书店1996年版，第592页。

通俗地讲就是，它"什么"也不是，事实上，存在正是那个"什么"也不是的"是"（Sein）。所以，问"存在（'Sein'）是什么"就是问"是（'Sein'）是什么"而这个"是"（"Sein"）又恰恰"什么"也不是。正如叶秀山先生所言，"按海德格尔的意思我们可以进一步说，对于那个'什么也不是'的东西，我们不能再进一步追问'是什么'，而只能问'为什么'。'为什么'是问那个'什么也不是'的东西的'根据'，而不是从知识上来问它是'什么'"①。因此，通过追问"存在者是什么"和"存在是什么"来探讨存在论差异的道路是行不通的。

三　"有""无"之辨

为了探讨存在论差异，海德格尔引入了"无"（Nichts）。在《存在与时间》中，海德格尔已经谈到了"无"的问题，但重点是讲"有"（Sein）。两年之后，在他的"形而上学是什么？"的教授就职演讲中，着重探讨了"无"。这一演讲的核心思想被归结为最后一句话：

> Warum ist uberhaupt Seiendes und nicht vielmehr Nichts？（"为什么就是存在者在而'无'倒不在？"）②

在这句话中，关键的词有两个，即"Seiendes"（存在者）和"Nichts"（无）。它们之间是一种否定的关系，即"无"是对"存在者"的否定。需要注意的是，这种否定与一般经验意义上的否定有本质的不同。在日常经验世界中，也就是在"存在者"的世界中，正如斯宾诺莎指出的，一切的否定都意味着肯定，不是"什么"，总还意味着是另一个"什么"。不是一座山，而是一棵树，1+2不是4而是3，等等。总之，在经验世界中的一切否定，都是"相对的"，是相对于肯定而言的，而海德格尔所讲的在形而上意义上的"无"的否定则是"绝对的"。如海德格尔所言："存在者的一切必须事先被给予，以便将其整个加以否定，然后'无'本身就

---

① 叶秀山：《愉快的思》，辽宁教育出版社1996年版，第66页。
② 孙周兴选编：《形而上学是什么？》，《海德格尔选集》，上海三联书店1996年版，第153页。

会在此否定中呈现出来了。"① 可见，"无"否定的不是个别的存在者，而是"整个"的存在者，而否定"整个"的存在者就是将存在者作为一个"整体"来加以否定，经过这样的否定之后，剩下来的就是"无"。

在这个"无"的世界中，由于已经将所有的存在者都否定掉了，所以就不再有任何存在者存在。因此，对于它，就不能再问"是什么"的问题，而只能问它"为什么"、"如何"。也就是说，"无"不是一个认识的对象，不能通过经验科学去认识它，（因为经验科学只以存在者为对象，也只在存在者的世界中有效。）而只能作为一个"问题"，通过形而上学来追问它。

由此看来，"Nichts"（无）和"Seiendes"（存在者）是一种"绝对的否定"关系。那么"Nichts"（无）和"Sein"（有）又是什么关系呢？由上可知，"无"是对作为"整体"的存在者的否定，在将"整体"的存在者否定之后，剩下来的就是"无"。需要注意的是，这里的"无"并不等于"空"，不是"真空"，而恰恰是"有"，并且是"纯有"。因为"无"否定的是存在者（Seiendes），而不是存在（Sein），也就是说，"'无'否定的是一切的'什么'，而不是那个'是'本身"②。一切的"什么"被否定之后，那个"是"（Sein）本身却被剩了下来。我们上面已经说过，整个的"存在者"被"否定"之后，剩下的是"无"，现在又说剩下的是"是"（Sein），这岂不矛盾？实际上并不矛盾，因为在海德格尔看来，"'有'（Sein）与'无'（Nichts）乃是同一事物的两面"。③ 为此，他特意引用了黑格尔的名言："纯粹的'有'与纯粹的'无'是一回事"④，即"Nichts"（无）本质上就等于"Sein"（有）。所以，"无"和"存在者"的差异其实就是"存在"与"存在者"的差异，即存在论差异。

通过对"无"的追问，海德格尔展示出了两个不同的层面，一个是"存在者"的层面，在这一层面中，一切都是"什么"，对于一切的"什么"都可以问一个"是什么"，经验科学面对的就是这个层面。另一个是"存在"的层面，在这一层面中，一切的"什么"都被"搁置"起来了，

---

① 熊伟主编：《存在主义哲学资料选辑》上卷，商务印书馆 1997 年版，第 249 页，着重号为笔者所加。

② 叶秀山：《愉快的思》，辽宁教育出版社 1996 年版，第 66 页。

③ 叶秀山：《世间为何会"有""无"？》，《中国社会科学》1998 年第 3 期。

④ 熊伟主编：《存在主义哲学资料选辑》上卷，商务印书馆 1997 年版，第 258 页。

剩下的仅是"是"本身。对于这个"是（Sein）"本身，不能再问它"是什么"，而只能问它"为什么"、"如何"。需要说明的是，这两个层面并不是两个独立存在的"实体"，事实上，它们处于同一个世界之中，共同构成了那唯一真实、本源的现实生活世界。只不过，对于这一世界，传统形而上学仅看到了它的"存在者"的一面，认为这个世界仅是"存在者"的世界，而遗忘了那更为本源的"存在"的一面。海德格尔的贡献在于，将被传统形而上学遗忘的存在的一面，重新引入了哲学，并穷其毕生精力，从各个角度探讨它。在海德格尔那里，无论是其早期谈"此在"（Da-sein），"无"，还是后期谈语言，艺术，都是在"存在"的层面上展开的，也都是围绕着"存在"来探讨的。可以说，海德格尔无论是谈此在，谈真理，还是谈语言，谈艺术，从根本上看，都是在谈"存在"。所以，"存在"是海德格尔思想的唯一主题。

第二节　海德格尔的思想方式

一般认为，海德格尔的贡献在于唤起了被西方形而上学遗忘了两千多年的"存在"之思。我们以为，这固然不错，但还不能止步于此，而应在此基础上进一步追问，为什么西方形而上学如此长久地遗忘了"存在"？为什么海德格尔能够重新唤起"存在"之思？要回答这些问题，就不能仅仅停留在思想的现象乃至事实层面，而应进一步深入到隐藏于其后并对之起决定性作用的思维方式层面。

一　实体性思维方式

海德格尔在其奠基之作——《存在与时间》的扉页上引用了柏拉图的那句名言：

> 当你们用到"是"或"存在"这样的词，显然你们早就很熟悉这些词的意思，不过，虽然我们也曾以为自己是懂得的，现在却感到困惑不安。①

---

① 转引自海德格尔《存在与时间》，生活·新书·新知三联书店 1999 年版，第 1 页。

之所以"感到困惑不安",是因为"存在"久已被遗忘了。而"忘记存在就是忘记存在和存在者之间的区别"①,传统形而上学正是由于忘记了它们的区别,将二者混为一谈,因此也就用追问"存在者"(Seinde)的方式来追问"存在",即总是追问"存在是什么"。殊不知,正是这一问使西方哲学走入了歧途,使本真的"存在"被遗忘了两千多年。

"存在是什么"的发问方式来源于"这是什么"(Was ist das?)的发问方式。② 在这一"问题形式"的背后隐藏着一种独特的思维方式,即传统形而上学的表象性思维方式。"就形而上学始终只把存在者作为存在者表象出来而言,形而上学并不思存在本身。"③"表象"(Vorstellen)在德文中是"把……摆在面前"的意思。表象性思维方式就是把存在者当作一个"对象"摆在面前,也就是我们通常所说的"对象性思维方式"。我们这里把它叫作"实体性思维方式",因为把一个存在者当作对象"表象"出来,也就意味着把这个存在者当作一个实体,因为只有实体才有可能成为一个对象。只不过这里的实体并不简单地等同于一块石头,一个杯子这样的物体,而是任何一个"现成的",有着固定的本质属性,可以被认识的"东西"都可以说是实体。它可以是物质的,也可以是精神的,可以是经验的,也可以是先验的,这种意义上的"实体"构成了对象的基础。因此,将这种思维方式界定为"实体性思维方式"就比界定为"对象性思维方式"更为准确和根本。

在"实体性思维方式"下,一切都被当作"对象"来加以认识,所以,从根本上说,"实体性思维方式"是一个认识的思维方式。而存在却不是任何意义上的"现成"的实体,也不能作为任何对象被加以认识,因此,当这种思维方式成为西方形而上学的"垄断性"的思维方式时,存在的被遗忘也就在所难免了。而海德格尔之所以能发现被遗忘的存在,恰恰是因为其超越了"实体性思维方式",而这一超越,又是由于"站在巨人的肩膀上"才得以完成的,这一"巨人",就是胡塞尔的现象学。

---

① 转引自张汝伦《海德格尔与现代哲学》,复旦大学出版社1995年版,第60页。

② 海德格尔:《海德格尔选集》,上海三联书店1996年版,第592页。

③ 转引自孙周兴《说不可说之神秘》,上海三联书店1994年版,第11页,着重号为笔者所加。

二　胡塞尔现象学的"构成观"

胡塞尔现象学的贡献在于他提供了一种看待问题的"非现成化"的新思路,这主要表现在他的"边缘域"性的意向性构成理论。这一理论认为,"任何意识都是对于某物(而不只是感觉片段)的意识",对某物的意识不等于"被意识的某物",而是"意识某物的活动"。在这种意义上的"意识活动"就不再是感觉表象式的"被动反映",而只能是意向构成式的"主动构造"。这就意味着,任何有意义的意识体验,都不是点、线式的个别存在,而是焦点加边缘域式的整体存在。也就是说,都有一个正在被注意到的或经验到的显现焦点——"实显物",如视知觉中的一支钢笔,或在此显现焦点——"实显物"周围存在的一个"潜伏着"的由"非实显物"构成的围绕带或"边缘域",如那支钢笔周围的空间及此空间中的物:墨水瓶、书、纸、桌子、书橱等,它们共同构成了"意识活动"的"区域"。

实际上,在意识"知觉"到钢笔的每一瞬间,都只能是从某一个特定角度的"观看",真正"看到"的实际上只是那支钢笔的一个特殊的侧面。这就意味着,真正的显现焦点——"实显物"不是完整的钢笔,而仅是它的一个特殊的侧面,这一侧面之外的钢笔的其他侧面,都属于"边缘域"之列。但胡塞尔认为,事实上我们"意识"到的绝非钢笔的一个特殊的侧面,而是一支完整的钢笔。因为我们不是将钢笔作为一个个感觉印象或感觉印象的组合来"意识"的,而是将钢笔作为一个连续、完整的对象来"意识"的。在"意识"形成的过程中,不仅显现焦点——"实显物"被"知觉"到了,而且"边缘域"也在潜在意义上被"知觉"到了。正如胡塞尔所言,"对于任何物(Ding)的知觉总是带有这么一个背景直观(或背景观看,如果'直观'总是包含被朝向(一个东西)的状态)的晕圈。并且,这也是一种'意识体验'。简言之,这也是一种'意识',特别是'对'所有那些处于被同时观看到的客观背景中东西的一种'意识'"。①

所以,"意识"不是在对显现焦点——"实显物"的"被动反映"

① 转引自张祥龙《海德格尔思想与中国天道——终极视域的开启与交融》,生活·读书·新知三联书店1996年版,第35—36页。

过程中形成的，而是在由"焦点"和"边缘域"组成的统一整体中"主动构造"而成的。当视知觉转移时，原来的"实显物"从焦点的位置退居到边缘域中，而原来处于"边缘域"中的"非实显物"则变成了焦点。这一过程就是胡塞尔所说的，"连续不断向前的思维链索连续地为一种非实显性的媒介所环绕，这种非实显性总是倾向于变为实显样式，正如反过来，实显性永远倾向于变为非实显性一样"①。在这一过程中，"边缘域"起到了一种潜在的构成作用。它的存在，使意识一方面与刚过去的知觉（体验）保持着相互构成的联系，另一方面又为可能有的知觉准备了和已有知觉的意义上的联系。正是由于这种"保留"和"预期"的潜在构成作用，才使意识不是个别的、"开关式"的，而成为连续、稳定和一致的"流"。

胡塞尔的意向性构成理论以其"构造观"在一定程度上突破了传统的"实体性思维方式"的"现成观"。意识不再是个别的、点线式的被动的感觉印象，而成了整体的、"流程"式的、主动的"意识活动"，这就意味着，意识不再是传统上所认为的"现成"的"实体"，而成了具有"建构"色彩的构造的活动过程，这就提供了一种指向"生成"的全新思路，在西方哲学史上具有革命的意义。此外，它也不再像"实体性思维方式"那样重中心，轻边缘，而是将边缘的作用提高到了前所未有的重要地位，认为意识恰恰是在并不显明的"边缘域"中"构造"而成的，离开了"边缘域"的意识是不可想象的，而且，"边缘域"本身也已不同于传统的"实体"，而具有了非确定的、动态的、"生成的"特性。这极大地启发了处于思想形成期的海德格尔。

海德格尔在接受胡塞尔意向性构成理论的同时，敏锐地发现了它的不彻底性。因为胡塞尔仍然认为"意识活动"是由意向主体和意向对象两极构成的，被意向主体直接注意到的意向对象便是"焦点"，不被他直接注意到的意向对象便是"边缘域"，这其实乃是"实体性思维方式"中主、客对立模式的"投影"。并且，他的"非现成化"的"构成观"仍是有限的、不彻底的。因为在他那里，仅有"意识活动"是"构成的"，而意向主体和意向对象却仍是"现成的"。

①　胡塞尔：《纯粹现象学通论：纯粹现象学和现象学哲学的观念》第 1 卷，商务印书馆 1992 年版，第 105 页。

另外，胡塞尔虽然重视"边缘域"的作用，但仍然认为，"焦点"是构成意识的"中心"，"边缘域"则仅是达到"焦点"的"模糊"的过渡带，而非构成的源泉。所以，胡塞尔虽然打破了"实体性思维方式"的坚硬外壳，但却没有能够从这一思维方式中走出来，而是在最关键之处又退了回去。海德格尔则沿着胡塞尔打开的裂缝，继续向前，将"非现成化"的"构成观"推到极致，最终突破了"实体性思维方式"的禁锢，形成了自己"生成论"的思维方式。

三 "生成论"思维方式的基本特点

海德格尔本人并没有直接谈论过其思维方式，这就使对海德格尔思维方式的界定成了我们面临的首要问题。在对海德格尔思想及其表述方式进行反复研究和再三体会的基础上，我们认为，海德格尔的思维方式是一种"生成论"的思维方式。这一思维方式贯穿了海德格尔思想的始终，并决定了其思想的基本特色。作为一种全新的现代哲学的思维方式，"生成论"的思维方式与传统的实体性思维方式形成了鲜明的对比，为了更准确地把握海德格尔的这种独特思维方式，我们将结合实体性思维方式来说明它的基本特点。

1. "生成的"而非"现成的"。在实体性思维方式中，一切都是"现成的"（vorhanden），"已完成"意义（在逻辑而非时间意义上）的存在。即认为任何事物都有其先天的恒定本质，不论事物如何发展，它的本质都不会改变。而且事物的发展变化是由其本质决定，在发展之前，其路径和结果便已预定，就像种子的生长和发育一样。而在生成论的思维方式中，一切都是"生成的"，"未完成"意义上（在逻辑而非时间意义上）的存在，都需要在具体的生成活动过程中"发生并成为"自己，所以，它们就不再存在任何固定不变的本质。2. 过程的而非结果的。在实体性思维方式中，由于一切都是"已完成的"，都有其恒定不变的本质，因此，事物是作为结果而存在的，由果求因的还原法也就成了基本的研究方法。而在生成论的思维方式中，由于一切都是"未完成的"，都需要在具体的"生成"活动过程中"成为"自己。而且，这一"生成"活动不是权益的、暂时的，而是本源的、生生不息的。所以事物不再作为结果而是作为过程而存在。还原法也就失去了存在的根基。3. "一域"的而非"两极"的。在实体性思维方式中，天然地存在着

"两极"，即思想者和思想对象，也就是通常所说的主体和客体。而且无论是主体还是客体，都无一例外地属于"现成"之列。而在生成论的视野中，由于已经打破了"现成观"，所以"两极"为"一域"所替代。这一"域"（Horizont）就是在事物生成过程中自然形成的特定"区域"。这一"区域"不是"现成的"，而是"生成的"，不是物理学意义上的，而是哲学意义上的，不是空间性的，而是时间性的，不是静态的，而是动态的，不是实体性的，而是功能性的。4. "不出场"的而非"出场"的。在实体性思维方式中，由于一切都是"现成的"，是在空间中作为结果而存在的，因此它以"出场"（presence）的东西为中心，以"不出场"（absence）的东西为边缘，重中心，轻边缘。而在生成论的思维方式中，由于事物都是"生成的"，是在时间中作为过程而存在的，因此它强调"不出场"的东西对于"出场"的东西的重要性，认为正是"不出场"的东西使"出场"的东西成为可能。总之，生成论思维方式的形成，使海德格尔超越了实体性思维方式的束缚，并由此获得了思想的"阿基米德点"，最终形成了自己的全部思想。

四　"生成论"视阈下的海德格尔

在海德格尔那里，独特的思维方式和原创性的思想是水乳交融、密不可分的。离开了其特定的思想，是不可能理解其独特的思维方式的。同样，不了解其独特的思维方式，也难以理解海德格尔思想的真谛。因此，下面我们将沿着生成论思维方式所开辟的道路，走进海德格尔思想的核心。

一般认为，以 30 年代为界，海德格尔的思想可以分为前、后两个时期。前期通过"Dasein"（此在）来追问"Sein"（存在），后期则直接追问"存在"。我们认为，海德格尔思想确实表现出了明显的变化，但其基本问题却始终如一，即都是"存在"之思，所变化的仅是追问"存在"的具体步骤。概括地讲，海德格尔前期主要探讨的是"Dasein"，而后期则认为"存在"的意义在于"Ereignis"。因此，"Dasein"和"Ereignis"分别代表了海德格尔前后期的主要思想，我们将通过对它们的分析来考察生成论这一思维方式在其思想中的作用。

（一）"Dasein"①：生成性存在

"Dasein"在现代德文中一般为"生活"、"存在"和"生存"的意思，但在海德格尔那里，"Dasein"却特指人及其存在方式。简单地说，"Dasein"就是海德格尔在其生成论思维方式的指引下，对"人"的一种全新理解。

海德格尔认为，"这种存在者（"Dasein"）的'本质'在于它去存在（Zu－sein）"②。"去存在"，在这里指趋向于存在，作为一种可能性而存在，"因为 Dasein 本质上总是它的可能性"，③ 所以"去存在"实质上是一种生成活动，而"Dasein"正是在这一生成活动中成为"自己"的。这样，以"去存在"为"本质"的"Dasein"就不再作为"现成"意义上的、已完成了的"主体"而存在，而是不断地超越当前状态，作为连续不断的"尚未"（Nock－nich）而存在。因此，"Dasein"也就没有任何现成的属性可资自守，也不能被任何现成的概念所概括，他只在"去存在"这一生成活动中成为"自己"，这就意味着，"Dasein"是一种"建构性"、"生成性"的存在。

"Dasein"的"去存在"不是在"真空"之中，而是"在世界之中存在"（In－der－Welt－sein）的。"在世界之中存在"是"Dasein"的"基本机制"，也是理解"Dasein"的关键，它鲜明地体现了海德格尔生成论的思维方式。下面，我们将予以具体分析。

"Dasein"在"在世界之中存在"可以从两个方面来理解，第一，"Dasein"和"世界"是一种什么关系？第二，"在……之中"是什么意思？首先看第一个方面。海德格尔认为，"Dasein"和"世界"的关系首先并不是一个主体与一个客体的认识关系，因为"Dasein"和"世界"本身都不是实体，"绝没有一个叫做'Dasein'的存在者同另一个叫做'世界'的存在者

---

① "Dasein"这个词中文一般译为"此在"，此外还有"亲在"、"缘在"、"定在"等不同译法，每一种译法都基于译者的理解，"Dasein"每一种译法也都有它的道理所在，但是从理论上讲，任何翻译都有其局限，因为它们反映的都只是译者的理解，而非作者的"原意"。由于我们这里探讨就是海德格尔对"Dasein"的理解，为了避免"望文生义"简单理解，我们在此采取英译者的做法，即直接引用德文原文"Dasein"，不做翻译。

② 海德格尔：《存在与时间》，生活·读书·新知三联书店1999年版，第49页。

③ 同上书，第50页，原文中的"此在"被替换为 Dasein，以下文中的"此在"均被替换为 Dasein。

'比肩并列'那样一回事"。① 关于"Dasein"，我们已进行了探讨，现在需要问的是"世界"。"'世界'在存在论上绝非那种在本质上并不是 Dasein 的存在者的规定，而是 Dasein 本身的一种性质。"② 这是海德格尔在《存在与时间》中谈论"Dasein"和"世界"关系的关键性字句，它对于理解"Dasein"、"世界"及"Dasein"与"世界"关系起着至关重要的作用，值得我们特别注意。

它由两部分组成，第一部分，"世界绝非存在者的规定"，第二部分，"世界是 Dasein 本身的一种性质"。这两部分必须结合起来理解，其中重点在第二部分，而第二部分的关键又在于对"性质"一词的理解。"性质"一词是海德格尔对于"Dasein"和"世界"关系的一个极重要但又极容易引起误解的词，它在这里有其独特的含义。由第一部分可知，"世界不是存在者的规定"，因此，这里的"性质"就不再是通常意义上属性的意思。因为任何属性都是实体性事物的属性，是附属于事物的实体性存在的。而且，从本质上看，"性质"自身也是一种实体，但世界却不是任何意义上的实体，所以这里的"性质"就不再是属性的意思了。如果不仅仅局限于个别的字句，而着眼于海德格尔的整体思想的话，我们就可以理解到，这里的"性质"其实是"使……成为自身的东西"的意思。因此，将这句话综合起来理解，就是："世界不是对一般存在者的规定，而是使'Dasein'成为自身的东西。"也就是说，是世界使"Dasein"成为"Dasein"的，离开了世界，"Dasein"无以存在，同样，世界也总是"Dasein"的世界，离开了"Dasein"，也无世界可言。即世界和"Dasein"是相互依存的，这种相互依存是在"Dasein"的"去存在"这一"生成活动"中展开的。所以，从本质上看，"Dasein"和世界就不再是一种主体与客体之间的认识关系，而是一种"生成性"、"建构性"的关系。

再看第二个方面。"在世界之中存在"的"在之中"，不是指一个现成的实体在另一个现成的实体之中，如衣服在柜子之中，椅子在教室之中，而是指"在生成之中"。"在生成之中"就不再是一种外在的"空间关系"，而是一种内在的、本源的"生成关系"。因为，"Dasein"从来不可能从世界中走出来，把世界当作对象来认识。另外，也不可能先有了一个

---

① 海德格尔：《存在与时间》，生活·读书·新知三联书店 1999 年版，第 64 页。
② 同上书，第 76 页，着重号为原文所加。

"Dasein"，然后"Dasein"再投入"世界"之中，或者是先有了一个"世界"，再等待着"Dasein"的投入。事实上，"Dasein"从来都是"在世界之中""去存在"的，并在"去存在"中成为自己。进一步讲，不仅"Dasein"，而且世界也是在"去存在"这一"生成活动"中成为世界的。所以可以说，是"去存在"这一"生成活动"使世界和"Dasein"分别成为"自己"。这样，"Dasein""在世界之中存在"就是"Dasein"和"世界"在彼此"相互建构"、"相互生成"的活动过程中分别成为"自己"，并作为"自己"而存在。

（二）"Eieignis"①：自身之生成

三十年代之后，海德格尔思想出现了一个明显的转向，即从"Dasein"转向了"Sein"。而"Sein"的意义，在海德格尔看来，就是"Eieignis"。"Eieignis"是海德格尔后期思想的核心，也可以说是其整个思想的巅峰，同时它也是其生成论思维方式的最完美体现。因此下面我们将对"Eieignis"做一个具体的分析。

海德格尔认为，"Eieignis"本身比"任何可能的对存在的形而上学规定"都更丰富。② 这就意味着"Eieignis"不是一个形而上学的固定的"范畴"。在德文中，"Eieignis"的意思是"发生的事件"，其动词"ereignen"的意思为"发生"。但在海德格尔那里，它则有其更深的含义。他认为"ereignen"一词由"er"和"eignen"两部分组成，其中"eignen"为词根，其含义是"为……本身所特有"，"使……成为自身"，前缀"er"则是"去开始一个行为"和"使（对方和自己）受到此行为的影响而产生相应的结果"的意思。总起来看，"ereignen"的意思就是"在行为的往返发生过程中成为自己本身"。除此之外，海德格尔还追究过它的词源义"看"，"'Eieignis'这个词取自一个从出的语言用法。'ereignen'原本意味着：'er-aeugen'，即'去看'或'使……被看到'（er-blicken），以便在这种看（Blicken）中召唤和占有（an-eignen）自身"③。

----

① 关于"Eieignis"，有各种不同的译法，孙周兴译为"大道"，张汝伦译为"统化"，陈嘉映译为"本是"，陈小文译为"本有"，张祥龙译为"缘起生成"，倪梁康译为"本成"，我们在此根据对海德格尔思想的理解，将之译为"自身之生成"。

② 转引自张祥龙《海德格尔思想与中国天道——终极视域的开启与交融》，生活·读书·新知三联书店 1996 年版，第 162 页。

③ 同上书，着重号为笔者所加。

综合起来看，"Eieignis"表达的是这样一个思想：任何自身——"自己本身"——都不是现成的，都是在一种相互引发、相互作用的行为过程中发生和成为自己的。这种行为过程实质上就是"生成"的过程。进一步讲，"Eieignis"所说的其实就是，任何"自身"——"自己本身"——都不是"实体性"、"现成性"的存在，而是"建构性"、"生成性"的存在，正是在也只有在生成活动过程中，"自身"才成为"自身"。在这里，海德格尔独特的思维方式和其原创性的思想水乳交融地统一在一起，形成一个你中有我，我中有你的"天然"统一体。在这一统一体里，我们已经无法区分哪些是其独特的思维方式，哪些又是其极富原创性的思想。因此，我们可以将"Eieignis"翻译为"自身之生成"，简称为"生成"。

由此可知，海德格尔生成论的思维方式贯穿了海德格尔思想的始终。在早期，生成论思维方式集中体现在"Dasein"和"世界"的生成性关系之中，到了后期，海德格尔就将其推至整个"Sein（存在）"中，一切"Sein"层次上的存在，如时间、语言、真理、艺术等，都是建构性、生成性的，也都是在生成性活动过程中成为自己的。从本源意义上看，就像它们都属于"Sein"一样，它们也都属于"Eieignis"，即都是"自身生成"。总之，"生成论"的思维方式构成了海德格尔思想的内在灵魂，不了解这一思维方式，就难以真正进入海德格尔的思想世界。

第三节　存在之思的伦理境遇

谈论海德格尔的伦理学，本身就意味着一种危险。是因为在卷宗浩繁的《海德格尔全集》之中，没有一部伦理学著作，即使在有限的几处偶尔谈论伦理学的地方，海德格尔也对其持批评态度。那么，这是否意味着，海德格尔没有自己的伦理学呢？这一判断即对又错，关键在于如何理解这里所说的伦理学。

如果把它理解为传统意义上的作为一门学科的伦理学的话，那么海德格尔的确没有这样的伦理学；但如果一旦把它理解为一个思想的维度或境域的话，那么海德格尔不仅拥有自己的伦理学，而且这一伦理学在其整个思想中还占据着极为重要的地位。"尽管海德格尔的确没有任何伦理学的'专著'，但是，海德格尔不仅有极为丰富的作为'栖居着的沉思'的源始伦理学思想，而且海德格尔所依据的这种作为源始伦理学的'伦理境域'，乃是他全部存在之思的秘密诞生地。"① 在此意义上，对海德格尔的伦理学进行探讨就是一件颇富意义的事情了。

一　伦理之思的存在境域

《存在与时间》出版后不久，有人询问海德格尔"何时写一部伦理学"。提问者显然还没有真正理解海德格尔，在海德格尔看来，不能孤立地谈论伦理学。因为真正的伦理学必然导向存在论，而变革以后的存在论——"基础存在论"——本身就已经提出并讨论了伦理问题，这是讨论海德格尔伦理思想的立足点，但却不是我们研究的起点。海德格尔的全部伦理之思都是建立在对传统伦理学，即作为一门学科而存在的伦理学的批判性反思的基础之上。这样，对传统伦理学的考察就构成了我们研究的起点。

（一）对传统伦理学的批判

作为一门学科的伦理学起始于亚里士多德。在对柏拉图的"善"的理念进行解释时，亚里士多德发现应当以"对人的行为来说何者为善"的问题来取代作为一般共相的"善"的理念问题。在他看来，不能把"真"与"善"、知识与德性混为一谈。因为关于事物运动变化的知识以自然本身的规律即 Logos 为依据；而人的行为规范则以一定的规范习俗即 Ethos 为基础，二者具有根本的不同。这一划分逐渐衍生出了一种影响深远的基本观念：事实与价值、是与应当分属两类不同的存在，因此说明事物存在基础的本体论与决定人的道德行为根据的伦理学也具有根本的不同，它们分别构成了哲学的两个基本分支学科。

海德格尔则对这一划分以及这一划分的结果：作为一门学科的伦理学持批评态度。在《关于人道主义的书信》中，海德格尔集中阐述了自己的基本立场：

> "'伦理学'与'逻辑学'、'物理学'一道，最早是在柏拉图的学院中出现的。这些学科产生的时代，是一个使思想变成'哲学'但又使哲学变成 επιτημη（科学）"并且使科学本身变成学院和学院活

---

①　余平：《海德格尔存在之思的伦理境域》，《哲学研究》2003 年第 10 期。

动的事情的时代。在出现如此这般被理解的哲学的过程当中，科学产生了，思想却消失了。"在此之前的思想家既不知'逻辑学'，亦不知'伦理学'，亦不知'物理学'。但他们的思想既不是非逻辑的，亦不是非道德的。其实，他们倒是在后世一切'物理学'都不再能够达到的深度和广度上思了 φνσιϛ［自然］。如果竟可以做这样一种比较的话，索福克勒斯的悲剧在其道说中就比亚里士多德关于'伦理学'的讲座更为原初地保存着 ηθοϛ。"①

这段话可分为几个不同的层次来理解。第一，海德格尔首先指出与学科的产生相伴而行的是思想变成"哲学"，哲学又变成科学，而"科学产生了，思想却消失了"。这在海德格尔看来，是一个倒退。为了说明这一倒退，海德格尔指出：第二，"在此之前的思想家既不知'逻辑学'，亦不知'伦理学'，亦不知'物理学'。但他们的思想既不是非逻辑的，亦不是非道德的"。也就是说，并不是在产生了"逻辑学"和"伦理学"之后，人们才有了逻辑和道德。既然这样，学科分化的必要性又何在呢？第三，海德格尔进一步讲，学科分化不仅没有促进思想的进展，反而遮蔽了事物的真相。因为在学科分化之前，"他们倒是在后世一切'物理学'都不再能够达到的深度和广度上思了 φνσιϛ［自然］。如果竟可以做这样一种比较的话，索福克勒斯的悲剧在其道说中就比亚里士多德关于'伦理学'的讲座更为原初地保存着 ηθοϛ"。学科分化之后，倒不如原来思的更深和更真了。

因此，海德格尔认为，学科的分化带来了思想的隐退，学科分化的过程乃是一种倒退。这一判断具有相当的高度和方法论意义，但如果仅就伦理学而言，最值得我们注意的无疑是其中的一句："索福克勒斯的悲剧在其道说中就比亚里士多德关于'伦理学'的讲座更为原初地保存着 ηθοϛ。"结合上下文，我们不难得出，在海德格尔看来，作为一门学科的伦理学的产生恰恰意味着对伦理之本质的遮蔽，而这个"ηθοϛ"则是伦理学的本质所在，那么问题的关键就转化到了如何理解"ηθοϛ"。

（二）源始伦理学与基础存在论

海德格尔曾明确指出"ηθοϛ"的含义，"ηθοϛ意味着居留、居住之

---

① 海德格尔：《路标》，商务印书馆 2000 年版，第 417 页。

所"①。正是基于这一理解，海德格尔随后又有一段非常重要但却尚未引起人们注意的论述："如果说按照 ηθο ς 一词的基本含义来看，伦理学这个名称说的是它深思人的居留，那么，那种把存在之真理思为一个绽出地生存着的人的原初要素的思想，本身就已经是源始的伦理学了。"②

从这段论述中，我们可以得出两点重要结论，第一，海德格尔认为伦理学的本质或本义在于"深思人的居留"。如果这样来理解伦理学的话，那么第二，"那种把存在之真理思为一个绽出地生存着的人的原初要素的思想，本身就已经是源始的伦理学了"。这里比较令人费解的是"存在之真理思为一个绽出地生存着的人的原初要素"，结合海德格尔的有关思想，我们不难看出，这句话的意义在于把存在的真理当作人的原初要素，进一步讲，就是把追寻并持守存在的真理当作此在的存在方式。这恰恰是《存在与时间》中所阐述的基础存在论的核心思想。

那么随之而来的问题是，为什么会是这样呢？具体而言，就是为什么把存在的真理当作人的原初要素的思想"本身就已经是源始的伦理学了"呢？这就需要重新回到第一点对伦理学的界定："深思人的居留"，其中的核心又在于对"居留"或栖居的理解。在《筑·居·思》一文中，海德格尔指出，"栖居乃是终有一死的人在大地上存在的方式"。可见，栖居乃是作为此在的人的存在方式，而此在又是以追寻并持守存在的真理为存在方式的。至此，我们就可以明白，从至为本源的层面上看，源始的伦理学与基础的存在论是统一的，它们都导向此在的存在方式，都深思存在的真理。"从这个意义上讲，《存在与时间》所表述的基础存在论就是一部'沉默'的伦理学。"③

（三）此在的分裂与伦理学的确立：一个批判性反思

理解了伦理学与存在论的本源统一关系，我们再回过头来看作为一门学科的伦理学。自亚里士多德开启滥觞以后，存在论与伦理学逐渐演变成了哲学的两个基本分支。海德格尔在《存在与时间》中深刻揭示了这一分化背后的内在根源：此在的分裂。由于此在是在世界之中存在的（In-der-Welt-Sein），此在的分裂也就意味着人从世界之中"跳跃"出来，

---

① 海德格尔：《路标》，商务印书馆2000年版，第417页。
② 同上书，第420页。
③ 毛怡红：《海德格尔的"原始伦理学"及其当代影响》，《学术月刊》1995年第5期。

并且面对世界，把世界作为一个对象、客体来把握。这样，此在和世界之间的原初的统一关系就被拦腰斩断了，而代之以彼此分立的主客体关系。海德格尔认为，主客体关系本身就已经意味着此在的分裂和蜕化。

> 当人们从一个无世界的我"出发"，以便过后为这个我创造出一个客体及一种无存在论根据的与这种客体的关系之际，人们为此在的存在论"预先设定"的不是太多了，而是太少了。……当人们"首先"局限于"理论主体"，过后再补上一部"伦理学"，"按其实践的方面"来补全这个主体，课题的对象就被人为地教条地割裂了。①

可见，在海德格尔看来，主客体关系相对于此在在世界之中存在的本源性关系而言，无疑单调了许多，"太少了"。而伦理学却恰恰建立在主客体关系的基础之上，因此，"当人们'首先'局限于'理论主体'，过后再补上一部'伦理学'，'按其实践的方面'来补全这个主体，课题的对象就被人为地教条地割裂了"。

所以，海德格尔不是在一般意义上反对伦理学，而是"旨在对近代笛卡尔以来以主体理性主义为基础的二分法的思维模式给予更彻底的清除。在这里，批判并不仅仅发生在对传统伦理学的某些命题或推论方法的责难中，它更指向那种贯穿于整个西方思想中的主体主义"。② 海德格尔的工作在于打破主客二分的思维模式及其所带来的主客体关系的统治地位，以展示、恢复此在本源意义上的存在方式。正如利科所言："如果说《存在与时间》深刻地探讨了某些像害怕、厌恶这样的感情，那么，它不是为了'行使存在主义'，而是通过对这些启示性的经验来展示比主客体关系更根本的与现实的关系。"

这种"比主客体关系更根本的与现实的关系"正是此在的存在方式：在世界之中存在。在海德格尔看来，这才是伦理问题的根源所在。因此，任何伦理问题都不再是主体观念中的问题，而首先是人在生活世界中的问题。伦理的根据不在主体之中，更不在上帝那里，而只在此在的生存——

---

① 海德格尔：《存在与时间》，生活·读书·新知三联书店1999年版，第360页。
② 毛怡红：《海德格尔的"原始伦理学"及其当代影响》，《学术月刊》1995年第5期。

"在世界中存在"之中。所以，任何伦理现象都必须首先置于存在论的基础之上，从此在的存在方式出发予以考察，这是海德格尔伦理之思的出发点。

二　直面良知

通过以上的研究，我们得到了讨论海德格尔伦理思想的出发点，即任何伦理现象都应当首先置于存在论的基础之上，作为此在的一种生存现象来理解。下面，我们将从这一出发点出发，来考察一种重要的伦理现象：良知。

海德格尔从一个全新的角度对良知进行考察，"从一开始就避而不走那首先摆在良知解释面前的道路：把良知引向到知、情、意这些灵魂能力之一，或把它解释为这些能力的混合产物"①。而是要"把良知直追溯到其生存论基础和结构，使它作为此在的现象而明显可见"②。从而提出了一种先于并有别于以往哲学、心理学、生理学、神学等传统良知解释的"存在论良知分析"。③ 下面，我们将对这一"存在论良知分析"进行分析。

（一）阐释良知的两条路线

关于良知，人们已经从心理学、生理学、人类学以及神学等角度或视野说了很多很多，总括它们关于良知的理论、观点或说法，大致可以分为两条基本的阐释路线。其一是外向的路线，即将良知解释为某种制约着人的心灵的外在的异己的、超人的力量，如神、上帝、天地良心、公共良知等。其二为内向的路线，这一路线与外向的路线相反，它将解释的视阈"向内转"，将良知解释为人所先天固有的某种生理——心理要素或本能。如性善、性恶或绝对律令等。

在海德格尔看来，这"两种解释都太过匆忙地跳过了良知现象"④，因为海德格尔认为必须把良知现象首先置于存在论的基础之上，从此在的存在方式出发，进行存在论分析。而"以这种方式着手的存在论良知分析先于心理学上对良知体验的描述和分类，同样它也不同于生理学上的解释，

---

① 海德格尔：《存在与时间》，生活·读书·新知三联书店 1999 年版，第 312 页。

② 同上书，第 308 页。

③ 参见倪良康《自识与反思——近现代西方哲学的基本问题》，商务印书馆 2002 年版，第506 页。

④ 海德格尔：《存在与时间》，生活·读书·新知三联书店 1999 年版，第 316 页。

那种'解释'意味着把良知这种现象抹灭，它同良知的神学解释却也一样不沾边，更别说把这种现象用来作为对上帝的证明或对上帝的'直接'意识"。①

海德格尔认为，以往的或流俗的良知解释的问题出在它们把良知当作一个已完成意义上的现成在手的东西。无论它被规定为神、上帝、理念、人性、绝对律令，还是别的什么东西，从存在论上看，它们都是某种已完成意义上的现成在手的东西，这也就是说，它们是可以予以证明的"事实"，因此，这些解释往往借助于各种手段来"证明"良知的存在。对此，海德格尔指出："要求对良知的'事实性'及其'声音'的合法性提供'归纳的经验证明'，这根源于在存在论上倒置了良知现象。……良知的实情根本摆不到这类证明或否增之下，这不是什么缺陷，而是一种标志，说明它在存在论上与周围世界的现成事物根本不属同类。"②

从这段论述中，我们可以知道两层含义：其一，良知不能进行证明，否则就"倒置了良知现象"。其二，良知的不能证明，不是什么缺陷，而是一种标志。它标志着良知"与周围世界的现成事物根本不属同类"。把这两层含义合在一起，就清楚地表明了良知绝"不是摆在那里的、偶尔现成在手的事实"，③ 而是此在的一种存在方式，一种生存现象。作为一种生存现象的良知，"它只'存在'于此在的存在方式中；它只同实际生存一道并即在实际生存之中才作为实情宣泄出来"④。这就意味着，任何在于现成在手的东西、事实打交道的过程中建构起来的对象性思维方式，都不可能通达良知这一源始的生存现象。

海德格尔认为，要想"进入"良知，"首先应得把良知直追溯到其生存论基础和结构，使它作为此在的现象而明显可见"⑤。可见，良知的"入口"依旧是此在。

（二）良知之显现

那么此在又是如何存在的呢？此在最先并且大多数情况下不是作为自己、本己的自己而存在，而是"离己在外"，作为"他人"、以常人的方

① 海德格尔：《存在与时间》，生活·读书·新知三联书店 1999 年版，第 309 页。
② 同上。
③ 同上。
④ 同上。
⑤ 同上。

式来存在的。"如果'我'的意义是本己的自己，那么'我'并不首先存在，首先存在的是以常人方式出现的他人。我首先是从常人方面而且是作为这个常人而'被给与'我'自己'的。此在首先是常人而且通常一直是常人。"①

既然作为常人的此在是"离己在外"和"出离自身"的，那么就存在一个回到自身、作为一个本己的自己而存在的问题。如何回到自身呢？通过良知的呼唤来回到自身。"一声呼唤，不期而来，甚至违乎意愿。"② 正是这声呼唤，把常人从沉沦在世中唤回，从而回到本己的自己。"此种打断常人的直接呼唤令此在陡然惊惶，从而将作为能在的此在从沉沦在世的既成状态中唤回。"③ 因此，良知乃是此在从常人回归自身的通道。

在此需要说明的是，所谓良知的呼唤，仅仅是为了表述的方便和习惯，并不是说，有一个良知，另有一个呼唤，二者结合在一起，构成一个复合物："良知的呼唤。"绝非如此，实情是良知就"是"呼唤，呼唤就是良知。在此说良知是呼唤，并非对良知的一种形象的、诗化的描述，"绝非只是一种'形容'，像康德用法庭来形容良知那样"④。可以说，呼唤"组建"着良知，良知以呼唤的方式显现自身。

为了更清楚地说明问题，下面我们以《悲惨世界》中的一段经典描述为例，来具体展现良知的呼唤和此在的回归。偷了卞福汝主教银器的冉阿让被警察抓住并带回主教家，此时的冉阿让无疑是一个常人，以常人的方式出场，想常人之所想：偷别人的东西，被警察抓个正着，并且被带回失主那里，那么其结果就可想而知了：在失主的大声斥责声中被送上法庭，然后投入监狱。然而接下来发生的一幕却令冉阿让完全"踏空"了。

> 但是卞福汝主教尽他的高年所允许的速度迎上去，"呀，您来了！"他望着冉阿让大声说："我真高兴看到您。怎么！那一对烛台，我也送给您了，那和其余东西一样，都是银的，您可以变卖二百法郎。您为什么没有把那对烛台和餐具一同带走呢？"⑤

① 海德格尔：《存在与时间》，生活·读书·新知三联书店 1999 年版，第 151 页。
② 同上书，第 315 页。
③ 余平：《海德格尔的良知之思》，《四川大学学报》2002 年第 2 期。
④ 海德格尔：《存在与时间》，生活·读书·新知三联书店 1999 年版，第 311 页。
⑤ 雨果：《悲惨世界》，人民文学出版社 2003 年版，第 108 页。

原来设想的一切都没有如期而至，发生的却是似乎不可能发生的事情。冉阿让被击中了。"冉阿让挣圆了眼睛，瞧着那位年高可敬的主教，他的面色绝没有一种人类文字可以表达得出来。"①当主教把两个银烛台送给冉阿让并让警察放冉阿让走时，冉阿让被彻底击中了。"仿佛在梦中，字音也几乎没有吐清楚"，"他全身发抖"，"像是个要昏倒的人"。②此时良知出场了，"一声呼唤，不期而来，甚至违乎意愿"③。良知以"打断"常人的直接呼唤的方式显现了出来。"以这种方式呼唤着而令人有所领会的东西即是良知"，④冉阿让"听到"了呼唤，从而从常人回归了自己，回到了作为本己存在的此在自身。

接下来的问题是良知的呼唤，究竟是一种什么样的声音？怎么具有如此巨大的力量。海德格尔的不同凡响之处在此又一次显现出来，他指出：

> 呼声不付诸任何音声。它根本不付诸言词——付诸言词却照样晦暗不明、无所规定。良知只在而且总在沉默的样式中言谈。它非但不因此丧失其可觉知的性质，而且逼迫那被召唤、被唤起的此在进入其本身的缄默之中。无言可表述呼唤之何所呼唤，这并不把呼唤这种现象推入一种神秘莫测之音的无规定状态，它倒只是指明：对于所呼唤的东西的领会不可寄望于诸如传达告知之类的东西。⑤

海德格尔在前面认为良知乃是"呼唤"，"我们所称的良知，即呼唤"⑥，并且认为这"绝非只是一种'形容'，像康德用法庭来形容良知那样"⑦，在此又说"呼声不付诸任何音声。它根本不付诸言词"，那么我们不禁要问，不付诸任何音声或言词的呼唤或呼声如何可能？良知的呼唤在我们前面的例子里难道不就是卞福汝主教的言辞吗？

在海德格尔看来，或者说按海德格尔的思路来看，并非如此，也就是说，良知的呼唤并不就是卞福汝主教的那一系列言词："呀，您来了！我

① 雨果：《悲惨世界》，人民文学出版社 2003 年版，第 108 页。

② 同上。

③ 海德格尔：《存在与时间》，生活·读书·新知三联书店 1999 年版，第 315 页。

④ 同上书，第 311 页。

⑤ 同上书，第 314 页。

⑥ 同上。

⑦ 同上书，第 311 页。

真高兴看到您","怎么！还有那一对烛台，我也一起送给您了","您为什么没有把那对烛台和餐具一同带走呢？"等等。这些作为言词、作为声音、作为传达的话语本身并不就是作为呼唤的良知，真正的良知本身乃是借助于卞福汝主教的那一系列言行"宣示出来的另一种生存的可能性，这种生存的可能性作为可能性本身无言而又振聋发聩地呼啸而来，将冉阿让的日常此在席卷而去，带离日常生存的既成状态，带回到'悬空'的作为能在的生存本身之中去"①。

可见，良知的呼声并非一些言词或声音，而是借助于言词或声音展现出来的另一种可能的生存方式。这就是说，言词或声音的作用在于把另一种与常人不同的可能的生存方式展现出来，以供人领会。"在这里，'声音'实被看作'供人领会'。"② 而"被人领会"的良知乃是一种可能的生存方式。

（三）良知之环节

作为呼唤的良知，具有两个基本的环节：被召唤者和召唤者。被召唤者是谁？是此在本身。"在良知的呼声中，什么是话语之所及，亦即召唤之所及？显然是此在本身。"③ 那么召唤者又是谁呢？同样是此在本身。"呼声无疑并不来自某个共我一道在世的他人。呼声出于我而又逾越我。""此在在良知中呼唤自己本身。"④ "'良知向来是我的良知'，这不仅意味被召唤的向来是最本己的能在，而且也因为呼声来自我向来自身所是的那一存在者。"⑤ 自己呼唤自己而又非"内心独白"，这又如何可能呢？

如果此在是已完成意义上的现成存在者，那么这种呼唤就像我的左手不能在真实的意义上给我的右手一份礼物一样。但此在却并非这样的存在者，而是一种极其特殊的存在者。

　　"这种存在者的'本质'在于它去存在［Zu - sein］。如果竟谈得上这种存在者是什么，那么它'是什么'［essentia］也必须从它怎样

---

① 余平：《海德格尔的良知之思》，《四川大学学报》2002 年第 2 期。
② 海德格尔：《存在与时间》，生活·读书·新知三联书店 1999 年版，第 311 页。
③ 同上书，第 312 页。
④ 同上书，第 315 页。
⑤ 同上书，第 319 页。

去是、从它的存在［existentia］来理解。"①"所以，在这个存在者身上所能清理出来的各种性质都不是'看上去'如此这般的现成存在者的现成'属性'，而是对它说来总是去存在的种种可能方式，并且仅此而已。"②

这就意味着，此在不再是任何意义上的现成存在者，也不具有任何现成性的"本质"或"属性"，此在就是它的存在过程。作为存在过程的此在生活在可能性之中，"此在总作为它的可能性来存在"。③ 这样，可能性就构成了此在的一个根本规定。正是这一规定使良知的自我呼唤成为可能。但何以可能呢？海德格尔给出了一段非常重要但还尚未引起足够重视的论述。

　　因为此在本质上总是它的可能性，所以这个存在者可以在他的存在中"选择"自己本身、获得自己本身；他也可能失去自身，或者说绝非获得自身而只是"貌似"获得自身。只有当它就其本质而言可能是本真的存在者时，也就是说，可能是拥有本己的存在者时，它才可能已经失去自身，它才可能还没有获得自身。④

这段话有两句组成，第一句揭示了作为一种可能性存在的此在本身的两种可能，其一，此在作为本真的自己而存在，"这个存在者可以在他的存在中'选择'自己本身、获得自己本身"；其二，此在作为非本真的自己而存在。"他也可能失去自身。"第二句话从反面进一步论证了这两种可能性及二者之间的关系，即正因为此在可能拥有本真的自己，他才能够，才"有可能"失去自己，成为非本真的自己。如果此在从根本上就"不可能"失去自己，那么也就无所谓获得自己。

在实际的生存过程中，此在首先和通常处于第二种可能之中，"此在首先与通常沉迷于它的世界"，⑤ 即作为一个常人处于被抛在世的沉沦状

① 海德格尔：《存在与时间》，生活·读书·新知三联书店 1999 年版，第 49 页。
② 同上书，第 49—50 页。
③ 同上书，第 50 页。
④ 同上。
⑤ 同上书，第 132 页。

态，从而"遗忘"了第一种可能：自己的本真存在。但即使在这种状态下，以常人方式现身的此在也仍然根本不同于其他现成的存在者，他仍然是可能性的存在。以前面我们提到的冉阿让为例，当冉阿让偷窃卞福汝主教银器的时候，他无疑是一个沉沦于世的常人，但却绝非一个已完成意义上的现成的存在者，因为即使在此时，冉阿让仍然是一种可能性，或者说他仍然潜伏着一种可能性，即被良知呼唤的可能性，也就是说，冉阿让能够被呼唤，"有可能""听得见""听得懂"此在发出的良知的呼唤，并能够从那种日常沉沦的存在方式中退出，从而回到一个全新的生存方式，回到自己的本真存在。在此，呼唤者和被呼唤者都是作为可能性的此在。

（四）良知呼唤了什么

良知的呼唤，把常人从日常的沉沦状态中唤回到其本真的存在之中，一个随之而来的问题是"呼声给出了什么可加领会的东西"①，竟然具有如此巨大的力量？海德格尔一语道破了天机："良知的'声音'这样那样，无非在说罪责"。② 那么，罪责又为何物呢？

已有的现成回答很多很多，海德格尔把它们概括为两类：一类是在"负债于……"意义上的罪责，"日常知性首先是在'负债'、'赊欠某人'的意义上来理解'有罪者存在的'"③。另一类则为"有责于……"意义上的罪责，"'有责于'某事，这就是说，是某事的原因或肇事者，或也可能是某事的'事由'"④。在海德格尔看来，上述两类罪责，都是建立在现成存在者的基础之上的，其所触及的都是某种现成的东西，不是现成的物，就是现成的事。所以，关于罪责的一切流俗性理解都是相对于或者比照于某种现成性而来的"欠缺"，无论欠缺的是物，还是"责、权、利"。但海德格尔认为此在的"生存按其本质而言不可能在这种意义上缺欠任何东西，这并非因为生存是完满的，而是因为其存在性质始终有别于一切现成性"⑤。

这就在此在和流俗的罪责之间划开了界限，这就意味着，此在，就

---

① 海德格尔：《存在与时间》，生活·读书·新知三联书店 1999 年版，第 320 页。
② 同上。
③ 同上书，第 322 页。
④ 同上书，第 323 页。
⑤ 同上书，第 324 页。

其本真意义而言，是不可能具有这种建立在现成存在者基础上的日常罪责的。需要注意的是，这里仅仅是就此在的本真、本己存在而言的，一旦跨出这一界限，（事实此在首先和通常是要跨出这一界限的，因为此在首先和通常是被抛于世的，即以常人的方式来存在的）日常罪责就不仅存在，而且普遍。但海德格尔认为，日常意义上的罪责是以源始意义上的罪责为前提和根据的。"有罪责并非作为某种欠债的结果出现，相反，欠债只有'根据于'一种源始的有罪责才成为可能。"① "这种本质性的有罪责存在也同样源始地是'道德上的'善恶之所以可能的生存论条件，这就是说，是一般道德及其实际上可能形成的诸形式之所以可能的生存论条件。"② 这就是说，只有当此在的生存本身源始的就是有罪责的，他才会有日常的罪责存在。

那么，何为"源始的有罪责"呢？海德格尔说，"我们把'有罪责'的生存论观念从形式上规定为：作为一种由'不'规定的存在者之根据性的存在，这就是说：是一种不之状态的根据"③。于是问题就转化为了如何理解"不"之现象。

海德格尔把"不"之现象看作一种生存论现象，并运用其基本的"套路"对"不"进行阐释：从此在出发，把"不"当作此在的一种存在方式予以存在论阐释。在海德格尔看来，此在作为一种可能性存在，生存于各种可能性之中，这就决定了其必然面对各种选择，在选择一种可能性的同时必然意味着对其他可能性"说""不"。"此在向来就以能在的方式处在这种或那种可能性中，它始终不是另一种可能性，在生存的筹划中它已放弃了那另一种可能性。"④ 因此，此在乃是"能""说""不"也不得不说"不"的存在者，因为他能够也不得不在诸多可能性中间进行选择。对于此在来说，"'不'不是偶尔发现的东西，也不是此在作出额外努力就能排除的东西"⑤。"不"自始至终贯穿于此在之中，而有罪责又"是一种不之状态的根据"，所以海德格尔说，"此在之为此在就是有罪责的——苟若

---

①　海德格尔：《存在与时间》，生活·读书·新知三联书店 1999 年版，第 325 页。
②　同上书，第 328 页。
③　同上书，第 324 页。
④　同上书，第 326 页。
⑤　科克尔曼斯：《海德格尔的〈存在与时间〉》，商务印书馆 1996 年版，第 235 页。

从生存论上讲确乎可以从形式上把罪责规定为不之状态的根据性的存在"①。"而且它在其存在的根据处就是有罪责的。"②

如果我们立足于对"有罪责"的这种生存论阐释,那么良知的意义就昭然若揭了。良知呼唤此在,此在"聆听"呼唤,"聆听"罪责,并通过这一"聆听"来领会自己,领会自己最本己的生存可能性,而这同时就意味着此在"退出"沉沦,回归本真。"此在以领会呼声的方式听命于他最本己的生存可能性。此在选择了它自己。"③ 这就是良知的意义,也是海德格尔良知之思的归宿。最后,我们将采用这样一段话来展现海德格尔良知之思的意义,并以此结束我们的讨论。

> 对于一切良知理论以及善恶学说来说,海德格尔的良知之思归根到底是绕不开的。这倒不是说,海德格尔的良知之思带给我们如何引人注目的新理论或新观点,毋宁说,它只是真正"让出"了良知现象乃至道德现象本身的构成境域;这个括去了一切良知假设或道德教条后的构成境域,在撑破了良知作为表象、研究和言说的坚硬的"对象性"外壳的同时,使作为人的一种最切己的生存现象的良知现象得以真正在"存在"的深度上向我们开放,朝我们涌显。很明显,海德格尔的良知之思开启了一个崭新的局面,这个新局面隐含着各种良知理论和道德理论最终都不得不应答的某种咄咄逼人的意义态势。④

三　向死而在

"生存还是毁灭,这是一个值得考虑的问题(To be or not to be? This is a question)。"四百多年前,莎士比亚借丹麦王子哈姆雷特之口表达了人类所必然面对的这一永恒问题。从某种意义上讲,如何理解死亡,就将如何理解生存,也就将如何理解人自身。因此,死亡对于人的重要性无论怎么强调都不过分。自古以来,人类关于死亡的思考一直绵延不绝,并形成了各式各样的死亡观。这为数众多的死亡观分别从不同的视角、运用不同的方法来考察死亡现象,从而得到了各自不同的观念。但从最为基础和根本

---

① 海德格尔:《存在与时间》,生活·读书·新知三联书店1999年版,第327页。
② 同上书,第328页。
③ 同上书,第329页。
④ 余平:《海德格尔的良知之思》,《四川大学学报》2002年第2期。

的层面上看，它们都是同一的，即都把死亡当作一个可以摆在眼前的现成对象或对象性的事件来"观"，从而得到各自的"死亡观"。

在海德格尔看来，所有死亡观一开始就走上了歧途，因为死亡本身根本就不能作为一个对象性的事件而被"观"，因为一旦这样一"观"，就已经"跳过"了死亡现象，也就已经从根本上阻塞了通往死亡的道路。所以，与所有现存的对死亡的理解和阐释方式不同，海德格尔没有去构造某种关于死亡的具体概念、理论和态度等，而是通过其深沉的死亡之思，让死亡是其所是地现身、出场。

（一）死亡不是一个事件

关于死亡，人们已经从生理学、心理学、社会学、伦理学、政治学、法学以及宗教、艺术等各个角度和侧面予以了思考和探索，从而形成了各式各样的死亡观。在所有这些死亡观中，都或明或暗、或自觉或不自觉地分享着一个基本的观念：死亡是一个事件。可以说一切死亡观都建立在这一基本观念的基础之上，因此，人们无可抗拒地为"事件性"所浸透。死亡要么被看作外在的事件，如车祸、战争、自然灾难等导致的死亡；要么被看作内在的事件，如各种疾病引发的死亡；要么被看作某种精神和心理事件，如因信仰而献身，因绝望而自杀等。在所有这些事件中，死亡都以"对象性事件"的形式被"观"，从而建构起各种死亡观。

海德格尔对这所有死亡观的"消解"正是从这一"事件性"入手的，他单刀直入，"死亡不是一个事件，而是一种须从生存论上加以领会的现象"①，这一虽简短但却异常重要的论述展现了海德格尔关于死亡的基本思想。但对于一个哲学家来说，仅仅提出自己的观点是远远不够的，更为重要的在于论证。

海德格尔的论证可以被简述如下：如果死亡是一个"对象性事件"的话，那么它就是可以被经验的，而事实上死亡不能也不可能被经验。之所以如此，是因为"此在在死亡中达到整全同时就是丧失了此之在。向不再此在的过渡恰恰使此在不可能去经验这种过渡，不可能把它当作经验过的过渡来加以领会"②。换言之，当死亡未到之时，此在当然不能对其有所经验，但当死亡真的到来的时候，就在那一瞬间，此在就已经"丧失了此之

---

① 海德格尔：《存在与时间》，生活·读书·新知三联书店1999年版，第276页。
② 同上书，第273—274页。

在",丧失了"能经验"的一切可能性,当然也就不能具有任何经验了。

对此人们可能会说,有些人曾经"九死一生",游走在死亡的边缘;另有一些人曾经"死里逃生",脚踏生死之间的交界处,他们可是确确实实从心理上领略过、经验到死亡的滋味啊!但在海德格尔看来,这些经历与其说是对死亡的经验,还不如说是对"生"、"生还"的体验。"'死亡过程'的心理学与其说提供了死本身的消息,倒不如说是提供了'垂死者'的'生'的消息。"①

另一个疑问是此在固然不能经验自己的死亡,但却可以经验他人的死亡。在日常生活中,我们的确可能亲眼看见别人从弥留到陨灭的全过程,也可能在参加别人葬礼的时候深切地体验到死亡。但海德格尔认为,经验他人死亡之想法的前提在于:"此在可以随随便便用其他此在来代替,所以在自己的此在身上始终经验不到的东西,可以靠陌生的此在通达。"② 这一前提是否可能呢?在海德格尔看来,既可能也不可能,关键要看在什么境遇下。在常人沉沦于世的日常操劳活动中,它是可能的而且时时刻刻在发生。"在这里,这一个此在在某些限度内能够'是'甚至不得不'是'另一个此在。"③ 但对于本真的死亡现象而言,这一前提则绝无成立的可能。因为死亡"包含着一种对每一此在都全然不能代理的存在样式"④。这种"全然不能代理"的特性决定了每一个人都必须自己去承担自己的死亡,"每一此在向来都必须自己接受自己的死。只要死亡'存在',它依其本质就向来是我自己的死亡"⑤。因此,我们既不可能代替他人去死,也不可能真正经验到他人的死亡,"我们并不在本然的意义上经历他人的死亡过程,我们最多也不过是'在侧'"⑥。

至此,我们就可以知道,我们既不能从自己的死亡中经验死亡,也不能从他人的死亡中经验死亡,因此,死亡不可能作为一个"对象性事件"而存在。这同时就意味着,以一个"对象性事件"的形式来存在的"死亡"并非真实意义上的死亡。因此,传统意义上的各种死亡观都"漏过"

---

① 海德格尔:《存在与时间》,生活·读书·新知三联书店 1999 年版,第 273—274 页。
② 同上书,第 275 页。
③ 同上书,第 276 页。
④ 同上书,第 279 页。
⑤ 同上书,第 276 页。
⑥ 同上书,第 275 页。

了死亡，真实意义上的死亡现象。

何以会如此呢？海德格尔认为，这并非由于此在的认识能力不够完善，而是由死亡本身的存在方式所决定的。死亡"根本不能像这种经验所把握的那样存在，这种东西原则上就摆脱了某种可经验性"。① 这就是说，死亡从原则上根本就不可能作为"对象性事件"来被经验、被认识、被观照。因为一旦成为"对象性事件"，就意味着可以站在其外来经验它，而站在死亡之外来经验死亡这种说法本身就是一种自相矛盾。

但既然如此，又为什么会产生出如此之多的死亡观呢？它们又为什么都不约而同地把死亡看作一种"不断摆到眼前的事件，即'死亡事件'"② 呢？原因仍然在于此在，在于此在首先和通常作为一个常人沉沦于世，"此在首先与通常沉迷于它的世界"③ "如果'我'的意义是本己的自己，那么'我'并不首先存在，首先存在的是以常人方式出现的他人。我首先是从常人方面而且是作为这个常人而'被给予'我'自己'的。此在首先是常人而且通常一直是常人"④。

在常人那里，"'死'被粉平为一种摆到眼前的事件"，⑤ "被扭曲为摆到公众眼前的、对常人照面的事件"⑥，"被改铸成日常摆到他人那里的死亡事件"⑦，常人谈论"某某人死了"就像谈论"某某人病了"、"某某人老了"一样平淡无奇，"作为这样一种事件，死亡保持在那种用以描述日常照面者特征的不触目状态中"。⑧

而且常人对于死亡备有一种强有力的解释："人终有一死，但自己当下还没碰上。"⑨ 常人正是"借这种自我解释把自己指引向此在当下还可以通达、可以操劳的事务"。并把死亡"推迟到'今后有一天'去"⑩，即使面对"临终者"，常人也总是劝慰他，并使他相信"他将逃脱死亡，不久

---

① 海德格尔：《存在与时间》，生活·读书·新知三联书店1999年版，第272页。
② 同上书，第290页。
③ 同上书，第132页。
④ 同上书，第151页。
⑤ 同上书，第291页。
⑥ 同上。
⑦ 同上。
⑧ 同上书，第290页。
⑨ 同上。
⑩ 同上书，第296页。

将重返他所操劳的世界的安定的日常生活"①。尤为重要的是,"常人就以这种方式为提供对死亡的持续的安定而操劳。这种安定作用其实却不只对'临终者'有效,而且同样对'安慰者'有效"②。正是在这种安定作用中,常人"持续的逃遁"死亡,远离死亡,从而把死亡现象深深地"埋藏"起来。

(二)死亡不是"完结"

海德格尔的工作恰恰是要把被常人"埋藏"起来的死亡现象重新"挖掘"出来,并让其是其所是的显现自身。"挖掘"的"入口"仍然在于此在。在出发点的选择上,海德格尔向来是一以贯之的,即把一切伦理乃至生存现象都看作此在的存在方式,死亡亦不例外。"而死或死亡则作为此在借以向其死亡存在的存在方式的名称。"③ 但与此在的其他存在方式相比,死亡具有自己特殊的重要性。具体来说,就是死亡乃是此在最为本己、最为重要的存在方式,此在的基本特性在死亡那里得到了最为集中和充分的展现。

在《存在与时间》中,海德格尔明确指出了此在的两点基本特性:其一,"去存在"(Zu - sein),用海德格尔偏爱的术语说即"生存"(Existenz)。"此在的本质在于它的生存。"④其二,"向来我属性"(Jemeinigkeit),也就是说,此在总是"我的存在"。"这个存在者在其存在中对之有所作为的那个存在者,总是我的存在。"⑤ 此在的这两个基本特性最为集中地体现在死亡之中;反之,也正是这两个基本特性构成了死亡的基本内核。"死亡在存在论上是由向来我属性与生存组建起来的。"⑥ 因此,从此在的这两个基本属性入手来切入死亡,就构成了我们的探索之路。

关于"向来我属性",我们在前面"死亡不是一个事件"一节中已经进行了相关的分析。从根本上看,正是此在的"向来我属性"决定了死亡之不可被经验,亦即决定了死亡不能成为一个"对象性事件"。下面我们将从此在的"生存"特性入手,来进一步走进死亡。

---

① 海德格尔:《存在与时间》,生活·读书·新知三联书店 1999 年版,第 291 页。
② 同上。
③ 同上书,第 284 页。
④ 同上书,第 49 页。
⑤ 同上书,第 50 页。
⑥ 同上书,第 276 页。

如果说我们从此在的"向来我属性"那里，得到的是否定性的结论，看到的是死亡现象的反面和"蜕变"形式的话，那么从此在的"生存"那里，我们得到的则是一个肯定性的结论，看到的将是死亡现象的正面和"真相"。不过，在进入这一"真相"之前，我们还必须先做一个基础性的准备工作，即对死亡与"完结"做出区分。世界上的万事万物，都有一个产生和消亡的问题，人亦不例外。从生理学、生物学的角度来看，人的终结和其他生命体的终结没有什么不同，都不过是自然、物质的不同存在形态之间的相互转化而已。但在生存论视野中，二者则具有根本性的区别。

海德格尔认为，死亡乃属人之"专利"，动物只能消亡，不能死亡。"只有人赴死，动物只是消亡。无论在它之前还是在它之后，动物都不具有作为死亡的死亡。"① 可见，"作为死亡的死亡"不同于"消亡"。所谓消亡，乃是自然、生理意义上的"完结"。"我们用'完结'这个术语来把握生物的终结。"② 作为一个生命体的人类，当然也会"完结"，但人除了会"完结"之外，还能够死亡。死亡乃是此在本然的存在方式，"而死或死亡则作为此在借以向其死亡存在的存在方式的名称"③。

死亡和"完结"乃是两个不同层面、两种不同意义上的终结。后者乃是自然、生理层面上的终结；前者则为生存论层面上的终结。动物只生存于前一个层面，即仅具有"完结"意义上的终结。人则横跨了两个层面，人不仅会"完结"，而且能死亡。在海德格尔看来，相对于人的"完结"而言，人的死亡要重要得多。以往的研究之所以都把死亡误当作一个"对象性的事件"，其根本原因恰恰在于没有把"完结"和死亡区分开来。因此海德格尔认为"必须把此在在死这个意义上的去世同某种仅仅具有生命的东西的'去世'区别开来"④。

值得注意的是，在这句重要的论述中出现了两个去世，其中后一个去世被加上了引号，之所以被加引号，是因为在海德格尔看来，"某种仅仅具有生命的东西"并没有真的"去世"，因为它们本来就没有"在世"，

① 海德格尔：《物》，载《海德格尔选集》（下），生活·读书·新知三联书店 1996 年版，第 1179 页。

② 海德格尔：《存在与时间》，生活·读书·新知三联书店 1999 年版，第 277 页。

③ 同上书，第 284 页。

④ 同上书，第 277 页。

所以也就谈不上"去世"。只有此在，此在意义上的人，本来就生存在"在世界之中"，才能够"在世界之中"存在，所以只有此在才能够死亡，才能够去世。在这里说只有此在才能够死亡，才能够去世，其中隐含着一层至关重要的意思，即死亡乃是一种能力，一种此在所独具的能力。海德格尔在《物》一文中指出，

> "终有一死者（die Sterblichen）乃是人类。人类之所以被叫做终有一死者，是因为他们能赴死。赴死（sterben）意味着：有能力承担作为死亡的死亡。"① "我们把终有一死者称为终有一死者——并不是因为他们在尘世的生命会结束，而是因为他们有能力承担作为死亡的死亡。"②

这里所说的"能力"，并非寻常所理解的一种"力量"的意思，而应当从"可能性"和"资格"的角度来理解，即只有人才有可能，才有"资格"死亡。只有从这一角度来理解死亡，才可以真切地理解海德格尔所引用的那句比较奇怪的"名言"："刚一降生，人就立刻老得足以去死。"③ 那么，此在为什么会具有这种"能力"呢？这就需要我们再次回到此在，回到此在的存在方式。

（三）死亡是一个过程

此在之所以有"能力"死，乃是因为其独特的存在方式："去存在。""这种存在者的'本质'在于它去存在 ［Zu－sein］。"④ 换用海德格尔比较偏爱的术语说，就是"生存"，"此在的本质在于它的生存"⑤，除了实际的"生存"过程之外，此在不具有任何现成意义上的"本质"或"属性"。这就意味着，此在生存在可能性之中，"此在总作为它的可能性来存在"。⑥ "此在本质上总是它的可能性。"⑦ 作为一个可能性的此在，生存于

---

① 海德格尔：《物》，载《海德格尔选集》（下），生活·读书·新知三联书店1996年版，第1179页。着重号系笔者所加。

② 同上。

③ 海德格尔：《存在与时间》，生活·读书·新知三联书店1999年版，第282页。

④ 同上书，第49页。

⑤ 同上。

⑥ 同上书，第50页。

⑦ 同上。

各式各样的可能性之中。在这诸多可能性中，有一种可能性是此在最为本己、不可超越的可能性，这就是此在的终结——死亡。"死作为此在的终结乃是此在最本己的、无所关联、确知的、而作为其本身则不确定的、不可逾越的可能性。"①

世界上的万事万物，有开始就有结束，此在亦不例外。作为此在的终结的死亡，无疑是一种结束。但这一结束却迥然不同于日常意义上的结束，理解这一结束，乃是理解海德格尔死亡之思的关键。

在日常语境中，结束含有完成、就绪、停止或消失等意思，如修建的公路完成了；随着最后一笔，一幅画就绪了，雨停了等。但在海德格尔看来："结束的这些样式中没有一种可以恰当地标画作为此在之终结的死亡。"② 也就是说，死亡意义上的结束并非寻常所理解的结束，因为"在死亡中，此在并未完成，也非简简单单地消失，更不曾就绪或作为上手事物颇可利用"③。那么，什么是死亡意义上的结束呢？海德格尔给出了一个至关重要但又颇难理解的回答："死所意指的结束意味着的不是此在的存在到头，而是这一存在者的一种向终结存在。"④

这句话由前后两部分组成，前一部分从反面指出死亡不是"此在的存在到头"，这里所说的"存在到头"实质上就是我们在前面所讲的"完结"，也就是说死亡不是生物、生理意义上的"完结"；后一部分则从正面直接"端出"了死亡："向终结存在"。那么，"向终结存在"这一不合常规的"海德格尔式"的表述又意味着什么呢？

在海德格尔看来，所谓"向终结存在"，不是先有一个此在，然后在此在之外的彼岸另有一个"点"——终结，"向终结存在"就是此在"走向"彼岸的"终结之点"，"实情"绝非如此。因为一旦这样理解，那么就已经把此在设定为现成性的事物了，"那么此在从而就被设定为现成事物或上手事物了"⑤。而此在绝非任何意义上的现成存在者，此在的本质在于"去存在"。

作为"去存在"的此在和"向终结存在"之间就不是外在关系，而是

① 海德格尔：《存在与时间》，生活·读书·新知三联书店1999年版，第297页。
② 同上书，第282页。
③ 同上。
④ 同上。
⑤ 同上。

内在关系，就是说二者不再是两个彼此外在的存在者，而是一个内在的统一体。因为此在的"去存在"本身决定了此在一开始就已经先行存在到"向终结存在"之中了，也"就是先行到这样一种存在者的能在中去"①了，这就是说，此在一开始就已经"先行到"、置身于"终结"之中了。"这种存在者的存在方式就是先行本身。"②

这里所说的终结、"向终结存在"，进一步讲，死亡、向死亡存在，都不是一个一瞬间、一刹那的"点"、一个"事件"，而是一个绵延不断的"流"、一个过程。此在自始至终就生存在这一过程之中，"此在作为被抛在世的存在向来已经委托给了它的死。作为向其死亡的存在者，此在实际上死着，并且只要它没有到达亡故之际就始终死着"。一旦此在亡故、"完结"，就在那一瞬间、一刹那，此在的"生"停止了，"死"也同时停止了。"在这个意义上，人'生'的过程和'死'的过程是同一个过程，'向上的路'和'向下的路'是同一的。"③至此，"海德格尔对死亡现象的分析便展示出它的意义：'去存在'同时也就意味着'去死亡'"④。

在本节的开头，我们曾引用了这样一段话："尽管海德格尔的确没有任何伦理学的'专著'，但是，海德格尔不仅有极为丰富的作为'栖居着的沉思'的源始伦理学思想，而且海德格尔所依据的这种作为源始伦理学的'伦理境域'，乃是他全部存在之思的秘密诞生地。"⑤这段话揭示了海德格尔伦理之思在其整个思想中所占据的重要地位，应当说，这一地位最为集中地体现在其死亡之思中。可以说，海德格尔的死亡之思是其全部思想的秘密诞生地。但何以如此呢？

作为20世纪屈指可数的重要哲学家，海德格尔的贡献无疑是多方面的，但究其首要之处，则在于其第一次把"时间"引入了哲学，从而深刻地改变了欧洲的形而上学传统。"将时间因素着意引入哲学，使传统形而上学彻底改变面貌的，是本世纪的海德格尔。"⑥说海德格尔第一次把"时间"引入了哲学，并不意味着海德格尔之前的哲学就不探讨时间问题，实

---

① 海德格尔：《存在与时间》，生活·读书·新知三联书店1999年版，第301页。
② 同上。
③ 叶秀山：《叶秀山文集》（哲学卷下），重庆出版社2000年版，第806页。
④ 倪良康：《自识与反思——近现代西方哲学的基本问题》，商务印书馆2002年版，第499页。
⑤ 余平：《海德格尔存在之思的伦理境域》，《哲学研究》2003年第10期。
⑥ 叶秀山：《叶秀山文集》（哲学卷下），重庆出版社2000年版，第757页。

际上，在前苏格拉底时代哲学家们就已经开始了对时间的探讨，此后一直绵延不绝。但是，海德格尔之前的所有哲学家们对时间的探讨，都停留于经验层面，因此，他们所理解的时间都是经验意义上的时间，而这样的时间是无始无终的，亦即是无限的。海德格尔的贡献则在于把时间"提升"到了哲学、形而上学的层面，从而使其第一次真正超越了经验层面，进入到哲学、形而上学的视阈。在这一视阈中，时间不再是无始无终的，而是有始有终的，不再是无限的，而是有限的。从无限转向有限，无异于实现了一场革命。而实现这一革命的关键，就在于死亡观。

海德格尔之前的一切死亡观，都从经验的意义上来看待人之死亡，把它看作一种自然而然的"完结"，一种物质存在形态之间的相互转化，以此观之，人之生前、死后，"物理—自然世界"依旧，这里的时间，当然是无始无终，无限的。海德格尔则把自然、经验层面上的"终结"——"完结"提升到了哲学、生存（Existenz）层面上的"终结"——"死亡"，揭示出此在（Dasein）最为基本的规定是"会死的"。既然此在是"会死的"，那么此在置身其中的世界就是有限的，时间也就是有限的，这样，时间进入了哲学、形而上学。

时间是有限的，就意味着世界上的万事万物都是有限的，而非无限、永恒的。于是，以往哲学所强调的无限、永恒、抽象、概念……都被釜底抽薪，传统形而上学发生了一场根本性的变革。"海德格尔将时间（空间）观念引入形而上学，使'存在（Sein，Being）'观念也发生巨大变化，于是，海氏似乎蛮有理由地宣告了传统形而上学的终结——它已经走完了自己的历程，陷于无事可做、寿终正寝的地步。"① 至此，我们也就可以知道，海德格尔的死亡之思乃是其全部思想的秘密诞生地。

第四节 科耶夫对思想资源的理论整合

通过以上研究，我们对海德格尔的思想有了一个比较系统的了解。这为我们探索科耶夫与海德格尔，进而探索科耶夫思想的理论来源及其内在结构奠定了必要的基础。在此我们首先需要探讨的是，海德格尔与科耶夫之间究竟是一种什么关系。可以明确的一点是，海德格尔从来都反对把自

---

① 叶秀山：《叶秀山文集》（哲学卷下），重庆出版社 2000 年版，第 758 页。

己的存在论视为任何意义上的人类学。当然，这并不意味着海德格尔不关心人的问题；相反，对人的存在状态和境况的思考构成了他哲学思考的一条核心线索，只是特有的思考路径决定了其反对人类学的哲学立场和思维路径。

在著名的《关于人道主义的书信》中，海德格尔对人，尤其是人道主义问题进行了集中研究，并提出了著名论断：传统"人道主义"与形而上学之间构成了共谋关系。

> 一种人道主义或者建基于一种形而上学中，或者它本身就成了这样一种形而上学的根据。对人本质的任何一种规定都已经以那种对存在之真理不加追问的存在者解释为前提；任何这种规定无论对此情形有知还是无知，都是形而上学的。因此之故，尤其从人之本质如何被规定的方式着眼，一切形而上学的特性都表现在：形而上学是"人道主义"的。与此相应，任何一种人道主义就都是形而上学的。①

无论是人道主义，还是与之相关的人类学，在海德格尔看来都是对存在之真理的一种遗忘。因为在它们的视阈中，人被与动物等自然存在者等同起来，这样，人实质上就被当作了一种动物来看待，只不过是一种具有特殊属性的动物而已。而在海德格尔看来，人从根本上就不是动物，既不是一般的动物，也不是特殊的动物。因此，绝不能用对待动物的方式和逻辑来对待和把握人。一旦如此，那么人之为人的本真性存在就被遮蔽了。人道主义与人类学所犯的恰恰是这种错误，这是海德格尔无论如何都不能接受的。因此，严格讲来，海德格尔并不反对对人及其存在进行研究，而是反对用研究动物等自然存在者的方式和逻辑来研究人。在海德格尔看来，这种研究方式"尚未经验到人的本真尊严"②。具体而言，这种研究方式不是抬高了人的尊严，而是贬低了人的尊严。"《存在与时间》中的思想就是反对人道主义的。……这种思想反对人道主义，是因为人道主义把人

---

① 海德格尔：《路标》，孙周兴译，商务印书馆2000年版，第376—377页。
② 同上书，第388页。

之人道放得不够高。"①

由此可知，海德格尔反对一切人道主义或人类学的研究方式。就此而言，科耶夫把关于人之存在的现象学描述为人类学，并试图依赖于黑格尔的《精神现象学》的解读来构建一种哲学人类学，这似乎已经远离了海德格尔。但问题在于这种科耶夫的"人类学"是否就是海德格尔所批判和否定的"人类学"？答案并非显而易见。

对于科耶夫来说，"这种人类学既不是一种心理学，也不是一种本体论。它试图描述人的整个'本质'，即人的所有可能性"②。在此，问题的关键在于科耶夫所谓的人类学所关注的并不是"人是什么"，而是关注于"人的所有的可能性是什么"的问题。两者存在着质的差异。对于人是什么的回答，我们只能走向本质主义的回答方式，但对于人的所有可能性的回答，则只能依赖于海德格尔式的存在论。"可能性"所意指不是现成性，而是生成性。这种生成性意义上的人将科耶夫的哲学人类学引入到对具体时代、具体的人的考察。这样的人是指向未来的，而非获得既有规定的存在。科耶夫的哲学人类学是对这样一种具体的人的存在论分析和考察。从这一意义上说，科耶夫的哲学人类学不过是海德格尔存在论研究的另一种表述方式而已。

问题在于，科耶夫为什么要将其极具海德格尔化的关于人及其存在的描述称为"人类学"。在笔者看来，这种命名也可以视为科耶夫的有意为之。因为在科耶夫解读黑格尔的过程中，源自于青年时期的生活与教育而获得对于马克思思想的亲近潜移默化地显露出来。但科耶夫究竟在何种意义上吸收了马克思，虽然在理论层面上从来就没有直接的描述，但毫无疑问这种吸收是存在的。例如将劳动作为人的生存结构的一个重要方面，这是难以从黑格尔哲学中直接得出的一个结论。当然，对于科耶夫来说，最具马克思色彩的论调就在他的哲学人类学上。因为在这一人类学当中，科耶夫透露出一种唯物论与无神论的色彩。

具体来看，科耶夫将人作为其哲学人类学的起点，并且反复强调，这个人是有血有肉的人，一个生活在特定历史条件下的人。所以，科耶夫眼中的主奴辩证法具有真实的历史性，其中描述的贵族为战斗而存在的生活

---

① 海德格尔：《路标》，孙周兴译，商务印书馆2000年版，第388页。
② 科耶夫：《黑格尔导读》，姜志辉译，译林出版社2005年版，第38页。

方式，以及奴隶在劳动中通过克服自身来满足主人的欲望，形成自我意识以获得承认，并最终在推翻主人的过程中创造了历史，在战胜主人的过程中迎来了历史的终结。历史的终结并不意味着人不再生存，只是此刻的生存中没有了流血斗争，人与人的普遍平等带来了均质化的生存方式，在普遍的世界同一的样态中，科耶夫看到了英雄的陌路与战争的消失，这种和平在科耶夫的眼中就是历史的终结。因为有了这个现实的人的起点，这段历史的描述也带有了现实性。

当所有这些思想借助于黑格尔精神现象学来加以阐发的时候，我们当然可以看出其中对黑格尔的曲解。精神发展的历程不能简单地等同于人的现实过程。人仅仅是精神发展中的一个有待扬弃的环节，但我们不能忘记的是，对于马克思来说，人总是现实的感性的人。对于许多学者来说，将黑格尔解读成一种带有浓重神学气息的思想体系并不很困难，因为他的绝对精神似乎只是改换了名称的"上帝"。加之黑格尔早年所进行的基督教研究的理论背景，所以"神化"黑格尔的倾向在黑格尔研究界是一种较有代表性的观点。① 但与之形成鲜明对比的是，几乎没有人可以将马克思"神化"。因为马克思关于宗教的研究总是带有一种批判色彩。这种批判所彰显的正是马克思那个时代所特有的历史背景：

> 因此，彼岸世界的真理消失以后，历史的任务就是确立此岸世界的真理。人的自我异化的神圣形象被揭穿以后，揭露非神圣形象中的自我异化，就成了为历史服务的哲学的迫切任务。于是对天国的批判就变成了对尘世的批判，对宗教的批判就变成了对法的批判，对神学的批判就变成了对政治的批判。②

通过马克思批判黑格尔的这段论述，可以知道在马克思看来，宗教、以及带有宗教色彩的先验哲学已经终结。对尘世、法和政治的批判取代了

---

① 例如在卡尔·洛维特的《从黑格尔到尼采》一书当中作者就曾这样说："对于理解黑格尔的原则来说，宗教哲学要比国家哲学更为重要。宗教哲学并不是整个体系的一个可以分离的部分，而是他的精神重心。对于黑格尔的哲学来说，'世俗智慧'和'上帝认识'是一回事，因为他们的只是都论证了信仰的理由。"（卡尔·洛维特：《从黑格尔到尼采》，生活·读书·新知三联书店2006年版，第60页。）

② 《马克思恩格斯全集》第1卷，人民出版社1956年版，第453页。

对天国、宗教和神学的批判。这无疑具有一种无神论的立场。虽然我们无法证实科耶夫是否阅读过马克思的《1844 年经济学哲学手稿》，但对于 20世纪 30 年代的西方思潮来说，重新发现马克思的人道主义倾向却是一种十分流行的风尚，科耶夫对于马克思的继承不过是时代思潮中的一种表现。当然对于科耶夫来说，仅仅吸收马克思的视角还无法构建其哲学人类学。从思想谱系的角度看，科耶夫的哲学人类学乃是黑格尔、马克思与海德格尔思想有机结合的产物。这三种思想在科耶夫这里实现了一种深层次的交会交锋交融。

这一交会对于科耶夫来说具有理论上的必要性，因为在科耶夫看来，这样三种伟大的思想在面对人及其历史演进的哲学反思的时候都存在着不可消除的缺陷：对此，科耶夫给出了一个清晰的指认：

> 受到一元论的本体论传统误导，黑格尔有时把他关于人的或历史的存在的分析延伸到自然。他说，一切存在的东西是虚无的虚无化（这显然没有任何意义，导致一种站不住脚的自然世界）。例如，他在 1805—1806 年的《耶拿讲演》中阐述其（受到谢林启发的）自然哲学时说："黑暗是虚无；正如空间和时间不存在；——正如一般地说，一切都是虚无。"（第二十卷，80 页第 5—6 行）。——海德格尔重新采用黑格尔的死亡主题；但他忽略了斗争和劳动的互补主题；他的哲学也不能分析历史。——马克思坚持斗争和劳动的主题，因此，他的哲学本质上是"历史主义的"；但他忽略了死亡的主题（尽管承认人是终有一死的）；这就是为什么他没有看到（有些"马克思主义者"也没有看到）大革命不仅实际上是流血的，而且在本质上和必然也是流血的（黑格尔的恐怖主题）。①

在这短短三百余字的篇幅中，科耶夫对黑格尔、海德格尔和马克思进行了简明扼要的评论。这段评论蕴含着科耶夫思想基因的秘密。值得特别关注。在科耶夫看来，自己把握到了他们的思想脉搏：黑格尔看到了存在的非实存性，只是黑格尔将这种存在的虚无化不恰当地拓展到了自然界。由于囿于一元论，黑格尔虽然把握了存在的非实存性，但却没有凸显死亡

---

① 科耶夫：《黑格尔导读》，姜志辉译，译林出版社 2005 年版，第 685 页。

的意义。因此需要海德格尔思想的补充。然而在科耶夫看来，海德格尔的存在论虽然凸显了死亡，但却牺牲掉了黑格尔思想中的劳动和斗争。所以马克思思想的潜入是必须的，尽管后者忽视了死亡的概念。换言之，对于科耶夫来说，人的存在及其呈现方式需要非实存（抑或死亡）、劳动与斗争等概念的共同诠释，缺一不可。这些概念曾经隶属于不同的思想家的思想，而今在科耶夫的哲学人类学中他们得到了有机地整合。这种整合你中有我，我中有你，血肉相连，以至于我们只有将其思想的核心部分整个的呈现出来，这种交融的态势才可能被表现出来。在我们看来，科耶夫的哲学人类学的核心部分，就在于他的欲望理论。

第 四 章

科耶夫哲学的问题意识

哲学家对于历史的研究往往带有自己的主观色彩。黑格尔的《哲学史讲演录》是一个范例。黑格尔在其中把历史上一代代哲学家所创造的思想和概念都按部就班地塞入到了他所建构的思辨逻辑的框架中，由此展现了真理是一个不断发展的过程。透过黑格尔的哲学史，我们看到的是作为纯粹真理表达的逻辑学，是黑格尔意义上的历史与逻辑的统一。科耶夫的《黑格尔导读》也与此相似。在这部著作中，科耶夫虽然按照黑格尔《精神现象学》的章节顺序逐一讲解，但却有意无意地忽略了某些内容，忽略的同时又放大了某些内容。例如对"自我意识"章的理解，科耶夫就做了一个大胆的创造，将原本仅仅作为意识章向理性章过渡的中介环节的自我意识章视为黑格尔哲学的核心。在这一转变中，科耶夫武断的将"自我意识"等同于"人"，① 于是黑格尔关于自我意识的讨论都被转换为关于人的存在论研究。与之相关，精神现象学的发展历程也就转变为关于人及其历史的生成过程。如果接受科耶夫思想的起点："人是自我意识"的话，那么随后的演绎就将是合乎逻辑的，但如果我们意识到科耶夫的这个思想起点本身就是一个彻底的误读，那么科耶夫所强加给黑格尔的东西就显而易见了。

问题在于，科耶夫为什么要做这样一个大胆的推进？最为简单的处理方式就是认为科耶夫不具备把握黑格尔哲学所必需的高度的思想能力，因此他只能偷梁换柱。但一旦考虑到我们所面对的乃是一个公认的天才思想者的话，那么上述判断就会被归结为思想上的偷懒。正确做法应当是直接面对并认真思考科耶夫在给唐·迪克陶的信中所说的那句判断："黑格尔

---

① 科耶夫：《黑格尔导读》，姜志辉译，译林出版社 2005 年版，第 3 页。

究竟在他的著作中试图说些什么，对我来说根本不重要。"① 换言之，对黑格尔的误读恰恰是科耶夫表达自己思想的需要。基于这样一种信念，我们要解开这一误读之谜，就需要进一步探寻隐藏于"误读"之后的根源，这也就是科耶夫的问题域。这个问题域作为一种深层次的或自觉或不自觉的思想意识形成于少年时代的科耶夫，并以或隐或现的形式贯穿了其思想的整个发展过程。

第一节　非实存（In－Exsitant）

一　"非实存"的源起

东方的神秘主义思想曾经主导了青年科耶夫对于哲学的理解。这一点在科耶夫的《哲学笔记》当中获得了充分的体现。这个早慧的少年将自己对于哲学的片段性思考以日记的方式记录下来，成为了我们把握科耶夫问题意识的重要资料。尽管其中包含了诸如佛教、西方哲学、艺术等多方面的多种多样的内容，但在这众多内容中，有一个概念总是在重要之处不断涌现，这就是"非实存"。科耶夫在《哲学笔记》中这样谈道："这册笔记，我从 1917 年起就开始记它。日期是从我开始发现我对于哲学的偏好时起。关于非实存的主要原则。这些原则像一条红线贯穿起了我的全部思想，人们可以发现在每一个问题中都有这些原则的回音。"②这一指认至关重要。它说明非实存在科耶夫思想中所具有的重要意义。它贯穿于科耶夫的哲学思考，同时还渗透了其对于当代艺术理论的理解和分析。在此，我们将从哲学与艺术两个角度来呈现"非实存"的内涵。

在科耶夫那里，非实存从来都不是一个彻底的虚无，它包含着两个不可或缺的理论重心，第一，它首先是一种实存，它不是"无"，而是"有"。它是某种存在样态。第二，它同时包含着某种否定性原则，即"非"对于实存的否定性。这一否定性作为一种内在的动力，让实存失去了僵死的固定的形式，而变成了一种充满动态的否定性存在样态。对于非实存的讨论与西方传统形而上学的基本原则存在着千丝万缕的关联。这一

---

① 《科耶夫给迪克淘一封信（1948 年 10 月 7 日）》，夏莹译，《学海》2010 年第 6 期。

② 多米尼克·奥弗莱：《亚历山大·科耶夫：哲学、国家与历史的终结》，张尧均译，商务印书馆 2013 年版，第 84 页。

形而上学传统可以一直向前追溯到巴门尼德关于存在问题的讨论。

巴门尼德开辟了西方形而上学探索真理的基本道路。"只有两种探索之路可考虑。一种就是存在，存在不可能不存在，这是真理之路。另一种就是非存在，非存在必定要不存在，我告诉你，那是一条没人能完全学到真知之路。因为你不能对非存在有知识——那是不可能的——也不能言说他；因为能被思想的和能存在的是同样的东西。"① 巴门尼德的真理之路也就是存在之路，然而存在本身得以存在的条件，就在于它能够被言说，被思想，因此能被思想的就能够存在。巴门尼德在这里通过一个简单的公式——思维＝存在，开启了西方形而上学之路，同时指出存在之路是通向真理的唯一道路。人们要认识这个世界，并不是要认识这个世界中的种种变化，而是要把握这个世界背后的那个不变的本质。这个不变的本质始终如一，不可分割，巴门尼德称之为"存在"。认识只有在认识到了"存在"，它才是真正认识到了真理。从一定意义上说，思维与存在是统一的。在巴门尼德看来，流变的外在世界其实是一些"非存在"，而流变世界背后的不变的本质才是真正的"存在"。

在此我们需要指出的是，巴门尼德所开创的不仅是一个思维与存在相同一的形而上学原则，同时更是提出了"存在"对于哲学的重要意义，并实际上将非存在排除在哲学讨论之外。当然我们并不认为被巴门尼德排除在外的非存在等同于科耶夫的非实存。但两者显然存在着内在的关联性。可以说，非实存是对存在的一种否定，但却并不简单地等同于非存在，它带有着动词性质，其所强调的是对存在的否定行动本身，就这一点而言，非实存不是与存在僵死对立的另一面。对于巴门尼德来说，是就是是，非就是非，而对于科耶夫来说，是要通过非（否定性行动）来获得说明，并且也只有在"非"之中，"是"的内涵才得以显现。这种辩证性的思考方式，对于科耶夫来说，并非来自于黑格尔的辩证法，就其哲学笔记的记录而言，这种对非存在的思考具有东方神秘主义的源头，例如佛学思想对其的影响。正是在佛学与西方思想的张力中，科耶夫开始了其对非实存的探寻。

二 "非实存"的诞生：笛卡尔与佛陀的对话

1920 年 6 月 12 日夜，在波兰华沙的科耶夫构想了一次笛卡尔与佛陀

---

① 转引自姚介厚《西方哲学史》，（第 2 卷），凤凰出版社、江苏人民出版社 2005 年版，第 212 页。

的对话。通过这个对话，他展开了一次非实存哲学与实存哲学的交锋。其锋芒所指向的正是近代形而上学的核心概念"我思"。

借助于多米尼克·奥弗莱的科耶夫传记，我们获取了这一宝贵的资料。由于这一论辩勾画了非实存概念的诞生语境及其理论意义，在此我们不得不对这一论辩的内容加以较为完整地呈现：

摆在桌子上的台灯只照亮墙壁隔板上的一小块地方，在那里悬挂着一幅笛卡尔的肖像。桌上堆满书和纸，在桌子的一角放着一尊青铜塑的佛陀像。……我坐着……正在思考我所写的关于两种文化、关于东方和西方的文章，我的目光……分别落在了肖像和塑像上；……突然，有某种东西触动了我。……肖像中的笛卡尔的脸活了起来，栩栩如生，惟妙惟肖，我似乎觉得他的嘴唇在微微蠕动。一种类似的变化也临现在那尊塑像上。……在塑像那深邃的眼中，出现了人的表情。佛陀……凝视着笛卡尔，脸上挂着一丝不可捉摸的嘲弄的神情。……他们已经交谈甚久了，因为在我最初听到的这番话——笛卡尔的话——中，已经怒意勃发。

——他说，请允许我说。……我们应该有某种准则，像几何学的公理一样，它对您对我都是可以接受的，从这种准则出发，我们就可能建立起一个哲学体系，其最终的结论对于每一个人来说也应该是必然的，因为他们都是逻辑地从这个准则中推导出来的。这样一个准则，在我看来能够提供一种断言，据此，从我思考着这样一个事实能够得出我实存着的事实：cogito, ergo sum（我思，故我在）。……到目前为止，还没有任何人反对这一点。我希望您最终也能认同我的观点。

——不！为什么？……您说：我思故我在。结果是思考和实在，在您看来是同一回事，或者至少，每一种思想都是实存的同义词。（但）我不相信您会认为不论哪一种实存都会引起思考的能力。不是吗？

——完全正确。思维过程的可能性其自身就证明了一种真正实存的在场。在我看来，这是足够清楚的。

——也许如此，但我还有话说。思维过程规定了存在。因而，这样的思想就是存在，就是现实。但每一个事物……也是存在，因此……您只说明某种特定现实的在场规定了存在。然而，我们不能同意这一点……您企图证明，根据思维就是现实的立场，您那作为能思实体的自身之"我"的现实就是存在。因此……"我思故我在"不是一个准则，他自身也需要这个前提。

——假定这是事实……您只能得出：思维的（官能）就是非存在。存在，由于相反于非存在，就是现实，而非存在则是非现实，也就是说，根本不存在。但一般说来，如果我们能够谈论思想，那我们也就承认了……实存、……存在和现实。

——这还需要等着瞧！您关于世界的整个概念都基于这样一个假定：所有存在都是现实，而所有非存在则不是真实的，并不实存，因此，也不予考虑。然而，从另一个观点来看，"存在"这个概念本身是否可以不被理解为非存在的对立面？

——当然不能。实存的概念只有作为非实存的反题才是可能的。非现实的现实。非存在的存在。但我不理解您说这些是什么意思。

——您很快就会明白。……在思考存在时，如果思想使存在具体化和现实化了，甚至因此而把自己揭示为真正的实存者，那么这同一种思想，在把非存在设想为存在的非实在的反题时，就使自己对于思想来说变得不可理解了，因为它既是思想、然而又不实存。……因此，只能两者择一。要么思想把非存在的概念设想为非实存，如此，则非存在自它的概念产生时起就实存着了；要么，思想把一切都看作是实在的，以这种方式它把自己创造为实存者。在这种情况下，从这个事实，即：存在经由思想之路实现自己，真实的存在只能是真实的思想的产物，非存在是思想的产物，真实的思想不能设想非实在……可以得出，真实的思想不能设想存在。因此，如果思想是真实的……它就不能规定思想者及被人看作是非思者的现实。然而，如果思想不是真实的，那么他的结果也不可能是存在。这样一来，对事实的另一种理解就显现了：思想的自我理解，对思想进行思考的可能性表明，必须把思想理解为非存在。

——恕我冒昧，我完全不能理解您。您的全部思考都是彻头彻尾的诡辩。您真的想说，当我思考时，我不实存吗？或当我实存时，我不思考吗？

——不，一点也不。我只想告诉您，思考和实存的全部可能性之所以是可能的，只是因为人们把思想理解为非存在和存在的反题。就思想的现实或存在的现实这个问题来说，我的意见是……

——就在这个时候，堆放在房间一侧的一堆书轰然倒下……塑像在灯光下闪烁了一下，用它空洞的眼睛注视着我，而在笛卡尔刚刚谈论的那个地方，只有他那线条分明的肖像挂在那儿。①

这篇充满想象力与思辨力的对话其实是青年科耶夫关于非实存概念的阐释。两种思想的外在对峙由此转变为一种思想的内在对立。这种对立因此产生的思想具有一种内在的张力，蕴含着巨大的自我推演的理论能量。在某种意义上说，非实存的概念就是在这种内在矛盾的张力中产生的。非实存的这一产生境遇表明了非实存是近代形而上学内在逻辑的另一个维度。毋庸讳言，近代形而上学开始于笛卡尔对于"我思"的设定。因此科耶夫以"我思"为起点来推演非实存是富有颠覆性的。如果说从"我思"出发推演出的不是"我在"（存在），而是科耶夫借助于佛陀之口说出的"非存在"（也即非实存），那么"我思"的自明性与确定性就遭遇了挑战，更为重要的是，思维与存在的统一性原则将随之土崩瓦解。

科耶夫以对话的形式展开的论证似乎有些散漫，但实际上拥有严密的内在逻辑。首先，佛陀似乎运用了笛卡尔无穷倒退的方式推演出"我思"并非是不可再怀疑的逻辑起点。因为如果思维与存在是一回事，那么所思即为所在，也就是说，我思本身也就是我在。"因此……'我思故我在'不是一个准则，他自身也需要这个前提"，因为我思和我在不过就是一个同义反复。同义反复中因为没有任何新的内容加入其中，因此其能否作为确定推理的起点就成为了一个问题。比如说，$A = A$，我们可以说这一等式具有完全的确定性，但在这一等式中却不包含任何推演，没有任何新的东西能够进入其中。这就如同我思与我在，如果将思与在完全等同起来，那么它就变成了一个僵死的命题，而缺乏进一步自我推演的内在动力。

因此，如果要真正实现我思"故"我在的推演，思想需要思考"非存在"，同时非存在作为存在的反题，本身也只是思想的产物。在此科耶夫

① 科耶夫：《哲学笔记》，华沙，1920 年 6 月 20 日，《笛卡尔与佛陀》。转引自多米尼克·奥弗莱《亚历山大·科耶夫：哲学、国家与历史的终结》，张尧均译，商务印书馆 2013 年版，第 87—89 页。

借助佛陀之口揭露了笛卡尔所坚持的传统形而上学中是即是，非即非的形式逻辑原则所可能带来的悖论。非存在就是思的一个产物。但按照笛卡尔的逻辑，思与在是同一的，因此能被思考的存在都是实存，都是现实的，但在对其所思考出的非存在而言，却否定了非存在的实存性、现实性。这是我思故我在的一种自我悖论。正如在本段引文中所推论的那样："在这种情况下，从这个事实，即：存在经由思想之路实现自己，真实的存在只能是真实的思想的产物，非存在是思想的产物，真实的思想不能设想非实在……可以得出，真实的思想不能设想存在。"于是要么否定我思与我在同一性的形而上学原则，要么承认非存在也具有实存性，这是保持笛卡尔命题合法性的唯一路径。由此，"非现实的现实。非存在的存在"。就是笛卡尔的我思故我在的命题中应有的另一面。并且只有在承认了非存在的存在，我思才真正成为了一个逻辑起点，因为思想在其中拥有了自我演进的内在动力，这表现为"思想的自我理解，对思想进行思考的可能性表明，必须把思想理解为非存在"。

最后，很有意味的是，当问题被转变为"当我思考时，我不实存吗？或当我实存时，我不思考吗？"的时候，对话却戛然而止了。换言之，如果沿着思想即为非存在的观念来看，那么我思故我在，一定会变成为"我思故我不在，我在故我不思"。由此"就思想的现实或存在的现实这个问题来说"该如何理解呢？这的确是一个难题。青年科耶夫在这里终止或许有两个原因：其一，1920 年，年仅 18 岁的他无法回答这个非实存的现实应该是如何。这一问题的颠覆性与复杂性还需要他进一步的研究与思考。其二，或者这个问题本身就应该以一个隐喻的方式来获得回答："就在这个时候，堆放在房间一侧的一堆书轰然倒下……塑像在灯光下闪烁了一下，用它空洞的眼睛注视着我，而在笛卡尔刚刚谈论的那个地方，只有他那线条分明的肖像挂在那儿。"因为思想与非实存的相关性已经无法在旧形而上学所固守的思维与存在的统一性原则中找到自身的立足之地，它颠覆了形而上学的既有秩序，后者就如同那堆放在房间一侧的一堆书一般，在这一思考的诘问下"轰然倒下"了。笛卡尔思想所开启的近代形而上学则如同笛卡尔的肖像画一般失去了思想固有的生机和活力。

对于这种天启式的哲学对话的探寻或许只能作出这样一个带有揣测式的分析。但无论怎样，非实存的概念在这一思想的论辩中出场了。科耶夫在此刻未能回答的那个问题却成为我们进一步探寻"非实存"之演进的契机。如果说对非实存的理解不能在形而上学当中找到自身的现实的呈现方式，那么它需要另寻他途，对于青年科耶夫来说，他在其叔父康定斯基的影响下，艺术成为了非实存观念的现实呈现方式。

三 非实存在艺术中的呈现

在科耶夫看来，西方语言遵循着形式逻辑的基本规则，即坚持着所谓不矛盾律的法则，因此诸如实存的非实存，非实存的实存等表述都令人难以理解。基于这种认识，科耶夫寻找到了一条"通向非实存哲学的道路"[①]，那就是通过艺术的方式。

在20世纪20年代，科耶夫在对比艺术复制品与艺术品本身之间的差异时提出了艺术中非实存的内涵："在艺术中独一无二的价值，使之与人类思维的其他产物不同的价值，就在于一种非实存的、非思（non-pensable）因素，更确切地说，是一种对思维之纯粹观念的感性领悟，以及借助某些形式去表达这种观念，使之具体化并尽可能少地受到限制的尝试。"[②]

科耶夫在此对于艺术品中非实存样态的界定严格说来是一种艺术体验的理论升华。正如本雅明曾经论述过艺术品原作所具有的光晕一样，科耶夫在此所谈论的艺术中的非实存也是仅仅隶属于原作，并随着时间的推移，由主观鉴赏的自由因素介入到对客观艺术品的理解当中所形成的某种艺术的真谛。这种艺术的真谛原本是一些无限制的纯粹观念，而今这些观念具体化在对艺术品原作的鉴赏当中，从而使得这些纯粹观念变得可以理解和领悟。就艺术品的复制品而言，在复制品中保留的仅仅是艺术品的构图，却失去了其中所包含的非实存的意味，这就如同对非实存的概念把握，因此限定了艺术品中纯粹观念的内涵。这种复制品只能说明原作中都"有"什么，而无法说明那"处于真实的造物背后的乌有"[③]（即非实存）究竟是什么。

由此我们或可将这一时期科耶夫关于非实存的艺术表达做这样一个概

① 科耶夫：《哲学笔记》，华沙，1920年8月12日，"论艺术中的非实存和非实存中的艺术"。转引自多米尼克·奥弗莱《亚历山大·科耶夫：哲学、国家与历史的终结》，张尧均译，商务印书馆2013年版，第104页

② 同上书，第105页。

③ 同上书，第108页。

括：它是艺术真谛背后的乌有，但正是这个乌有让艺术获得了表达其纯粹观念的无限性。当然这一源于艺术鉴赏体验的非实存的观念仅仅是早期科耶夫对这一问题的一个看法。1930 年左右，科耶夫开始与其叔父康定斯基通信，这些通信大多涉及对康定斯基艺术作品的评介，由此形成了科耶夫在这一时期非实存艺术理论的研究资料。在这些通信当中，科耶夫由于有了一个具体的批评对象，因而其关于艺术中的非实存观念的表述则显得更为清晰，并且随着时间的推移，科耶夫对于何为非实存的理解也略有改变。

康定斯基是现代抽象艺术的奠基人，他从 20 世纪 30 年代开始不断地将自己新近创作的作品最先交付给科耶夫，并对他的评价极为重视。尽管有时科耶夫的评价并非总是肯定性的，甚至可能会让康定斯基一时十分恼怒，但冷静下来后，康定斯基总是能发现科耶夫评价的合理与中肯之处。在这一系列通信当中，科耶夫进一步深化了关于非实存的内涵。在 20 世纪 20 年代科耶夫对于非实存的分析中实际上蕴含着一个内在的矛盾，即非实存一方面作为无限定的纯粹观念的显现方式，另一方面自身却又不得不表现为一种"真实背后的乌有"。换言之，这种无限性的呈现如何以缺席的方式表现自身，成为了一个还未言明的状态。而这却是科耶夫一直以来对于非实存的理解。20 世纪 30 年代康定斯基的抽象艺术恰好成为了对于这一状态的艺术表达。

科耶夫并不赞同通常意义上将康定斯基视为"抽象艺术"大师的界定。因为按照他的非实在的艺术观，康定斯基的抽象艺术是真正的具体。因为对于科耶夫来说，概念（或者某种纯粹观念）的存在如果能够引发与之对应的诸多感知经验的体验，那么其实是具体。与之相应，如果仅仅是经验的存在，而没有任何进一步的规定性，那么其实是一种抽象。这种对抽象与具体的理解使得科耶夫无法将康定斯基的作品看作是某种抽象艺术，因为康定斯基作品中正在消失的具象其实不过是科耶夫意义上那些缺乏规定性的感性经验，而由此形成的缺失却包含着无限性的丰富内涵，并实际上为科耶夫的非实存找到了真正对应的艺术表现方式。

20 世纪 30 年代的科耶夫发现的对非实存的理解，意味着人们对于任何事物的一个整体性（tout）理解。因为整体，大全应该包含着实存与非实存。并且非实存因其能够敞开无限性诉求而成为了理解整体与大全的更为有效的一面。但对于这一面的表达却成为了一个难题。任何富有限定性的表达方式都无法与之匹配。甚至传统具象艺术，特别是绘画艺术，在其滞留在摹写阶段的时候，其所能展现的只能是有限的实存。科耶夫对此洞若观火，他指出这并非仅仅是具象绘画的局限，同时也是现实绘画作品无论如何都难以企及的一种理想，这个理想是"不仅仅是表现世界自身的不同侧面——世界是其所有侧面的总和（全体）——但事实上，这是不可能的：在哲学上，这样一些尝试，如果能够成功，将不得不通向（神秘的）沉默，而在绘画上，则是黑色的画面。这已经不再是辩证地超越不论何种绘画形式，而是超越如其所是的绘画本身。在绝对的理解中，不再有分化差别：哲学、艺术等。在这里，只有一种'总体的'、'黑色的'和'可理解的'沉默"。① 正是在这种"黑色"和"沉默"中，非实存的缺失性的特质被表达出来，同时这种缺失性又敞开所有意义的空间，让自由的想象力介入到艺术鉴赏当中，从而使得现实的绘画可以在某种意义上触及那个不可触及的整体和大全。因此这种缺失恰恰是无限意义生产的场所所在。

科耶夫对于非实存的这种领悟显然得益于康定斯基从 1921 年开始创造的一系列黑色画的启发。当然康定斯基也是逐步地达到这种去具象化的创造经验。科耶夫对于非实体内涵的体验伴随着康定斯基的绘画而演进。对于这个共同进步的过程，科耶夫做了富有激情的描述："到目前为止，这些画（指后期康定斯基的水彩画——笔者注）并不能解释总体（他们具有中心、高低等）。在这种情况下，非具象的特征，尽管是完全可能的，但并不是必然的。诚然，在你那里，这种统一作用尤其富有活力，非具象的特征使得表达具有统一性的动态本质的美感方面变得容易。但我有个感觉，这一点同样能借助有具象特征的手段表达出来。我再说一次，既没有必要，也没有合理的理由来抛弃具象绘画。你后来的那些绘画完全不一样了。……当我在德累斯顿看到你的画（我想是'同心圆'），我被这幅画中统一性的缺失所震撼：中心消失了，界限完全是随意的，然而，画面的不同要素，就它们联成一个整体而言，具有某种含义。事实上，它们全都像这个世界一般无限，它们反映的是这个世界的美感的诸面。由于它们是

---

① 科耶夫：1929 年 2 月 3 日，载 1984 年《康定斯基》，《科耶夫致康定斯基的两封未刊书信》。转引自多米尼克·奥弗莱《亚历山大·科耶夫：哲学、国家与历史的终结》，张尧均译，商务印书馆 2013 年版，第 220 页。

无限的，它们就没有中心，或者这样说也是一样的，这幅画的每一个点都是一个中心……它们已经成了总体性的诸侧面。"①

当康定斯基的绘画能够表达总体性的诸侧面，并且这种表达是通过一种缺失的中心，界限的消失，那么非实存就在艺术当中获得了一个直接的呈现。康定斯基的抽象艺术，在某种意义上可以成为科耶夫所谓的非实存的存在，或者存在的非实存的完美表达。就此，科耶夫不再将康定斯基的绘画称为现代抽象艺术，而是转而将其称为"整体的绘画"②。

总的来看，科耶夫从对形而上学的反思中获得的关于非实存的基本内涵在艺术中得以呈现。但非实存观念的提出并非意在构建一个非实存美学，它作为贯穿科耶夫思想的一条红线，成为其哲学思想形成的一个问题域，在这个问题域的视角下，科耶夫才得以在黑格尔的《精神现象学》中看到欲望和死亡，在黑格尔的理性体系中看到非理性的要素。这一视角的转换不仅改变了黑格尔思想的阐释路径，而且从根本上洞穿了近代形而上学的基本建制，即以"我思"为起点的一种意识内在性的理论体系。

第二节 二元论

科耶夫在给唐·迪克陶的通信中集中阐述了自己的哲学观念，其中值得关注的是他明确指出在其哲学贡献中，"最为重要的是关于二元论以及无神论的问题"。③ 就二元论与无神论的关系而言，两者存在着紧密的关联性。其中二元论是前提，无神论是结论。两者一脉相承。在我们探索科耶夫哲学中最为显著的特质之时，二元论是其中无法回避的一个理论向度。需要追问的是，科耶夫意义上的二元论究竟指什么？二元论何以成为科耶夫哲学思想的问题意识？这一问题意识与科耶夫的非实体思想之间是什么关系？这些都是我们在谈论科耶夫思想时无法回避的重要问题。

---

① 科耶夫：《康定斯基与科耶夫的通信》，1929 年 2 月 3 日。转引自多米尼克·奥弗莱《亚历山大·科耶夫：哲学、国家与历史的终结》，张尧均译，商务印书馆 2013 年版，第 221—222 页。

② 科耶夫：《为什么具体》，1936 年。转引自多米尼克·奥弗莱《亚历山大·科耶夫：哲学、国家与历史的终结》，张尧均译，商务印书馆 2013 年版，第 224 页。

③ 《科耶夫给迪克淘一封信（1948 年 10 月 7 日）》，夏莹译，《学海》2010 年第 6 期。

一 二元论与自由

科耶夫对于二元论的阐发源自他对俄国神学家索洛维约夫的宗教形而上学的研究，并在对黑格尔的导读中被鲜明地提出来。科耶夫的二元论思想表达的是人与自然的分裂。我们谈论的辩证法和时间仅仅对人而言才有意义，自然界没有辩证法，所拥有的也仅仅是空间。对此，科耶夫在对黑格尔的阐发中谈论最多，也最为清晰。

科耶夫一方面指出黑格尔是第一个在哲学上关注仅属于人类学中的人的思想家，这表现在他"多次强调人和动物，历史和自然之间的本质区别。他在这样做的时候，总是揭示与人有关的东西的辩证特点和与自然有关的东西的非辩证特点"。[1] 处于这一截然对立当中的人是近代以来的产物。科耶夫借用黑格尔之口将这个近代的人与希腊人做了区分。"古代传统所认为的人实际上是一个没有自由（ = 否定性）、没有历史、没有本义上的个体性的纯自然存在。和动物一样，在其实在的和活动的存在中和通过这种存在，他仅仅'表示'一次性给定的和始终与本身保持同一的一个'观念'或者永恒的'本质'。和动物一样，他的定在完全是由他一开始就在不变的给定世界之内占据的自然位置（topos）决定的。"[2] 概而言之，这种与自然未曾分裂的人还是自然人，而不是真正哲学意义上的人。从科耶夫的表述中，我们可以得出这类"自然人"的基本特质包含两个方面：其一，固定不变的特性，即自身缺乏一种否定性内涵。其二，决定性。它注定是决定论的产物。它的存在本身的发展历程，从一开始就已经是确定无疑的了。

科耶夫在与这一"自然人"相对立的视角中来阐发他所关注的近代人的特性。并且将这样的人称为"唯一真正的人类学传统中人"。[3]换言之，只有近代的人才是真正意义上的人。这样的人"本质上不同于自然，但这种不同不在于人的独一无二的思维，而是通过人的活动本身。自然在人那里和对人来说是一种'罪恶'：人能够和必须对立于自然，并在他自身中否定自然。人生活在自然中，却不接受自然规律（奇迹!）：如果人对立于

---

① 科耶夫：《黑格尔导读》，姜志辉译，译林出版社 2005 年版，第 582 页。

② 同上书，第 636 页。

③ 同上书，第 637 页。

自然和否定自然，那么他就独立于自然；人是自主的和自由的。他作为
'局外人'生活在自然世界中，对立于自然世界及其规律，他创造了一个
属于他自己的世界，一个历史的世界，在这个世界中，人能'转变'和完
全成为不同于其本性的其他东西"。① 这个真正的人作为自然人的对立面，
是包含否定性的，因此也是能够与自然规律相对立的。换言之，它并不是
单纯受自然规律所支配和规定的。这样的人归根结底是一个自由的人。

　　科耶夫对二元论的推崇是否意味着对康德二元论的回归？这是一个极
为复杂的问题。我们在此只能管中窥豹，略作说明。科耶夫的二元论在表
述方式上更为鲜明，他着力凸显了人与自然之间的对立。这是康德在其哲
学建构论中不曾着力的一个方面。这种着力点的不同源于二者视角的根本
差异。对于康德来说，他为了应对怀疑论的挑战，因此更为关注因果律等
的基础地位。康德的讨论建基于认识论视角。在这一视角下，物自体作为
人无法认知的对象成为了与人的主观认识相对立的另外一元。因此康德的
二元论是指人的认识能力所建构的世界与人的认知能力所无法触及的物自
体之间的对立。我们虽然无法知道物自身究竟是什么，但物自身向我们的
呈现方式却是我们可以把握和理解的，由此自然界的自然规律并非外在于
人，人也不是自然世界的"局外人"，人是自然界的主人，是自然规律的
制定者。

　　与之不同的是，科耶夫并没有从人为自然立法的角度来思考人与自然
的关系问题。人与自然似乎是两条平行线，平行于他的哲学理论当中，并
成为了其哲学立论的前提。科耶夫的二元论如果仅仅驻足于人与自然的对
立，就显得过于粗陋了，因为旧唯物主义传统也曾热衷于强化人与自然的
对立与差异。但需要指出的是，科耶夫在此与康德有着不同的研究视角。
如果说康德的二元论是基于认识论视角，那么科耶夫的二元论则基于存在
论的视角。如果从存在论的视阈来看，科耶夫在此所给出的这种区分就具
有重要的理论意义。换言之，在科耶夫的哲学视阈中，人与自然的关系不
再是自然规律能否和如何被人所认知的问题，而是人如何能够摆脱自然规
律的束缚以彰显自身能动性的问题。人的存在意义只能在其固有的能动性
中，也即否定性中来获得说明。对于这一问题的讨论所对应的是康德的实
践理性批判。人通过为自身立法来凸显人的自由。

---

① 科耶夫：《黑格尔导读》，姜志辉译，译林出版社 2005 年版，第 637—638 页。

　　由此，我们可以在某种层面上理解科耶夫所推崇二元论的意义所在。特别是考虑到其处于后黑格尔思想的历史境遇当中，他的哲学贡献就更为鲜明。黑格尔通过对康德二元论的批判实现了近代形而上学的完成。他的批判集中于两点，其一，指认二元论中存在着的理论悖论；其二，克服这种二元论所带来的人在现实世界中的生存困境。

　　首先，这种统一性原则的重塑是在逻辑上完善康德哲学必须要走出的一步。康德在其理论的构建中存在着重要的理论漏洞，即康德为了限制人的认知能力的界限设定了不可知的物自体，这恰恰是对人的有限认识能力的一种僭越。换言之，当康德发现了物自体的不可"知"，这本身就已经是对物自体的一种"认知"，因此这种谨慎的理性划界也就变成了一种逻辑悖论。要避免这种悖论，只有扬弃康德的二元论。黑格尔对康德的扬弃在于，他一方面坚持了康德"人为自然立法"的主体性原则，另一方面又批判了康德的主观主义。为了克服主观主义，黑格尔需要用"事物自身"（des saches selbsts）的本质存在来替代"物自体"的设定。换言之，既然物自体的不可知已经暗含了认知能力的某种僭越，黑格尔索性将认知能力彻底拓展开来。思维认知的确定性不仅源于自我立法，同时也源于其所理解的"事物本身"的本质。如果按照康德的建构主义原则来说，我所能认识的仅仅是我所构建的，那么被自我设定的"物自体"也是可以认知的，它就是事物本身的本质。由此，认识与认识的对象获得了一以贯之的统一性，体现了"思维与存在的统一性"原则。

　　其次，康德哲学通过绝对命令的设定将对至善的追求推向了彼岸，由此导致在现实中，"人的目光是过于执着于世俗事物了，以至于必须花费同样大的气力来使它高举于尘世之上。人的精神已显示出它的极端贫乏，就如同沙漠旅行者渴望获得一口饮水那样在急切盼望能对一般的神圣事物获得一点点感受"。①通过统一性原则的重塑，恢复了超越世俗的神性事物，黑格尔由此超越了康德。同时，这种恢复又不会仅仅满足于在睡梦中对神性的不懈追求，现实的实存作为一个必要维度成为了精神演进的环节，黑格尔在此要超越浪漫主义。在黑格尔看来，以康德为代表的主观主义和以施莱格尔兄弟代表的浪漫主义，作为两个主导性思潮阻碍了精神在世俗世界中的显现，以及世俗世界趋向精神的现实道路。黑格尔要用"绝对精

---

　　①　黑格尔：《精神现象学》，（上）贺麟、王玖兴译，商务印书馆1979年版，第5页。

神"所诠释的统一性哲学来实现对二者的共同超越。

基于此，黑格尔构建了一元论的哲学体系。这一体系的构建无论是在哲学形而上学的建构上，还是在应对人现实生存的困境上，都具有巨大的理论意义。然而随着其理论体系的完成，黑格尔最终以"绝对"的方式将原本充满对立和矛盾的运动过程封闭了起来。黑格尔的哲学体系由此转变为一个客观理性的自我运演过程。在这个过程中，作为个体的人的存在实际上失去了发挥自身主观能动性的空间。因为在黑格尔绝对精神的理论体系中，个体是特殊与普遍的综合，这意味着个体的存在价值只能在与普遍的理性价值相一致的情景下才能够得以显现。这是一元论哲学的最终归宿。卡尔·波普与以赛亚·柏林分别在其《开放社会及其敌人》以及《自由及其背叛》中把黑格尔视为扼杀个体自由的思想魁首。就此而言，科耶夫要凸显人的个体自由（即否定性），就只能打碎这种一元论，即打碎个体作为特殊性与普遍性的和解，并进一步凸显两者之间存在着的无法消除的鸿沟。

需要注意的是，在科耶夫那里，普遍性有两方面的含义，一方面意指作为客观精神的普遍理性；另一方面意指与人相对立的自然。后一方面意指源自科耶夫 1933 年为了申请索邦大学的博士学位而进行的物理学研究，其最终成果为《在古典物理学与现代物理学中的决定论思想》，尽管这篇文章对于物理学的历史给予了准确梳理，同时还极为精准地阐发了现代物理学的革命性成就，但科耶夫仍未能以此获得博士学位。[①] 但这一阶段对于物理学的研究却构成了科耶夫哲学的一个支援性背景，影响了他对于自然与人的看法。自然的决定论成为了与人的自由相对立的存在状态。

当然，科耶夫的二元论并非要简单地回到康德，而是要对形而上学的传统予以批判。他在批判黑格尔一元论的过程中摒除了其哲学体系中思维与存在的统一性原则，强调了思想观念与现实之间的对立与异质。这一点康德虽然在对物自体的预设当中有所触及，但终究没有在理论上对这一问题展开深入讨论。毕竟对立与矛盾对于康德来说就是观念的界限。不突破这一界限，就无法正视这一矛盾，当然也就无法真正颠覆形而上学中思维与存在的统一性原则。这也就实际上决定了康德与科耶夫在哲学上的不同

---

① 相关叙述参见多米尼克·奥弗莱《亚历山大·科耶夫：哲学、国家与历史的终结》，张尧均译，商务印书馆 2013 年版，第 169 页。

命运。康德试图通过二元论来重建科学的形而上学；科耶夫的二元论则是要终结形而上学。这是二者在哲学旨趣上的根本差异，但二者在凸显人的自由的意义上则异曲同工。

二　二元论与非实存

科耶夫的二元论是存在论意义上的二元论。正如我们在上一节中已经指出的那样，在科耶夫的二元论中，与个体相对立的一元蕴含两个方面的意思，一方面是自然，另一方面是普遍的理性，在黑格尔那里就是客观精神。这种普遍性与个体性之间的二元对立及其不可和解，科耶夫早在解读黑格尔之前就已经深刻体验到了。

科耶夫在哲学笔记中曾对"阿基努斯岛战役"的主题进行思考，并体验到了人之存在的二元论的必然性及其所带来的伦理困境。正是对这一伦理困境的直接体验，为科耶夫的二元论建构打下了坚实地基。阿基努斯岛战役发生于伯罗奔尼撒战争中的第三次冲突期间。战役爆发于公元前406年，对峙双方分别为雅典的十将军与斯巴达。在这场战斗中雅典的十将军大获全胜，但在返程的途中，由于遭遇到了强风，十将军不得不把所有可以扔掉的东西都扔到大海里，以便保证活着的人免于遭到灭顶之灾。由此他们就无法遵守雅典法律所要求的将阵亡士兵的遗体带回。回到雅典之后，获胜的十将军受到指控，并因亵渎罪而被判处死刑。这的确是一个带有安提戈涅色彩的伦理困境。它所表现的其实是现代社会的目的（即获取国家战争的胜利）与传统伦理社会的自然法规（带回遗体安葬）之间的冲突。面对这一冲突，苏格拉底曾经以手段和目的的关系来对其加以分析，并成为了当时唯一不赞成这一死刑判决的人。

科耶夫在其《哲学笔记》中首先概括了苏格拉底的反对意见。这一反对意见包括两点："首先，十将军在这次行动中看到了为拯救舰队而能采取的唯一手段，而且在当前这个案子中，这个目的就可以为手段辩护"；"其次，如果他们不这样做，舰队将无可避免地覆灭，死者的遗体也就无论如何都不可能得到安葬。"[1] 科耶夫思考的重心不在于阿基努斯岛战役本身，而在于苏格拉底的反对意见。在科耶夫看来，苏格拉底为十将军的辩

---

① 科耶夫：《哲学笔记》，1917—1920，转引自多米尼克·奥弗莱《亚历山大·科耶夫：哲学、国家与历史的终结》，张尧均译，商务印书馆2013年版，第44页。

护都是在善与恶的评判之外来展开的。因为能够达成某种目的,因此手段就具有了合法性,这样就容易导致伦理判断标准本身的丧失。换言之,我们可以为了达到目的而不择手段,这是苏格拉底所做辩护的理论前提,而这一前提显然已经不再是一个伦理问题。因此这一辩护并不能真正揭示出十将军的伦理困境。

对于科耶夫来说,真正的伦理困境需要从十将军作出抛弃遗体之决定的动机中来加以分析。当我们反观这一历史,我们会发现,十将军所作出的这个决定不是出于个人利益的目的。他们在对是否抛弃将士遗体作出决定的时候,其实已经面临着无论如何都要犯罪。如果把将士遗体遗弃,触犯的是传统伦理社会的自然法规;如果保留将士遗体,从而导致那些战胜而归的将士失去了性命,这触犯的是现代社会的重要伦理规范,即对个体生命的尊重与保全。可见无论十将军做什么样的选择,他们实际上都是犯罪。在科耶夫看来,这样的两难反而证明了十将军在任何时候其实都不应是犯罪:"在这里,要么只可能是为犯罪而犯罪,要么是为所有人的利益而犯罪。在这两种情形中,他们对自身来说都不是有罪的。在这里,我们发现自己必须重新面对一种个体道德与社会道德之间的冲突。对他自身而言是纯粹的人,面对社会时却是有罪的;对社会而言是纯粹的人,在他自己看来却是有罪的。换言之,从观念上来说是纯粹的恶人,在事实上却是有罪的。这一点再一次证明了在宇宙体系中形而上的平行性的存在。观念和现实彼此毫无影响地平行存在的。"①

值得注意的是,科耶夫在此的分析蕴含了一个突然的转换,一开始是在个体与社会的对立中进行伦理推演,但在推演过程中,发生了一个重要转换,即个体与社会的矛盾突然被转变为观念与现实的对立。这乃是一种思想上的跳跃,即个体的存在被等同于观念性的伦理的普遍性。在十将军的伦理困境中,这种伦理的普遍性意指为传统社会中的死亡将士需要被埋葬的伦理诉求。而将社会道德等同于现实。这个显然带有了黑格尔的客观精神的味道。在这种理论跳跃中,科耶夫提出了自己哲学主张。观念与现实的平行将人的存在推入到了一个与生俱来的悲剧境遇。人的存在被夹在这种平行对立之间。或者更进一步说,人也只有在这"之间"才能获得隶

① 科耶夫:《哲学笔记》,1917—1920,转引自多米尼克·奥弗莱《亚历山大·科耶夫:哲学、国家与历史的终结》,张尧均译,商务印书馆2013年版,第45页。

属于人的存在意义，即某种自由活动的空间。人的行动在观念与现实的断裂中，在个体与社会的冲突中才能有所选择，这种选择并不能完成观念与现实、个体和社会的和解，相反却愈发彰显了两者之间的对立。对十将军的罪与无罪的争辩正是这种非和解的人的存在状态的一种体现。

科耶夫对于这种人的存在状态的矛盾性体验无意中切中了现代社会的一个核心问题，即随着个体的诞生所带来的个人与社会的冲突与矛盾。对这一矛盾的体验其实贯穿于整个德国古典哲学的思考视阈当中。康德为自己提出的四个问题最终被归结为第四个问题：人是什么？康德通过对实践理性的批判揭示了人的存在的独特性。但在人为自身立法的主旨下，康德所凸显的是个体理性与情感之间的对立和斗争，以及理性最终对情感的征服。由此，人的冲突在根本上是人的存在状态的内在冲突，即作为感性的人与作为理性的人的冲突。因此康德对于现代人的生存困境的揭示还缺乏一种真正的现实性和时代感。这一点在黑格尔对康德道德哲学的批判中得以揭示。①黑格尔在此将康德所洞悉到的人在道德观念中蕴含的内在冲突转变为一种外在的对立，由此主观道德问题就自然转变为一个社会伦理问题。在此个人并不困惑于个体理性与情感之间的对立，而是与作为客观精神抑或称之为普遍理性的社会整体之间的对立。

基于这一转变，康德试图通过构建普遍有效的实践理性规范来凸显人的理性存在对于感性存在的超越。而黑格尔则倾向于向外探求个人与社会之间的和解之路。在这一和解之路当中，青年黑格尔借助于对爱和生命都有所凸显的宗教："在宗教里，行为、人物、回忆都可以被当作圣洁的，理性则证明它们的偶然性，并且要求凡是神圣的必定是永恒的、不朽的。不过，这并不等于说，它证明了那些宗教的事物就是权威的，因为不朽性和圣洁性可以和偶然性相结合而且必须和一个偶然的东西相结合。在思考永恒的东西时，我们必须把那永恒的东西与我们思维中的偶然性相结合。"②青年黑格尔在此将个体与社会的和解诉诸宗教，但在对宗教作用的表述中，我们却似乎看到了作为超越个体与社会的这个第三者，即永恒性的存在仍然需要和"偶然性"相结合。这种表述方式包含着青年黑格尔对

---

① 参见黑格尔《精神现象学》（下卷），贺麟、王玖兴译，商务印书馆 1979 年版，133—144 页。

② 《黑格尔早期著作集》，（上），贺麟等译，商务印书馆 1997 年版，第 340 页。

于宗教的反思。黑格尔所带有的斯宾诺莎式的泛神论色彩，使得黑格尔关于解决人的存在困境的道路充满矛盾，它是有神论的，还是无神论的？这个问题困扰着黑格尔的研究者们。

科耶夫虽然未能像青年黑格尔那样直击问题本身，但却在面对这一矛盾的方式和态度上较之黑格尔更为鲜明。科耶夫在将个体和社会的对立体验为一个不可消除的二元论之际，也从根本上否弃了两者趋向和解的可能性。在对十将军是否有罪的表述中，科耶夫表明，并没有什么超越个体与社会，即传统个人的利益与所有人的利益之外的第三者的存在，因此也没有什么第三条道路可以选择。人只能非此即彼地在现实与观念之间生活着：其结果就是十将军的所有选择都是有罪的，但也正因如此，他们的任何选择严格说来也都是无罪的，因为这就是人的悲剧性存在样态的直接表现。

当科耶夫拒斥第三者的存在时候，他同时拒绝了上帝的存在。二元论与无神论之间存在着一种理论上的密切关联。上帝抑或神性的存在正是源于个人为应对自身生存困境的体验而提出的"策略"。黑格尔在《精神现象学》中将其称为"苦恼意识"。①科耶夫从少年时代就将对人的理解驻足于这种苦恼意识之中，并且也拒斥诉诸神性的存在。其中的原因，我们或可追溯到其个人经历中对于死亡意义的过早体验。

科耶夫的亲生父亲过早去世，没有给他留下任何印象。其继父列姆库尔之死却引发了少年科耶夫的思想激荡。继父为了保护其财产不受暴徒洗劫，前往乡下，但当人们发现他的时候，他已经死于非命。继父之死发生于 1917 年，与科耶夫书写阿基努斯岛战役的反思是同一时间。1920 年当科耶夫在波兰以回忆的方式补记其在流亡当中丢失的哲学笔记的时候，记录下这段往事，并由此引发了一段对于生命与死亡分析："生命就是一切；然而死亡更甚于生命——但何为死亡？当时，这个问题就以一种绝望的、不可解决的方式回荡在心。"②理解科耶夫对于死亡的看法，关键在于理解死亡与生命的对立。

死亡在科耶夫那里并不是对生命的否定，它不是对立于生命，而是将

---

① 参见黑格尔《精神现象学》（上卷），贺麟、王玖兴译，商务印书馆 1979 年版，140—154 页。

② 科耶夫：《哲学笔记》，1917—1920，转引自多米尼克·奥弗莱《亚历山大·科耶夫：哲学、国家与历史的终结》，张尧均译，商务印书馆 2013 年版，第 60 页。

生命引向某种虚无，一种非实存的状态。青年黑格尔曾经用爱和生命来实现个人与社会的和解。"真正的合一，真正的爱只出现于有生命的存在中，这些有生命的存在具有同等的力量，并彼此相互承认对方是有生命的，没有一方对对方来说是死的。"① 黑格尔在此处所强调的"没有一方对对方来说是死的"，恰恰从反面印证了科耶夫对死亡的感觉。生命作为一个过程，在黑格尔那里可以化解矛盾。因为它可以让矛盾双方在相互承认中达到复归。而如果有一方对于对方是死的，那么就意味着相互承认是无法实现的，死亡终止了生命的流动性，并将生命指引到另外一个方向上去。这是青年黑格尔未曾言明的另外一个方向，科耶夫将其称为虚无，或者非实存。对于科耶夫来说，虚无和非实存是无法复归和不可解决的。而这也正是虚无和非实存的力量所在。

在讲授黑格尔的时候，科耶夫曾经分析了黑格尔在《精神现象学》序言中的一段话：

> 死亡，如果我们愿意这样称呼那种非现实的话，它是最可怕的东西，而要保持住死亡了的东西，则需要极大的力量。柔弱无力的美之所以憎恨知性，就因为知性硬要它做它所不能做的事情。但精神生活不是害怕死亡而幸免于蹂躏的生活，而是敢于担当死亡并在死亡中得以自存的生活。精神只当它在绝对的支离破碎中能保全其自身时才赢得它的真实性。……精神所以是这种力量，乃是因为它敢于面对面地正视否定的东西并停留在那里，这就是一种魔力，这种魔力就把否定的东西转化为存在。而这种魔力也就是上面称之为主体的那种东西②。

科耶夫热衷于引用这一段文字，正因为在这段文字当中，黑格尔阐发了死亡的力量。精神在对死亡的担当中获得了这种力量，"在绝对的支离破碎中能保全其自身时才赢得它的真实性"。这种绝对的支离破碎是死亡带来的。科耶夫由此下了一个断言："毫无保留地接受死亡的事实，或有自我意识的人的有限性，是黑格尔整个思想的根基。"③

---

① 《黑格尔早期著作集》（上），贺麟等译，商务印书馆 1997 年版，第 498 页。
② 黑格尔：《精神现象学》（上卷）贺麟、王玖兴译，商务印书馆 1979 年版，第 21 页。
③ 科耶夫：《黑格尔导读》，姜志辉译，译林出版社 2005 年版，第 642 页。

　　进一步说，死亡所带来的这种绝对的支离破碎又是什么呢？讲授黑格尔时期的科耶夫认为已经无须直言了，因为这正是他从少年时代就开始反复思考和言说的二元论状态。而死亡，作为一种虚无，一种非实存的状态是带来这种二元论的绝对否定性，同时它也是人本身所特有的特性。在黑格尔那里，它所意指的是被"称之为主体的那种东西"。只有人是可以直面死亡，反思死亡的。因为只有人的死亡才是一个自由的体现。由此，死亡、虚无、非实存、自由、否定性成为了科耶夫对于人的特性的表达。而人的这种特性得以发挥的形而上学前提就在于二元论的设定。这一点在我们讨论"二元论与自由"的过程中已经展开了，在此不再赘述。

第 五 章

科耶夫哲学的理论拱顶石

　　非实存与二元论科耶夫建构其思想大厦的两个支柱，也是贯彻科耶夫思想始终的核心线索。它们从少年时代就一直萦绕在科耶夫的头脑之中。虽然科耶夫偶然也会对古典物理学与现代物理学发生兴趣，但由于过早地对于诸如阿基努斯岛之役中所包含的伦理困境产生兴趣，这个天才的头脑中所关注的总是人的存在境遇及其可能出路。于是二元论的倾向就是不可避免的，因为只有在二元论中，人的独特性才能被凸显出来。这一独特性可以被表达为死亡、欲望、自由、否定性，然而对于这些概念最富于形而上学意味的概括就是"非实存"的存在状态。于是从少年到中年，科耶夫始终在思考的就是这个"非实存"的存在状态究竟是如何存在的？换言之对人的存在状态的思考左右着科耶夫的思想。因此当科耶夫解读黑格尔《精神现象学》的时候，他在黑格尔那里看到的总是他的哲学人类学，即关于人的存在状态的理论。

　　在对《精神现象学》的讲解中，科耶夫一开头就提纲挈领地谈到了其解读的路径和原则："精神现象学是一种现象学的描述（在胡塞尔的意义上）；其对象是作为'存在现象'的人；人在自己的存在中和通过存在向自己显现。精神现象学本身是其最后的'显现'。"①

　　　　"在黑格尔看来，本质不独立于存在。人也不存在于历史之外。因此，黑格尔的精神现象学是'存在的'，如同海德格尔的现象学。它必然被当作一种本体论的基础。"②"精神现象学是一种哲学人类学。他的主体是作为人的人，在历史中的实在存在。在现代的意义上，它

---

① 科耶夫：《黑格尔导读》，姜志辉译，译林出版社 2005 年版，第 37 页。
② 同上书，第 37—38 页。

的方法是现象学的。因此，这种人类学既不是一种心理学，也不是一种本体论。它试图描述人的整个'本质'，即人的所有'可能性'（认知的，情感的和活动的可能性）。一个时代，一种给定的文化（实际上）只能实现一种唯一的可能性。"①

在这段纲领性的讨论当中，我们看到了科耶夫构建哲学人类学的几个基本步骤：第一，以人来置换精神，把描述精神的现象学转变为关于人的哲学人类学。第二，对人的存在论的讨论不能采用传统本体论的讨论方式，即在本质与现象的对立当中，将本质视为现象的固定不变的基础。相反，需要吸取黑格尔的历史性原则，将人的存在的本质视为存在自身的过程。黑格尔推崇"真理是一个过程"，这种存在论的运演模式是这种真理观的表现形态。第三，科耶夫的哲学人类学既不是关于人的心理学，也不是一般意义上的本体论，而是关于人的可能性的描述。正是通过对可能性的强调，人的自由及其个体性被凸显出来。

为了实现第一步，科耶夫在对精神现象学的研究中首先设定了自我意识等于人。这是一个最富有跳跃性和武断性的设定。科耶夫对于黑格尔的解读中，最为著名的就是他对于主奴辩证法的解读。就在讨论这一部分的开头，科耶夫直截了当的做了这样一个断言："人是自我意识。"② 由此把黑格尔从意识开始，并在意识之内展开的思辨哲学转变成了以肉体的、现实的人为起点的一种哲学人类学。但为什么人可以等同于自我意识（特别是黑格尔的自我意识）？这对于科耶夫来说不是问题，因为这是他理论建构的公理，其功能近乎等同于"两点之间直线最短"之于几何学的奠基意义。面对科耶夫的这种做法，我们可以从他写给唐·迪克淘的信中得到更多的理解：

"我的著作并不是一种历史性的研究；黑格尔究竟在他的著作中试图说些什么，对我来说根本不重要。我只是借助于黑格尔的文本来展开我的现象学人类学。于是，只能说我考虑的是关于真理的问题，因此我对在黑格尔的解读中可能已经犯的错误听之任之。比如，我放弃了一元论的黑格尔，我有意识的与这一宏大的哲学拉开了距离。另一方面，我的课本质上

---

① 科耶夫：《黑格尔导读》，姜志辉译，译林出版社 2005 年版，第 38 页。
② 同上书，第 3 页。

所宣称的是一种对于精神的打击。这就是为什么我有意的凸显了主奴辩证法的地位，以及作为一般方法的现象学图式。"①

通过以上论述，我们还看到了科耶夫对于黑格尔的另外一个更为重要的有意误读，即将黑格尔的一元论解读为二元论。正如科耶夫所言，他对于一元论的否弃，在某种意义上是对黑格尔的精神的打击。从科耶夫如此清醒的自觉论述中，我们可以知道他其实对于黑格尔的哲学本意了如指掌，因此他对黑格尔的误读是一种有意的误读。对于这种有意的误读，我们必须保持高度警惕，特别是对于理解科耶夫思想的构建来说更需如此。基于这种考虑，我们在本章当中将着力讨论科耶夫对于黑格尔哲学的两个重要改造：第一，是对辩证法的改造；第二，是对黑格尔的"概念"进行改造。黑格尔对于"概念"有其独特的理解，科耶夫凸显了这一"概念"内涵的独特性，作为自己哲学人类学的一个理论基石。因为正是基于这两个改造，科耶夫分别迈出了从黑格尔的精神现象学向哲学人类学转变的第二步和第三步。

第一节　二元论的辩证法

科耶夫对于黑格尔辩证法改造的核心在于用二元论来重构辩证法，改造的目的是要重新释放人的活动的可能性空间。众所周知，黑格尔在超越康德二元论的基础上构建了辩证法。因此辩证法是扬弃矛盾和对立的结果，那么它还能够与二元论结合吗？如果这种结合是可能的，那么其路径为何？要解决这些问题，还是需要首先从黑格尔辩证法谈起。

我们在此主要探讨黑格尔辩证法的两个基本方面：其一，辩证法的否定性；其二，辩证法的思辨性。在《精神现象学》中，黑格尔辩证法的否定性得到了凸显。在对意识发展历史的讨论中，正是否定使意识超越了感性经验而达到了知性思维，并为自我意识的形成准备了基础。这种否定性带来了一种"转化"运动，成为了具有辩证性的规律。自我意识的最终形成以及真理的获得都依赖这种辩证规律。否定性由此占据了一个重要地位："它（否定性）的内容与前此所谓规律即不变的、长住的、自身等同的差别之规律正相反对；因为这个新规律毋宁表明了等同者之成为不等

① 科耶夫：《科耶夫致唐·迪克淘一封信（1948 年 10 月 7 日）》，夏莹译，《学海》2010 年第 6 期。

同，不等同者之成为等同。"① 然而"这个被建立起来的不等同于我的东西，当它被区别开时，即直接地对我没有差别。一般讲来，这样的对于一个他物、一个对象的意识无疑地本身必然是自我意识、是意识返回到自身、是在它的对方中意识到自身"。② 可见，否定性的内涵是丰富的，不能简单地从直接肯定与直接否定意义上来理解。因为这种直接的理解将失去否定性所包含的自由内涵。

要理解这样一个否定性，需要我们抛开许多固有的思维方式。首先，否定并不导致虚无。具体来看，否定本身具有一定的肯定性，即我们通常所理解的，在否定白天的时候，也就等于肯定了黑夜。在否定了这朵花是玫瑰的时候，也就肯定了玫瑰的诸多特性。但显然这种 A 与非 A 之间的对立并不是否定性的核心内涵。两个完全不相关的事物之间的否定，严格说来绝不是作为黑格尔辩证法之核心的否定性。在黑格尔的意义上，否定所带来的是内在的否定，它是一种自否定。因为只有这种自否定才能从根本上克服 A 与非 A 之间的外在对立，这种对立彼此之间严格说来没有相互否定的关系，如同两辆相撞的汽车，它们之间虽然存在着对立，但却不是黑格尔意义上的辩证法的否定性。

辩证法的否定性是一种自否定，这意味着否定是对自己的否定。由此被否定的存在必然只能是一个整体，而非两个外在的、毫不相关的对立物。这种自否定，换言之就是黑格尔所谓的否定之否定。只是这种对否定的再否定，并不是形式逻辑上的负负得正，它意味着一种反思性的否定，在本质上是一种自我的否定。这种自我否定所带来的不是排斥和抛弃，而是自我的运动与发展。因此黑格尔的辩证法成为他对于诸如生命和精神的讨论方法也就不足为奇了。只是在这种反思性的否定中形成了一种自我意识，让实体成为了主体。这种主体性意味着一种能动性，在否定的能动活动中促成了实体的发展与运动。毫无疑问，这种能动性带有自由的内涵。在黑格尔那里，自由从来都是在自身之内对其自身的自然性的一种扬弃和否定。因为对于黑格尔来说，自然与精神本为一体。对自然的否定最终只能是对自身的一种否定。而这种自身的否定就意味着一种自由。在这一意义上说，纯粹的生物体不可能有自否定，生物体只能充当否定的中介，等

---

① 黑格尔：《精神现象学》（上卷），贺麟、王玖兴译，商务印书馆 1979 年版，第 106 页。
② 同上书，第 113 页。

待着否定之否定对它的扬弃。当然这种扬弃并非回到原点，而是发展到更高的阶段。

然而，如果将黑格尔辩证法仅仅等同于否定性，那么黑格尔哲学将沦为怀疑主义和诡辩论。因为后两者在哲学史上最大限度地运用了否定性的辩证法来展开自身。对于黑格尔来说，他除了强调辩证法的内在否定性之外，还要进一步强调否定之后的最终肯定性。黑格尔将这种对否定的肯定称为"思辨"。"思辨的东西，在于这里所了解的辩证的东西，因而在于从对立面的统一中把握对立面，或者说，在否定的东西中把握肯定的东西。"① 对于黑格尔来说，否定性虽然导致了自我意识的演进，但只有在思辨中，在肯定中把握了自我意识的演进，从而使得否定性所带来的主观能动性能够转化为客观性。这才是辩证法的最终内涵。因此如果说否定性是辩证法的核心，那么思辨性则是辩证法的最终落脚点。

如果我们抓住辩证法的这两个基本点，那么科耶夫的二元论思想就拥有了与辩证法结合的可能性。正如我们已经指出的那样，二元论思想与科耶夫在形而上学中对非实存的诉求相关，并同时释放了人的自由的可能性空间。非实存与自由在科耶夫那里所意指的是一种否定性，因此其本意与辩证法的核心内涵之间有契合之处。但辩证法中的思辨维度所带来的矛盾与对立的最终扬弃，与二元论的结果格格不入。毕竟科耶夫在对死亡的强调中凸显了生命中否定性存在的无法复归，通过死亡让生命终结于对立当中。科耶夫反对以辩证法的方式对所实现的任何形式的和解。而这种和解却是黑格尔辩证法思想的最终旨归。因此，尽管科耶夫在对黑格尔的解读中将诸如死亡、欲望等诸多概念说成是黑格尔思想的题中应有之义，但对于二元论的思想，科耶夫的表述存在着前后矛盾。一方面他努力从黑格尔《精神现象学》的文本当中获得关于二元论的诸多支持性论证；但另一方面，他也清楚意识到黑格尔哲学中的一元论设定是无论如何都无法回避的一个事实。即便在科耶夫指认黑格尔是"第一个在哲学上分析这个传统（即作为历史的自由的个体的传统——笔者注），试图调和这个传统和异教的自然哲学的基本概念的人"，②科耶夫仍需要在注解中指出："至于黑格尔本人，他也没有成功地调和他的（'辩证法'）人类学和传统的（'同一

---

① 黑格尔：《逻辑学》（上卷），杨一之译，商务印书馆 1974 年版，第 39 页。
② 科耶夫：《黑格尔导读》，姜志辉译，译林出版社 2005 年版，第 637 页。

的’）自然哲学。他有理由拒绝把希腊人的‘自然主义’范畴用于人，并抛弃了他们的假人类学。但是，他也错误地抛弃了他们的自然哲学，试图把他自己的辩证范畴用于（人的和自然的）实在事物的整体，他自己的范畴实际上是人类学特有的和专有的。”① 这种自相矛盾的判断所揭示的不是黑格尔思想中的模棱两可，而是科耶夫要从黑格尔的一元论传统中推演出二元论所必然导致的一个逻辑混乱。

由此，我们是否能够用辩证法的思辨性维度来否定其与二元论相结合的可能性呢？在科耶夫的语境中，这种相悖并不能阻挠他对辩证法的言说。问题在于在科耶夫的二元论中，这种推动矛盾自我运演发展的辩证法的思辨性究竟应该做何理解？

在此，我们首先需要进一步明确科耶夫二元论的主旨在于彰显人的自由和否定性，这种彰显需要二元论的存在。因为第一，只有在观念与现实对立的二元论中，人才拥有了可以做出选择的空间，如果观念与现实注定要实现和解，那么人的任何行动都不过是完成这一被决定了趋向的中介和工具；第二，在人与自然的二元对立中，只有人是可以进行否定性行动的。自然的存在总是与其自身同一的，这种同一性是我们理解自然的必要前提。“如果自然像人那样变化，那么在时间过程中语言就变得不可交流。如果石头和树木，以及伯里克利时代的人的身体和动物‘心理’不同于我们的身体和心理，就像古代城邦的公民不同于我们，那么我们就不能理解农业和建筑术的希腊著作，不能理解修希底德的历史，也不能理解柏拉图的哲学。一般地说，之所以我们能理解任何一种非母语的语言，仅仅是因为这种语言包含了联系于现实事物的词汇，而现实事物在任何地方和在任何时候都是与本身同一的：之所以我们知道德语的‘Hund’和拉丁语的‘canis’表示狗，是因为存在着实在的狗，在德国和在法国，在凯撒时代的罗马和在现代的巴黎，它都是一样的。”② 科耶夫试图通过举出种种实例来说明自然无论在历史上，还是在现实中都是恒久不变的。自然的不变与人的否定性构成了一个鲜明的对比。对于科耶夫来说，这只是问题的一个方面。

在自然与人的对立中还存在另外一个方面，即人作为否定性的显现是

---

① 科耶夫：《黑格尔导读》，姜志辉译，译林出版社 2005 年版，第 637 页。
② 同上书，第 580 页。

对自然的否定。自然虽然与人在否定性的层面上存在着质的差异，但在时间性中却带有着前后相继的连续性关系。人的否定性在对自然的否定中获得一种肯定，而这正是辩证法所意图达到的一种理论旨归。由此二元论与辩证法的结合就有了另外一个契合点。即在时间性中相继存在的二元论恰恰需要辩证法的阐释才可能获得说明。如果说二元论与辩证法因为视角的转换而具有契合的可能性，那么接下来的问题在于，这种结合是如何可能的？对此科耶夫在给唐·迪克陶的信中说得之极为形象而清晰：

> 　　我的视野中的二元论是辩证的。实际上，我所设想的是一个金戒指的形象，如果没有中间的洞，也就不存在戒指的形象。然而我们也不能说，指环中间的洞与金是同等的。正是这个金戒指中包含了两种存在，因此这个指环就是那个统一性。在我们的这个例子中，金子就是自然，洞就是人，指环就是精神。由此可以说，如果自然可以没有人而存在，并且在过去也确实在没有人的时候存在过，但人却从来没有，也不能在自然不存在的时候存在。同样的，金子可以在没有洞的时候存在，而洞如果没有在某种金属上被穿凿出来就不能存在。既然人只能在，或者仅仅通过，或者更确切的说是作为自然的否定而被创造出来的，那么随之而来的就是人必然要预先假定自然的存在。就这一点而言，它与那些神性的存在区别开来。既然它是自然的否定，它就是富有神性的异教徒，就是自然本身，既然它是自然的否定，它就如任何的否定一样，需要预设那个被否定的存在。它不同于基督的上帝，因为正是这个上帝在自然和它的被造物之前凭借自己的意志创造出了它们。

> 　　我不认为并存两种存在：自然和人。我只是认为直到最初的人出现之时（它是在为荣誉而战的时候被创造出来的），整个的存在只是自然本身（Nature）。从人出现的那一刻起，整个的存在又只是精神，由此精神只不过是隐含着人的存在的自然，不过是一个隐含着人的存在的真实世界。自然仅就字面的意思注定是抽象的。由此，在某个特殊的时刻，只有自然存在，在某个特殊的时刻，除了精神也不再存在任何东西。这对于精神（金指环）来说是真实的。正是自然，正如您所说的那样，精神就是自然自身进化的结果。但我不太喜欢这种说法，因为它可能会使人确信人的出现可能是从先验中（a priori）推导

出来的，不管任何其他的自然事件究竟是怎样的。我认为这并不是事实。如果自然进化的整体在原则上都可以从先验中推导出来，那么人的诞生以及人的历史则只能从后天产生出来的，也就是说，不能推导或者预见，而只是包含其内。这样一种说法是指人的自我创造的活动只能是自由的活动，并且所有组成历史的人的行为就是一系列自由的活动。这就是为什么我倾向于谈论自然与人的二元论，更为准确的说是自然和精神的二元论。精神就如自然一样包含着人的存在。由此，我的二元论不是空间的，而是时间意义上的。首先是自然，而后是精神，随后是人。存在一个二元论，是因为精神或者人并不能从自然中推导出来，这种断裂是由富有创造性的自由产生的，所谓自由也就是对自然的否定。①

在此，金戒指的比喻将二元论与辩证法的整合生动地表现了出来。其中所谓"金子就是自然，洞就是人，指环就是精神"的表述将科耶夫所主张的两类二元论有机结合起来。正如我们已经指出的那样，科耶夫的二元论，一方面意指着人与自然的二元对立，同时还意指着个人与社会（黑格尔的客观精神，在此意指为精神）的二元对立。这样两种二元论通过辩证法的两个维度，即否定性与思辨性的维度变成了一个金戒指。

其中辩证法的否定性赋予人以自由和行动的能力，正是这种行动和创造在自然这块金子上打上了一个"洞"。没有洞的金子仍是一个简单的自然存在物。而一旦被人的否定性（辩证法的否定性维度）所否定，那么它就得到了一个肯定性的存在（辩证法的思辨性维度），一个"包含着人的存在"的金戒指，它是人的创造物，是精神。这个精神一旦生成，又具有了某种客观性，它构成了与人，以及与自然的对立。

金戒指的比喻形象说明了自然、人与精神之间密不可分的关联性。但在这种关联性当中还包含着某种彼此间的独立性。他们的整合必然要与黑格尔的绝对精神所实现的和解区分开来。对于黑格尔来说，自我意识（科耶夫意义上的人）与他者（自然与精神）的和解意味着在他者当中，自我意识看到了他自身，或者形象地说来，即在他者那里，如同在家里一般。

---

① 科耶夫：《科耶夫给迪克淘一封信（1948年10月7日）》，夏莹译，《学海》2010年第6期。

其中，人成就了自然与精神，同时自然和精神也成就了人。因此对于黑格尔来说最为完善的个体是在完善共同体当中存在的个体。个体的人被融入到了共同体当中，其原本在辩证法中所包含的否定性维度最终消失了。但对于科耶夫来说，金戒指的隐喻表明了人的创造性始终是自然与精神得以存在的关键一环，它作为塑造戒指的那个圆环使金子失去了其自然存在状态，同时使精神打上了人的印记。金戒指是否能够存在，自然与精神是否能够获得存在的意义，关键仍在其与人的对立。自然与精神是人的否定对象，是人的自由的体现。因此，"金戒指"这个意象的整合并没有实现人和自然、人和精神的和解，恰恰相反，二者仍然对立着，正如科耶夫在这段话的结尾处所言："存在一个二元论，是因为精神或者人并不能从自然中推导出来，这种断裂是由富有创造性的自由产生的，所谓自由也就是对自然的否定"。

但在人的否定性和自由当中，自然与精神作为其时间性的前提获得了肯定性的存在却也是不争的事实。科耶夫通过这种所谓时间中的二元论最终完成了二元论与辩证法的结合。并在这种结合中凸显了人的存在的时间性维度。

要把黑格尔的精神现象学解读为哲学人类学，关键的一步在于指出现象学的展开过程正是人的存在的展开过程，并且这一展开的内在动力在于人的能动性所构筑的可能性空间。二元论的辩证法在凸显时间性维度的时候也将辩证法从一种逻辑运演方法转变为一种对存在状态的描述。由此黑格尔依赖辩证法的运演所展现的现象学也就可以转变为对人的历史性存在状态的描述。而后者正是哲学人类学所要完成的理论任务。

第二节　时间性概念

科耶夫构建哲学人类学所需要的第二方面的改造是对出现在《精神现象学》中的"概念"的内涵给予了改造。为什么如此关注黑格尔对"概念"的阐发，原因有两个方面：其一，概念在精神现象学的科学发展历程中具有举足轻重的地位；其二，是因为在科耶夫看来，辩证法之所以能够实现一种存在论的转换，其根源在于黑格尔所强调的辩证性的存在本身只是概念，而概念因为具有辩证性而必然与时间性存在相当的关联。这种独特的关于概念与时间的关系，是前黑格尔哲学所没有涉及的东西，然而它却对黑格尔构筑其体系具有重要作用。经过海德格尔思想的洗礼之后，科耶夫不可能再忽略时间以及时间与人的存在的关系问题。在科耶夫看来，概念等同于存在，存在又等同于时间性，于是概念就是具有了时间性的概念，而时间性的存在就是人的存在方式，因此以概念为基本元素的黑格尔哲学被解读为一种哲学人类学，就是顺理成章的事情了。

与对辩证法的分析一样，科耶夫首先是通过对哲学史的阐释来凸显黑格尔关于概念和时间的关系问题。从逻辑上看，概念与时间的关系具有三种不同的可能性：第一，概念与时间无关（概念是永恒）；第二，概念与无时间性的东西有关（概念是带有永恒性的东西）；第三，概念就是时间。按照这三种不同的可能性，科耶夫提出了四种哲学类型：第一种可能性，即巴门尼德和斯宾诺莎的观念，认为概念是永恒。也就是说，概念是非时间的。第二种可能性，认为概念是永恒的东西，但不是永恒，由此又分为两个不同的类型：其一：古代的或异教的变种，认为永恒的概念与永恒性有关，又分为两种：A. 永恒的概念与在时间之外的永恒有关（柏拉图），B. 永恒的概念与在时间中的永恒有关（亚里士多德）；其二，现代的犹太—基督教的变种，在科耶夫看来，这就是康德提出的永恒的概念联系于时间。第三种可能性：概念是时间。科耶夫认为这是黑格尔和海德格尔共同拥有的观点。第四种可能性，在科耶夫看来，其实不再属于哲学可以讨论的范围之内，因为它认为概念是时间性的（瞬息万变的）。概念是瞬息万变的，因而概念失去了确定性，而没有确定性的概念是不能被哲学所理解和把握的。因此科耶夫的视野仅仅停留在前三种可能性之上，而不再关注第四种可能性。下面，我们将予以具体分析。

一　巴门尼德—斯宾诺莎：概念 = 永恒（无时间）

在讨论概念与时间的关系之前，我们首先需要清楚的是：什么是概念？这是在黑格尔哲学体系中占据着重要地位的一个术语，同时也是科耶夫用以审视概念与时间关系的基石所在。在黑格尔哲学中，概念显然不是一个单纯意指某种东西的词汇。黑格尔所提出的"概念"主要针对的是近代自然科学影响下的知性思维方式。这一出发点就决定了黑格尔的概念必然不是知性思维中的僵死、固定的存在，而是一个本身能动的东西，遵循着辩证性的原则。"概念的普遍不单纯是一种共同东西，在它对面，特殊有其独立的持续存在，相反，概念的普遍是自己特殊化自己的东西，是在自己的他者中明晰清澈地依然存在于自身的东西。"① 概念的能动性来自于它的具体的普遍性,即它内在的差异性和它系统的规定性。它既是一又是多,既是有限又是无限,既是普遍又是特殊,既是原因又是结果。它自身包含有差异、对立和矛盾。在概念的自我发展中,所有这一切对立作为概念本身的构成要素得到克服。

由此可见,概念在黑格尔哲学中是一种整体性,他本身就是各个片面的一种综合。正如科耶夫所认为的那样:"把对真理的所谓概念性理解的整体一致性称之为概念,事实上,真理总是一个广义的'概念',也就是说,拥有意义的一致性整体。"② 所以理解概念,就是理解真理,概念是真理的一种词语上的显现。于是概念与时间的关系问题在本质上可以还原为真理如何显现的问题。这是科耶夫在讨论概念与时间的关系问题时实际意指之所在。

在科耶夫看来,巴门尼德、斯宾诺莎和黑格尔都认为真理应该是一个封闭的圆圈(只不过前两者认为概念是永恒,后者则认为概念是时间)。并且真理显现于思维与存在的同一之中,因为从巴门尼德开始,西方哲学就形成了一个根深蒂固的观念:"能被思想的和能存在的是同样的东西。"③而在科耶夫看来,无论是巴门尼德、斯宾诺莎,还是黑格尔,都存在一个共同的问题,即都没有反思存在。因为在存在与思维同一的前提下,存在本身就被视为一种思维。"在这两种情况下,即在巴门尼德—斯宾诺莎和黑格尔那里,没有对存在的'反思'。在这两种情况下,存在自身就是在其自身中被反映,并通过概念——更确切的说——作为概念反思自身。"④进一步的问题在于与存在相统一的思维是否具有时间?正是在这一问题上,巴门尼德、斯宾诺莎与黑格尔从根本上区分了开来,因为在前者那里,思维或者说概念是没有时间的,它凸显了概念与永恒的等同;而在后者那里,概念就是时间,它凸显了概念与时间的关联。

在科耶夫看来,如果认为与存在相统一的思维(概念)是无时间的,

---

① 黑格尔:《小逻辑》,贺麟译,商务印书馆1980年版,第298页。

② Alexandre Kojève, *Introduction to the Reading of Hegel*, Cornell University Press, 1980, pp. 100 – 101.

③ 转引自姚介厚《西方哲学史》,(第2卷),凤凰出版社、江苏人民出版社2005年版,第212页。

④ Alexandre Kojève, *Introduction to the Reading of Hegel*, Cornell University Press, 1980, pp. 117 – 118.

那么将是"荒谬的"。之所以是"荒谬的",是因为"这个体系被认为是由一个人来创造的。而这个人实际上需要时间来构造这个体系"①。甚至于表达这种存在的概念也需要时间来被人"说出",这是一个真实生活情景的显现。在现实的生活中,我们都无法忽视这种"时间"的存在,我们必须要通过某一段时间来完成某一件事情,哪怕说出一个词,也需要时间。这就是科耶夫的"现象学"。他正是用这种现象学来驳斥巴门尼德—斯宾诺莎体系的荒谬性。科耶夫的阐发再次显现了其海德格尔与马克思思想的理论背景,即对真理的探求不得不回到活生生的、现实的人的现实存在中去。

从现实的人的现实存在出发,巴门尼德、斯宾诺莎的无时间的概念无疑是荒谬的。因为它否定了真理(完整的概念)本身是被某个生活在时间中的个人在时间中书写出来的基本事实。就以斯宾诺莎的《伦理学》为例,"《伦理学》是按照一种不是可以用既定的人的语言来理解的方法写成的。因为《伦理学》解释了一切,除了一个生活在时间中的人撰写它的可能性。如果《精神现象学》能解释为什么《逻辑学》出现在历史的这个时刻,而不是出现在历史的另一个时刻,那么《伦理学》就能证明它自己在任何一个时刻出现的可能性。总之,如果《伦理学》是真实的,那么它只能由上帝来撰写;我们要记住,由一个没有化成肉身的上帝来撰写"。②

由此,科耶夫做出了这样一种区分:"我们能以如下的方式确定斯宾诺莎和黑格尔之间的区别:黑格尔在思考或撰写《逻辑学》的时候成为上帝;或者也可以说——黑格尔在成为上帝的时候思考或撰写《逻辑学》。相反斯宾诺莎必须成为不朽的上帝,才能思考或撰写《伦理学》。"黑格尔在过程中体验真理,是生成性的,真理(完整的概念)因此获得了时间性,斯宾诺莎则直接就是真理的代言,自身就是上帝,在向人间布道,由此,科耶夫作出这样的断言:"认真地看待斯宾诺莎,实际上就是疯子——或变成疯子。"③用象征性图形来表示,在黑格尔和斯宾诺莎之间存在着一个共同的东西,即一个同质的圆圈。只不过,在黑格尔那里,这个圆圈是一个大的时间性的圆圈,而在斯宾诺莎那里,则是一个小的上帝的

---

①　Alexandre Kojève, *Introduction to the Reading of Hegel*, Cornell University Press, 1980, pp. 119 - 120.

②　Ibid. , p. 120.

③　Ibid.

圆圈。只有上帝，没有人。但在科耶夫看来，这个相同的封闭的圆圈具有根本性的意义。因为巴门尼德—斯宾诺莎的无时间性的真理只能为有神论作证，黑格尔的时间性的真理，则可以对人的存在进行诠释。人在生成的过程中（即在时间中）体验真理，表达真理。巴门尼德—斯宾诺莎在无时间中宣布真理。于是只有一个全知全能的上帝的存在才能真正显现巴门尼德—斯宾诺莎的真理（完整的概念）。因此，在巴门尼德—斯宾诺莎的体系中，没有人的存在。

二　柏拉图—亚里士多德：概念 = 永恒性的东西

柏拉图—亚里士多德的哲学将观念的世界视为一个理念的世界，它与瞬息万变的（temporal，也即时间性）世界之间是两个完全异质的世界。在柏拉图那里，存在的两个世界，一个是现实的现象世界，一个是理念的世界，二者之间存在着对应关系。比如说在现实世界中存在着狗这种动物，那么在理念世界中就存在着狗的理念。现实世界是变动不居的，是时间之中的世界，理念世界则是永恒的，是时间之外的世界。因此，在柏拉图那里，理念是永恒的，是在时间之外的，进而言之，理念是没有时间的。在科耶夫看来，柏拉图哲学在本质上将导致神秘主义的一神论。因为理念既然超越于时间，也就是超越于现实世界之外，那么它将演变为一个超验的存在，即上帝。在科耶夫看来，当柏拉图将这个永恒的理念放置到时间之外的时候，他忽视了有意义的话语是被实在的、经验的存在的人说出的。"柏拉图忘记了在赫拉克里特的河里有奔腾不息的水流。"[1] 这样，人的现实生存再次成为打通超验世界与现实世界的桥梁。这是科耶夫思想的典型理路。在这里，任何概念（包括柏拉图的理念，科耶夫将其解读为概念）都必须被现实的人在现实的时间之中说出来之后才是可能的。

科耶夫认为，亚里士多德在某种意义上克服了柏拉图的缺陷，将那个超验的存在放置到了时间之中。尽管他同样承认在现实的狗之外还存在一个永恒的狗的理念，但这个永恒的狗的理念也在时间之中存在。进而言之，具体的狗在变化着，但一般的狗，即狗的物种却不会变化，换言之，物种是永恒的，但又在时间之中。因此在亚里士多德看来，作为永恒的东西而存在的理念（概念）本身在现实世界之中，随着时间的流变而显现着

---

① Alexandre Kojève, *Introduction to the Reading of Hegel*, Cornell University Press, 1980, p.114.

自身。

由此，如果说柏拉图在时间之外的概念最终导致了一神论，那么亚里士多德在时间之中的概念则导致了多神论。因为在时间中流变使得概念不再是一个单一的超验的存在，它蕴含于多种多样的物种之中，因此蕴含着多神论的种子。然而不管是一神论，还是多神论，柏拉图和亚里士多德的哲学体系都没有能够实现对神学的突破，在这一点上，他们与巴门尼德—斯宾诺莎的概念体系没有本质的差异。然而，由于他们承认现实世界的存在，因此人的存在在其中有了一定的地位。但在神学体系中，人的这种地位也仅仅是为了证明神的存在，不管是唯一的神，还是多个神。"只有把人联系于永恒，才能有一种关于人的绝对知识。"① 因此这里的人没有自由，也外在于历史，"人承受历史，但不创造历史"②。总之，当巴门尼德—斯宾诺莎，柏拉图—亚里士多德将概念等同于一种永恒或者永恒的东西的时候，概念本身就是无时间的存在，那么他们的最终归宿必然是有神论的。而人在神的世界中是没有自由的，人不过是神的意志的一种显现。因此在这里，人的存在，以及人的存在所展开的历史都无从谈起。

三 康德：概念＝作为时间的时间

海德格尔认为对于时间问题的真正关注始于康德。追随海德格尔的科耶夫也做出了这样一种判断："康德以一种闻所未闻的勇气把概念联系于时间。"③ 在巴门尼德—斯宾诺莎与柏拉图—亚里士多德的哲学体系中，概念总是与永恒或者永恒性相关联。因为概念与存在之间没有关系，存在即是概念，于是概念在本质上是自己解释自己，并没有与现实世界有任何关系。

然而这在康德哲学中是不可理解的，康德在其著名的命题中表达了这一思想："思维无内容是空的，直观无概念是盲的。"④ 在科耶夫看来，"人不能从他的自我——在其自身中的自我——意识的内容中取出任何东西，人的自我是一个没有内容的点，一个空的容器，（多样性的）内容必须被给予它，而内容必然来别处。或者这样说：为了有真正的认识，人

---

① Alexandre Kojève, *Introduction to the Reading of Hegel*, Cornell University Press, 1980, p. 115.

② Ibid.

③ Ibid., p. 117.

④ 康德：《纯粹理性批判》，邓晓芒译，人民出版社2004年版，第52页。

进行思考是不够的；还必须存在着人所思考的对象，这个对象独立于人的思维活动。或者也可以说，正如康德所说的：人的意识必然有两个构成要素：概念和直观，直观呈现出一个被给予人的，但不是由人产生的，或来自于人的或者在人那里的内容。"① 因此经验性的、时间性的存在是概念得以形成的基本条件。永恒的概念需要通过知性将直观转变为可以认知的对象。知性是多样性的统一，这种统一性显现为十二对范畴，它们在某种意义上也是永恒的、无时间的。然而在科耶夫看来，康德发现了十二对范畴统一的多样性是必然需要具有时间性的：

> 　　因此，在我们看来，知识——多样性的统一，只能在时间中进行，因为把不同的东西等同起来已经是时间。我们通常知道，人的概念出现在时间的任何一刻；我们知道，人需要时间来进行思考。但是，康德第一个发现，这对人来说不是偶然的，而是本质的。人在其中进行思考的世界因而必然是一个时间性的世界。如果人的实际思维联系于在时间中存在的东西，那么康德的分析表明，是一般的时间使实际的思维活动成为可能。换句话说，我们之所以能使用永恒的概念，只是在于把它们联系于作为时间的时间，即正如康德所说的，联系于使之"图式化"的条件。②

　　由此可见，在科耶夫所阐发的康德哲学中，时间并不外在于概念，反倒是它使概念成为可能，也就是说，现实的世界作为直观，即一种时间性存在是概念形成的前提，然而"为了能把（永恒的）概念应用于时间的东西，首先应该使概念'图式化'，即把它应用于作为时间的时间。这后一种应用是'在'时间'之前'或者'在'时间'之中'进行的。它是先天的，即不可改变的和始终有效的。绝对知识因而是（永恒的）概念和时间之间的关系的整体；这就是'综合原则'；这就是康德的本体论"。③

　　概念要把握具有时间性的世界，同时自身也要首先是时间性的，它要

---

①　Alexandre Kojève, *Introduction to the Reading of Hegel*, Cornell University Press, 1980, p. 125.

②　Ibid. , p. 127.

③　Ibid. , pp. 127 – 128.

被时间"图式化"，成为时间的存在，从而才能真正理解时间性的世界。然而概念的时间化并不是经验性的，它是"时间的时间"，是使时间性的世界得以被理解的前提。所以对比说来，在巴门尼德—斯宾诺莎的体系中，概念是无时间的，同时概念也与现实世界（时间性的世界）无关。在柏拉图—亚里士多德那里，概念是无时间的，但概念需要现实世界（时间性的世界）与之对应，在亚里士多德那里，概念甚至已经成为必须在时间中存在的概念。然而，在康德这里，概念不仅要在时间中，即在现实的世界中找到自身成立的前提，同时概念自身还必须被时间的图式所"图式化"。因为只有本身就是时间性的概念才能理解时间性的世界。因此，概念在康德那里与时间的等同并不等同于现实的时间，毋宁说，它是现实时间得以成立的条件。因此康德虽然将概念视为一种时间，但这一时间是一种抽象的图式，它是在时间之前的时间。

于是，康德的时间是一种先验的观念。因此即便概念与时间等同起来，它们也是一种抽象的等同。人作为现实的存在所具有的时间性仍然不能真正和概念等同起来。概念仍然是超验的，它存在于人的世界之外，作为一个绝对真理而存在，由此，具有时间性的人的存在与等同于抽象时间的概念之间仍然是异质的，于是虽然经过知性，概念可以被理解，直观也可以被把握，但物自体（在此即现实的时间性的人的存在）仍然被悬置到了彼岸世界。所以科耶夫指出："如果哲学试图达到一种关于人，我们所设想的人的绝对知识，那么哲学必须接受第三种可能性。这就是黑格尔所做的，他说，概念是时间。"①

四　黑格尔：概念是时间

在科耶夫看来，"不把概念和时间等同起来的哲学家不可能理解历史，即我们每一个人都知道的人的存在，即自由的和历史的个体性"。② 哲学人类学的真理就在于完整地描述人的存在及其历史。在科耶夫看来，从巴门尼德以来，只有黑格尔达到了这一点，即将概念看作就是时间。

黑格尔哲学中的时间问题是一个相当复杂的问题。海德格尔在《存在与时间》中曾经对此做了一种分析。他指出黑格尔哲学中的时间是外在于

---

① Alexandre Kojève, *Introduction to the Reading of Hegel*, Cornell University Press, 1980, p. 130.
② Ibid. , p. 132.

精神的，而精神的本质就是概念，因此时间外在于概念。尽管概念作为否定之否定的过程具有一种时间性，然而这种时间性，在海德格尔看来不是概念自身所具有的，而是概念作为一个外在于时间的存在落入到"时间"之中的。由此可见，在海德格尔的视阈中，黑格尔的概念并不就是时间，两者是相互独立而外在的。具有时间性的存在是一种生存论的存在方式，然而概念落入时间，仅仅表明概念的形成是一个过程，其抽象性并未改变。因此在海德格尔那里，黑格尔在时间问题上并没有超越康德。甚至比康德对时间的看法距离生存论更为遥远。

然而科耶夫却没有放弃这样一个沟通海德格尔与黑格尔的绝好契机。就这一点而言，科耶夫与海德格尔的观点背道而驰。在科耶夫看来，黑格尔的概念不是外在于时间的独立存在；相反，概念就是时间，时间就是概念。就此，科耶夫还特别将黑格尔与康德对这一问题的看法做一比较，以凸显黑格尔对时间问题的独特性。"黑格尔明确表达（因而改变）康德图式理论。在康德看来，概念（＝范畴）适用于给定的存在（Sein），因为时间被当作概念的图式，即中介。但这种'中介'纯粹是被动的，时间是直觉、直观。相反，在黑格尔那里，'中介'是主动的；他是一种对给定物的否定行动（Tat 或 Tun），斗争和劳动的活动。不过，对（存在的）给定物，对'呈现的东西'的这种否定是（历史的）时间，（历史的）时间是这种主动的否定。在黑格尔那里如同在康德那里一样，时间能把概念应用于存在。但是在黑格尔那里，以概念思维为中介的时间被'物质化'了；它是一种运动，一种辩证的运动，这就是说，它是主动的，因而是（新事物的）否定者，改造者和创造者。"①

可见，在康德那里，时间进入概念，但代表时间的直观仅仅是概念形成的条件。没有它，概念不过是一个无内容的形式，然而这种直观如何进入概念，从而使概念触及存在，成为统一性的真理，在康德那里还是一个晦暗不明的问题。于是时间成为了一个抽象的范畴。而在黑格尔那里，时间本身被视为一种运动，它通过否定给定物，构造了一个过程。在这个过程中，概念触及了存在，并最终达及真理。于是时间成为了一个动态的中介，而不再是一个抽象的范畴。"因此：在康德那里，时间是'图式'和

---

① Alexandre Kojève, *Introduction to the Reading of Hegel*, Cornell University Press, 1980, p. 142, 注解 33。

被动的直觉；在黑格尔那里，时间是'运动'和有意识的和有意志的'活动'。"① 正是在这种时间的运动中，概念逐渐形成了自身，成为了时间的"物质化"。

为了进一步理解这一点，科耶夫为我们阐发了《精神现象学》中的另一句话：在《精神现象学》第七章中，黑格尔说："一切概念理解等于一种杀死。"② 这究竟是什么意思？科耶夫解释说：只有当意义体现在一个定在的实体中，这个意义和本质才是活着的。如一条现实中存在着的狗，其意义和本质在狗的具体存在中显现着，因而是活着的。然而，一旦当狗不再是现实中存在着的狗，而成为了一个概念的时候，其意义和本质就死亡了。因此，概念化的理解等于一种谋杀。应当说，科耶夫的这一阐释非常符合我们日常的看法。然而需要注意的是，科耶夫并没有就此引出概念是抽象的、非具体的结论。恰恰相反，他得出的却是概念具有时间性，因而必然是具体的结论，这又如何可能？

原因在于"在黑格尔看来，之所以有'狗'这个概念，仅仅是因为实在的狗是一个时间的实体，即一个本质上有限的或终有一死的实体，一个每时每刻消失的实体：概念是空间中实在事物消失的永久保存，而这种消失本身不是别的，就是时间"。③ 由此可见，一方面因为实在事物在概念中消失了，或者说概念"谋杀"了实在事物；另一方面，时间作为一种消失，是过去的消失，过去消失在现在之中，并昭示着未来。只有在过去、现在与未来的关系之中，时间才是存在的。而概念作为一种语词形式将过去的实在事物凝固化，实现了时间的存在或者说在场，在这一过程中概念本身也成为了时间。

显然，如果我们承认了这种概念与时间的等同，那么我们就不得不承认科耶夫对黑格尔时间观的阐发。在这种阐发中，黑格尔的"时间"成为了海德格尔意义上的"时间"的翻版。它的基本特质就是将来优先。这是人所特有的时间，而非物理时间——虽然科耶夫指出黑格尔在《精神现象学》之外的著作中还强调存在宇宙物理的时间，但科耶夫认为这首先是不

① Alexandre Kojève, *Introduction to the Reading of Hegel*, Cornell University Press, 1980, p. 142, 注解33。

② 转引自科耶夫《黑格尔导读》，姜志辉译，译林出版社2005年版，第442页。

③ Alexandre Kojève, *Introduction to the Reading of Hegel*, Cornell University Press, 1980, p. 141, 注解32。

正确的，同时更不能代表黑格尔的真实思想。将来优先彰显了人的本真状态，即生成性。它主要体现在生存着的人既是过去的沉淀，又是指向未来的存在，而这个未来正是死亡。因此与概念等同的时间可以归结为：以将来优先为原则的时间观念。

如果停留于对这种时间观的描述，那么科耶夫无疑仅仅完成了对海德格尔思想的一种重述。然而，一个始终不变的事实在于科耶夫的思想从来都是基于黑格尔来言说海德格尔，所以海德格尔的这一思想在黑格尔哲学中的显现才是科耶夫关心的重心所在。那么，黑格尔哲学如何显现这种以将来优先的"时间"？科耶夫认为问题的关键在于黑格尔论述自我意识的过程中所强调的"欲望"："由将来产生的运动——就是产生于欲望的运动。即人特有的欲望，创造的欲望，针对一个在自然的现实世界中不存在和以前也不存在的实体的欲望。仅仅在这种情况下人们才能说运动是由将来产生的：因为将来——就是（还）不存在的东西和（曾经）不存在的东西。然而，我们知道，只有针对一个作为欲望的其他欲望，欲望才能针对一个绝对不存在的实体。"①

既然由将来所引发的匮乏和空虚在黑格尔哲学中成为了欲望的显现，那么科耶夫断言，黑格尔的时间就是这种欲望的运动。并且欲望作为人的生存方式成为了理解人的历史的一个切入点。因为欲望带来对现实世界的否定，否定现在才能指向将来。历史在这一否定中形成了。然而动物的欲望从来不能否定现实，因此它只能导致空间意义上的生存，只有人的欲望则在否定现实中显现了时间性的存在。因此，只有人有历史，也只有人是时间性的存在，同时时间也就是人的存在。"断言人是时间，就是断言黑格尔在《精神现象学》中关于人所说的一切。"②

随之而来的问题是，如果时间就是人，人也是时间，那么当概念即是时间的时候，人也就是概念。"人就是这样的概念：作为在世界上唯一会说话的存在，人是具体化的逻格斯，成为肉体和作为在自然世界中的一种经验的实在事物而存在的逻格斯。"③ 而关键的关键在于，在黑格尔那里，概念就是精神，是精神现象学所试图显现的对象。这个对象的发展历程构

---

① Alexandre Kojève, *Introduction to the Reading of Hegel*, Cornell University Press, 1980, p. 134.
② Ibid. , p. 139.
③ Ibid. , pp. 139 - 140.

成了精神现象学的理论历程。因此，当人通过时间的中介成为概念的时候，黑格尔的整个精神现象学就不再是讨论精神的历史，而直接成为了对人之历史的一种描述。黑格尔的精神现象学由此被科耶夫变成了一种哲学人类学。

　　我们按照科耶夫的哲学视野对概念与时间的关系做了一种哲学史上的梳理。这种梳理虽然是粗糙的，但却遵循了科耶夫的基本脉络。在这一脉络的展开中，我们可以看到，科耶夫是如何凸显了黑格尔对时间问题的独特看法，更为根本的是如何将海德格尔的时间理论放置于黑格尔的哲学之中，从而完成了将时间等同于概念，从而使时间进入了哲学。在我们看来，这不仅是将整部精神现象学转变为哲学人类学的关键一步，同时也是科耶夫融合海德格尔与黑格尔思想对时间问题的一种推进，并在此基础上完成了对哲学史的一种富有特色的重述。

第 六 章

科耶夫欲望理论的历史构成和
生存论结构

通过对"现象学"、"辩证法"以及"概念"等黑格尔哲学中基础性要素的探讨，我们对科耶夫思想的一个起点，同时也是他的落脚点，即哲学人类学有了一个基本的把握。简而言之，精神现象学所彰显的精神发展的历史，在科耶夫这里被转换为一种人的存在及其历史的展开过程。这种阐释是否符合黑格尔哲学的"原义"不是我们讨论的问题。我们所关心的是科耶夫哲学人类学的基本性质，它绝非作为一门经验科学的人类学的一个分支和组成部分，而是一种哲学。这一哲学关注的核心和首要问题乃是人。换言之，哲学人类学乃是从哲学层面上对人进行研究，人在这一哲学中占据着最为突出的位置。

值得注意的是，科耶夫在研究人的时候，总是将其和历史结合起来予以研究。这一点体现出了黑格尔的影子。众所周知，巨大的历史感是黑格尔哲学的基本特性，"黑格尔的《现象学》及其最后成果——作为推动原则和创造原则的否定性的辩证法——的伟大之处首先在于，黑格尔把人的自我产生看作一个过程，把对象化看作失去对象，看作外化和这种外化的扬弃"。① 可以说，把历史性原则纳入哲学视阈是黑格尔的一大贡献。科耶夫无疑充分吸收了这一成果，并予以进一步展开，最终使历史性成为呈现人的地平线。这样，对科耶夫历史性的研究就成为一个前提性工作。

第一节　历史性与历史观

目前学界已经展开的对科耶夫思想的研究大多集中在对其"历史观"的研究之上。这一历史观被称为以主奴辩证法为主导的历史辩证法。这一

---

① 《马克思恩格斯全集》第42卷，人民出版社1979年版，第163页。

历史辩证法在总体上包括三个历史发展阶段：第一阶段，人性的实存完全被主人的实存所规定，主人显现着它的本质，因为主人的主宰通过斗争直接成为现实。第二阶段，人性的实存被奴隶的实存所规定，但奴隶的主宰状态只是一种可能性，它通过劳动转换为现实性，但却没有获得主人意义上的承认。第三阶段，中性化的、综合的人性的实存，这种人既非主人也非奴隶，他能够在相互承认中把自己本身原有的可能性现实化，由此来实现自我显示①。这三个阶段如同三个不同的历史时期，似乎可以成为人们描述历史的一种方式。由此形成了所谓主人统治时期，奴隶统治时期，以及普遍而同质的国家形成时期。由于科耶夫将这不同的历史时期与黑格尔意识的不同发展阶段相比，并利用黑格尔将拿破仑视为马背上的绝对精神的契机，将拿破仑及其主宰的耶拿战争看作是人类历史的终结点。这样科耶夫思想所直接引发的就是人们对社会历史发展阶段的一种理解。人们习惯于将科耶夫的主奴辩证法看作是一种历史辩证法，也就是一种历史观。

　　然而这种理解必将带来一个问题，即这种历史观缺乏一种现实性，它几乎无法用来解释任何地区、国家所经历的真实历史发展过程，人们甚至可以将其视为一种荒唐的理论假想。人们曾经指责科耶夫的"历史终结论"无法解释两次世界大战的爆发，以及冷战的形成等诸多现实问题，而科耶夫对此反应却是置之不理。在我们看来，这种理解所带来的最为严重的后果，是它导致人们将注意力过于集中于科耶夫的"历史观"及其在政治哲学领域中的巨大影响力之上，而忽视了其在纯粹哲学层面上的重要贡献。基于此，我们认为将科耶夫的主奴辩证法被简单地解读为一种历史观是严重的误读。这一误读之所以产生，其重要原因在于忽视了科耶夫所特有的哲学背景。如果我们把握并坚持科耶夫的哲学人类学是运用海德格尔思想来阐释黑格尔精神现象学的一种结果，那么这些问题将获得一种新的解读视阈。

　　对于海德格尔来说，历史学与历史性是两个不同的概念。历史性的展开绝不是现实的历史本身。在他看来，历史性乃是历史学得以成立的前提和基础。"历史之谜就在于：何为历史性地存在。"② 那么，究竟什么是历史性呢？在海德格尔那里，历史性与此在的展开以及时间性有着直接的等同性。于是

---

① 参见科耶夫《对〈精神现象学〉前六章的概括解释》，《哲学译丛》1997 年第 2 期。
② 《海德格尔选集》（上卷），孙周兴选编，上海三联书店 1996 年版，第 24 页。

为了阐释历史性的存在,我们必须清楚的是海德格尔的时间性以及此在的基本内涵。

简单说来,此在是时间性的存在。对于海德格尔来说,"着眼于时间来看,这就是说:时间的基本现象是将来"。① 时间性的本质规定在于将来优先,在时间中,意味着曾在、当下存在不过是面向未来存在的不同维度。时间不是过去、现在和未来的三个不同点所构成(这是亚里士多德以来的物理学所规定的时间概念),而是一个不曾间断的,面向将来的流。那么历史性又是怎样的呢?它和时间性的关系如何?海德格尔指出:"然而时间性也就是历史性之所以可能的条件,而历史性则是此在本身的时间性的存在方式;……历史性这个规定发生在人们称为历史(世界历史的历史)的那个东西之前。首须以此在为基础,像'世界历史'这样的东西才有可能,这些东西才历史地成为世界历史的内容;而历史性就意指这样一种此在的历史的存在法相。在它的实际存在中,此在一向如它曾是的那样存在并作为它已曾是的'东西'存在。"②

通过对这段集中阐释时间性、历史性和此在的文字的细读,我们可以知道,其一,既然"时间性也就是历史性之所以可能的条件",那么这就意味着历史性也是一个面向将来的存在过程,它不能被抽象的定义所固定;其二,既然"历史性这个规定发生在人们称为历史(世界历史的历史)的那个东西之前",那么这也就意味着历史性在逻辑上优先于历史本身,进而言之,历史性乃是人们通常所说的历史以及历史学得以成立的前提和基础。也就是说,阐释现实历史事实的历史学或者历史观得以成立的存在论基础,要依赖于对历史性的探讨。那么对历史性的探讨又依赖于什么呢?海德格尔的回答是明确的,在于此在。因为历史性是"此在本身的时间性的存在方式","历史性就意指这样一种此在的历史的存在法相",因此切入历史性的关节之点就在于此在,在于对此在存在方式的分析。

此在(Dasein)多见于海德格尔早期的论著之中,特别在其《存在与时间》之中,此在占据着核心位置。就像有学者所指出的那样:"要真切地理解《存在与时间》,既不能直接从'存在'入手,也不能从'时间'

---

① 《海德格尔选集》(上卷),孙周兴选编,上海三联书店1996年版,第19页。
② 同上书,第51页。

入手，而只能以缘在（Dasein）为一条基本线索而向深处展开。"① 在一般意义上讲，此在乃是对人的一种称谓。海德格尔之所以不用人、主体等大家比较熟悉的概念，是因为在他看来，这些概念已经被传统形而上学所"污染"，从而打上了传统形而上学的烙印。一看到主体这样的概念，人们就或自觉或不自觉地运用传统形而上学主客体对立的思维框架来对待它，这样就必然误解海德格尔。为了避免误解，海德格尔弃传统概念于一边，专门使用"此在"（Dasein）一词。此在，简单地讲，就是存在在此，这就非常清楚地展现出此在与存在的关系。

科耶夫尽管深受海德格尔的影响，但他绝不是无批判地全盘照收。在此在一词上，他就持保留态度。因为他也同时受到马克思的影响，在他看来，"此在"这一称谓过于隐讳，难以容纳马克思所阐释的现实生活、劳动、斗争等思想，因此科耶夫依然使用"人"这一似乎有些陈旧但却最为直接、最为鲜明的称谓，把自己的学说称为哲学人类学。在哲学人类学的视阈下，海德格尔的"历史性通过此在的存在状态得到揭示"的思想就被还原为"历史性需要通过人的存在状态，或者说对人的本质的界定来得以彰显"。应当说这同样显现着海德格尔的影子，特别是闪烁着海德格尔后期对人道主义批判的灵光。但无论如何，对于科耶夫来说，"人是什么"都是一个需要首先予以回答的问题。

在阐述黑格尔《精神现象学》第四章 A 节部分的时候，科耶夫就将对自我意识的阐发转换为了对"人是什么"的阐发。这种转换在科耶夫看来是必须首先完成的任务，因为他在黑格尔精神现象学中所要阐发的是一种历史性。而切入历史性的"关节点"在于人，只有把握了人及其存在方式，才可以澄明历史性。科耶夫以一种独特的方式把人"打开"并呈现出来。而贯穿这一过程始终的一个核心问题就是作为主人的人与作为奴隶的人的生存状态。因此科耶夫主奴辩证法所构筑的三个相继的历史发展阶段从来都不是对现实历史的真实描述，而仅仅是对历史性的一种展开。只有立足于这一点，我们才可以理解为什么在科耶夫的历史辩证法中缺乏历史的真实性，为什么这种历史辩证法的切入点是对人之本质的探讨。对这些问题的最直接回答就是科耶夫的历史辩证法不是对历史学的研究，而是对

---

① 张祥龙：《海德格尔思想与中国天道》，生活·读书·新知三联书店 2007 年版，第 91 页。作者把 Dasein 译为"缘在"。

历史性的探讨。在他看来，历史性是历史学得以成立的前提，是历史之谜的真正解答。①

第二节　欲望的历史构成

历史性的分析需要以对人的存在论分析为切入点，这是海德格尔为科耶夫所提供的理论路径。科耶夫在论述历史性之展开——主奴辩证法的时候首先提出的问题就是："人是什么"从表面上看，这一问题与传统形而上学的追问并没有什么不同，但实质上是不同的。这一不同体现在对这一问题的回答上。传统形而上学力图通过归纳或演绎得到一个本质性规定来给人下定义。科耶夫则根本不然，他的工作在于对人进行生存论意义上的阐释。这种阐释展现的是人怎样生存，换言之，科耶夫是通过展示人的生存方式来回答"人是什么"的问题。严格来讲，科耶夫的问题式应当是："人怎样（生存）"在他看来，弄清"人怎样（生存）"的问题远比给人下一个抽象的定义重要得多。

关于对人的生存论分析，海德格尔在《存在与时间》中的工作无疑具有典范意义。他把畏、烦、好奇以及操心等一系列在传统形而上学看来属于非理性因素之列而排除在外的东西纳入人的生存论结构予以重点阐释。比如情绪，在传统哲学看来情绪是与理性直接相对的感性的东西，而哲学是理性的事业，因此，情绪是哲学首先需要排除的东西。海德格尔则将其纳入哲学的视阈之中予以重点分析。在他看来，正是这些非理性的感性的东西构成了理性的基础（当然这里的感性也是经过"洗礼"的，不是纯然的感觉）。应当说，海德格尔在《存在与时间》中工作的主要价值在于开辟了一条新的路径，并身体力行地进行了具有典范意义的示范。这也就意味着，海德格尔的工作是不全面的，进而言之，他遗留了许多有待完成的工作。对此，海德格尔本人也有清醒的认识，他曾经指出他"不会打算提

① 海德格尔也曾这样明确指出："作为本真的历史，过去是可以在'如何'中回复的。通达历史的可能性根植于这样的一种可能性，任何一个当下的当前就是按照这种可能性理解将来存在的。这乃是一切解释学的第一原理。这一原理对于此在之存在有所言说，而此在就是历史性本身。只要哲学把历史当作方法的考察对象来分析，哲学就决不能获得历史的根本。历史之谜就在于：何为历史性地存在。"（《海德格尔选集》（上卷），孙周兴选编，上海三联书店1996年版，第24页。）

供一种完备的此在存在论；如果要使‘哲学’人类学这样的东西站到充分的哲学基地上面，此在存在论自然还必须加以扩建。如果意在建立一种可能的人类学及其存在论基础，下面的阐释就还只是提供了某些‘片断’，虽然它们倒不是非本质的”。①

可见，海德格尔的工作需要延续，“要使‘哲学’人类学这样的东西站到充分的哲学基地上面，此在存在论自然还必须加以扩建”②。于是舍勒站了出来，将人的“羞感”引入了哲学，梅洛—庞蒂站了出来，将人的“肉体”引入了哲学，科耶夫也站了出来，将人的“欲望”引入了哲学。应当说，欲望带有最为强烈的感性色彩，一向被看作人的自然性存在而为哲学所不齿。科耶夫恰恰要将其引入哲学，并且把它作为一把利剑来穿透传统形而上学“意识内在性”的神话。

一　欲望与人的存在

在科耶夫那里，欲望成为人的生存论结构。问题在于这又是如何可能的呢？还要回到黑格尔的《精神现象学》。在对《精神现象学》的创造性解读中，科耶夫通过对自我意识的分析切入了问题。在此又出现了一个有意的误读。通过上面的研究，我们可以知道科耶夫将黑格尔的精神现象学阐释为一种哲学人类学，这样，黑格尔哲学中的精神或者说意识在科耶夫的视阈中就成为了人本身。人是有意识的存在，因此意识与人具有等同性，尽管这种等同性在黑格尔的研究者看来不无武断。

接下来的问题至为关键，既然人是有意识的存在，那么人所拥有的意识究竟是一种怎样的意识？它是否等同于与客体相对立的主体意识呢？这是理解科耶夫的关键环节。在科耶夫的《黑格尔导读》中，无论是英文版，还是中文版，科耶夫对第四章 A 节的注释因其内容的重要性而被提前到了代序的位置上来，致使我们打开此书看到的第一句话就是：

> 人是自我意识。人意识到自己，意识到人的实在性和尊严，所以人本质上不同于动物，因为动物不能超越单纯的自我感觉的层次。当

---

① 《海德格尔选集》（上卷），孙周兴选编，上海三联书店 1996 年版，第 47 页。
② 海德格尔：《存在与世界》，陈嘉映、王庆节译，生活·读书·新知三联书店 2012 年版，第 20 页。

人"第一次"说出"我"的时候，人意识到自己。因此，通过理解人的"起源"来理解人，就是理解由语言揭示的自我的起源。①

这段话蕴含了以下几层意思：第一，人是自我意识——一种能够意识到自我的意识。第二，人要在意识到自己的过程中发现自身存在的真实性，就这一点来说，人不同于动物，然而当科耶夫强调"动物不能超越单纯的自我感觉"的时候，也就从反面说明了人可以超越单纯的自我感觉，但却显然要以自我感觉为基础的一种存在。第三，要"通过理解人的'起源'来理解人"，而这种起源需要借助于语言来揭示，具体而言，就在于人在何种情况下在语言中说出一个"我"。

问题最终被归结到了语言之上，被还原为一种特定的语言场景：人在怎样的情景下可以完全说出一个"我"。为了解决这一问题，科耶夫首先批判了用"思维"、"理性"以及"知性"来反思我的存在的路径。这一路径无疑代表了笛卡尔以来以"我思"为标尺的西方近代哲学传统。在这一传统中，"我思"作为存在的基础乃是自明的。然而在科耶夫看来，当人们处于这种沉思之中的时候，并不能真正地发现"我"。因为在"我思故我在"的推论中，我思的结果是我思之对象——我在，在这个过程中，沉思的对象成为主导，我思之后，我们只能说出"我思的是什么"，而不能说出一个"我"。"进行沉思的人完全被他所沉思的东西'吸引'；'认识的主体''消失'在被认识的客体中。沉思揭示客体，而不是揭示主体"。②

那么被沉思的对象所吸引的人，如何才能返回自身呢？科耶夫认为只能通过欲望。例如当人们感觉到饥饿的时候，想吃饭的欲望使人发现了自己的存在，人们在这个时候总会自然而然地说出："我——饿了"。当人们说出"我……"的时候，自我作为一个存在彰显了出来。"正是一个存在的（有意识）欲望构成了作为自我的这种存在，并在促使这个存在说出'我……'的时候揭示了这个存在。"③这样，人就不再是什么抽象的理性动物，而是以欲望为前提和显现方式的活生生的人。

---

① 科耶夫：《黑格尔导读》，姜志辉译，译林出版社 2005 年版，第 3 页。
② 同上。
③ 同上书，第 4 页。

欲望的人和理性的人根本不同，理性的人倾向于把自己保持在一种被动的宁静的认识活动之中，欲望的人则与之相反，它促使人不再保持宁静，而是打破宁静，主动行动。可以说欲望的功能就在于使人摆脱被动的宁静认识，主动行动起来。行动是多种多样的，但不管具体采取什么样的行动，行动的目的都是一样的，即满足自己，行动的方式在本质上也是一致的，即都是否定的。只有通过否定、破坏或至少改变所欲求的客体才能够满足欲望。例如为了果腹，人们必须破坏或者改变食物的存在样态。吃掉食物的过程就是否定食物的存在。所以科耶夫这样总结作为自我显现的欲望的特质："欲望的自我是仅仅通过否定活动接受一种实在的肯定内容的空虚，这种否定活动在破坏、改变和'消化'所欲求的非我的时候，满足了欲望。由否定构成的自我的肯定内容，与被否定的非我的肯定内容紧密地联系在一起。"①

在科耶夫看来，仅仅说出人是欲望的存在，还是远远不够的。正如海德格尔所认为的那样，人并不是某种自然物种中的一类，而是具有独特性的一种存在。欲望作为对人的界定，显然缺乏人所特有的独特性，因为动物也有欲望，它们的欲望也同样以否定欲望客体的方式显现出来。那么，人的欲望又有什么独特之处使其与动物的欲望区分开来呢？对于这个问题的回答，科耶夫在文本中仅仅提到了一个方面，即"对动物而言，这种欲望仅仅是自我感觉"。②而通过对他的文本的解读，我们或者可以为他的回答补上另一个方面，即对人而言，这种欲望则是一种自我意识。那么，自我感觉与自我意识的本质区分在哪里呢？

二　欲望与自我意识

对此，我们需要首先理解自我意识，而要理解自我意识，又必须回到黑格尔《精神现象学》之中，因为科耶夫正是在对它逐字逐句的讲解中得出以上结论的。对于"人是欲望的存在"的阐发基于黑格尔《精神现象学》中第四章 A 节关于自我意识的讨论。在黑格尔看来，意识在经历了感性、知性之后，进入了自我意识阶段。"到了自我意识于是我们现在就进

---

① 科耶夫：《黑格尔导读》，姜志辉译，译林出版社 2005 年版，第 4—5 页。
② 同上书，第 4 页。

入真理自家的王国了。"① 然而对于黑格尔的自我意识，我们不能简单地将其视为一种纯粹的意识；相反，它毋宁是一种具有复数形式的双重意识的统一体："意识，作为自我意识，在这里就拥有双重的对象：一个是直接的感觉和知觉的对象，这对象从自我意识看来，带着否定的特性的标志，另一个就是意识自身，它之所以是一个真实的本质，首先就只在于有第一个对象和它相对立。自我意识在这里被表明为一种运动，在这个运动中它和它的对象的对立被扬弃了，而它和它自身的等同性或统一性建立起来了。"②

简言之，作为自我意识的意识自身包含有一个现实的、具有实存性的对象，它是可以被意识所感知的对象，因此相对于意识来说，它恰恰是非意识的存在，因此它显然"带着否定的特性的标志"；同时自我意识的另一个方面就是意识自身，然而这个意识自身之所以能够成为自我意识，关键就在于其拥有一个外在于意识的那个非意识的、可被感知的对象。于是，我们可以得出这样一个结论，在黑格尔那里，自我意识自身就是一个包含非意识存在的意识。没有这个非意识的存在，或者说没有对非意识的这种否定性的存在，自我意识也是不存在的。

然而，如果仅仅指出自我意识中包含有意识与非意识的对立并不能揭示自我意识的本质所在。自我意识的关键还在于这种对立的"统一性"，同时，这种统一性又没有落入一种完全一致的"同一性"。只有理解了这一关键环节，自我意识的本质才能真正地被我们所把握。这种"统一"而不"同一"的自我意识在黑格尔的语境下成为"一种运动，在这个运动中它和它的对象的对立被扬弃了，而它和它自身的等同性或统一性建立起来了"。由此可见，自我意识并非一种静态的、固定的意识，它自身是一种动态的统一性，在这种统一性中要求意识与非意识的对立的存在。在意识不断扬弃非意识的运动中，自我意识得以被确认。

于是，这种"自我意识必须以这种统一为本质。自我意识就是欲望一般"。③ 黑格尔在此作出了一个看似有些突兀的判定：将自我意识等同于欲望一般。我们也正是在此处找到了科耶夫以欲望阐发人之存在论结构的理

---

① 黑格尔：《精神现象学》（上），贺麟、王玖兴译，商务印书馆1979年版，第116页。
② 同上书，第116—117页。
③ 同上书，第116页。

论根据。如果说人是自我意识，那么人也就是"欲望一般"。然而黑格尔何以能够做出这样一种转换？这是因为主动性的欲望乃是意识运动的根源所在。而在黑格尔看来，自我意识在本质上就是一种运动，这样欲望与自我意识的等同性就绝不是突兀的，而是顺理成章的了。然而，黑格尔又为什么强调自我意识所等同的是"欲望一般"呢？这同样是因为自我意识本身仅仅是一种运动，它不能被它所意识的对象所确认，也不能由单纯的某个意识所确认，而只能在意识的否定性行动中才能被确认（这里的意识乃是与某一现实对象相对立的意识，这里的否定性行动则是意识对于现实对象的否定性行动），而欲望就是这种否定性行动，因此自我意识也只能是"欲望一般"，换句话说，就是欲望本身。这就是黑格尔自我意识内涵的核心所在。

为了进一步加深对这一问题的理解，我们可以再来解读一下黑格尔对自我意识所包含的三个发展阶段的论述："（甲）纯粹无差别的自我是它的最初的直接的对象。（乙）但是这种直接性本身就是绝对的间接性，它只是通过扬弃那独立自存的对象而存在，换言之，它就是欲望。欲望的满足诚然是自我意识返回到自己本身，或者是自我意识确信它自己变成了［客观的］真理。（丙）但是它这种确信的真理性实际上是双重的反映或自我意识的双重化。意识拥有一个对象，这对象自己本身把它的对方或差异者设定为不存在的，因而它自己是独立存在的。"①

要确认自我意识的存在，必然经历这三个阶段，然而需要注意的是，黑格尔所强调的这三个阶段从来不是互相分割的，相互孤立的，毋宁说，它们是相互包含，相互支撑的。甚至可以说，这三个发展阶段具有共时性。即它们同时作为自我意识的三个不可或缺的方面诠释了自我意识的内涵。其中，所谓"最初的直接的对象""就是绝对的间接性"，即意味着现实的对象从来不是孤立存在的，它总是相对于某个意识而存在，这种意识在扬弃（或者否定）这个对象的时候成为自我意识，也就是欲望。自我意识达到了真理，但这种真理却并不是一个僵死的、静态的客观对象，它是自我意识，更确切地说是"自我意识的双重化"。在其中意识永远拥有一个对象，并在这个对象中确立自身的存在。所以，我们需要再次强调自我意识的"复数"本质。即自我意识从来都是一种双重化的存在。并且这

① 黑格尔：《精神现象学》（上），贺麟、王玖兴译，商务印书馆1979年版，第121页。

种双重化的存在状态从未被"同一化"。它们永远作为对立着的统一性而存在着。

三　欲望与他者

自我意识是一种双重化、动态的对立统一性。与之相对的则是一种单一、静止的非统一性的对立，在科耶夫看来这正是自我感觉的基本特质。在作为自我感觉的欲望之中，欲望总是与被欲望的对象紧密相连，于是有什么被欲望的对象就有什么样的欲望。"如果欲望针对一个'自然的'非我，那么自我也是'自然的'。通过这样一个欲望的主动满足而产生的自我，将具有与这种欲望所针对的东西相同的性质：这是一个'对象性的'自我，一个仅仅活着的自我，一个动物的自我。这种自然的自我，与自然的客体紧密地联系在一起，只能作为自我感觉向自己和他人显现。它永远不可能到达自我意识。"①

自然的非我产生自然的自我，科耶夫在此所谓的"自然的"显然意味着"非意识的"，因此虽然这种欲望的满足同样否定满足欲望的对象，例如，任何一种生理欲望，无论是人的或者是动物的都是一种自然的欲望，如饥饿、口渴，最终都只是导致被欲望的对象，如食物或者水的消失（被否定）。于是欲望所导致的是对立的两个存在，其结果是一方对另一方的否定。因此，这种否定是静态的否定，欲望仅仅在二者对立之中才能显现，如口渴的欲望只有在与水的对立之中才能得到显现。一旦水被喝了，欲望得到了满足，那么这种欲望也就消失了。所以这种自然的欲望是"对立性"的，即它仅仅存在于对立之中，科耶夫称为自我感觉。这种自我感觉的欲望欲求着一个实在的物，一个客观的对象。欲望的满足必然导致所欲望对象的消失，因此自我感觉不可能达到动态的对立的统一性。

自我意识的核心在于统一性，尽管这种统一性以包含对立为前提。自我意识与自我感觉的关键性区分就在于此，而与此相关，人与动物，同样作为欲望的存在，其本质差异也在于此。那么随之而来的问题是拥有自我意识的人其所欲望的对象是什么呢？如果不是现实的物，那么它又是什么呢？

科耶夫在此对黑格尔的思想做了一个推进。黑格尔仅仅指出自我意识

---

① 科耶夫：《黑格尔导读》，姜志辉译，译林出版社 2005 年版，第 5 页。

就是一种欲望的一般，即欲望本身。这种设定的意义在于用一种否定性的运动来界定自我意识，由此引出自我意识的欲望所欲求的不是实在的物，而是欲望本身。因为只有以欲望本身为欲求对象，才能保证自我意识始终处于一种趋向于对立的统一性的运动之中。这是黑格尔为自我意识提供的基本界定。科耶夫对此予以了阐释："欲望是空虚的一种揭示，是一种现实的不存在的显现。因而本质上不同于所欲求的物体，不同于一种物体，不同于静态的和给定的实在存在，始终在与本身的同一中维持下去。"① 可见，欲望之所以为欲望就在于它永远要处于一种未被满足的状态。欲望所指向的是一种匮乏，所以它是"空虚的一种揭示"，于是，以一种永久匮乏为欲求对象的欲望也就成为了一种持续欲求的运动，它保持了动态的特质，同时又始终处于与自身的统一性之中。

应当说，科耶夫此处的阐释基本保持了黑格尔关于自我意识的界定。然而由于他将黑格尔的《精神现象学》解读为一种哲学人类学，自我意识被等同于人自身。由此他没有停留于黑格尔的这一界定，而是将其进一步运用到了对人之存在的人类学意义上的分析和阐释之中，并有所推进。

推进之一：以欲望本身作为对象的自我意识即人本身成为一种"活动"。这种"活动"被科耶夫阐发为人之存在的不断变化。由此，科耶夫不失时机地将海德格尔的思想输入其中，认为人的存在的"普遍形式不是空间，而是时间"。② 也就是说，人不是作为静态的是其所是的现成性存在，而是非其所是的生成性存在。在科耶夫看来，对于这个存在的最为准确的描述方式，只能是海德格尔式的言说方式："这个自我是它本身的结果：通过对（在过去）其所是的否定（在现在），它将是（在将来）其曾经所是，这种否定是为了其将来所是而进行的。"③

很明显，这种语言方式，进而这种阐释人之存在的方式与海德格尔对时间的阐发如出一辙："时间的基本现象是将来。"④ 这种以将来为其指向的时间是源初的时间，它从来不是可以被测量、可以被均质化的，也从来不是由过去、现在和将来三个点构成的一条线，而是将来作为一种"先行"使当下成为可能。当下由于将来的存在而具有了"可能性"。此在就

---

① 科耶夫：《黑格尔导读》，姜志辉译，译林出版社 2005 年版，第 5 页。
② 同上。
③ 同上。
④ 《海德格尔选集》（上卷），孙周兴译，上海三联书店 1996 年版，第 19 页。

是这种可能性、就是时间本身。"此在不在时间之中。如此这般被刻画的将来存在作为时间性存在的本真的'如何'就是此在的存在方式。"① 由此，时间从来不是外在于此在，也从来不是一种衡量此在存在的度量，它就是此在的存在状态。

因此，科耶夫对黑格尔的推进之一就在于用海德格尔关于存在与时间的思想来阐发作为自我意识的人，也就是以欲望为欲求对象的人的存在状态。这种阐发的结果就是让"自我"成为"一个自由的（面对给定的现实）、历史的（就本身而言）（人的）个体"。② 因为只有被时间所诠释的人（此在），才将脱离平均化的存在状态："在先行的将来存在中（这就是时间的基本原则——笔者注），平均地存在的此在成为他自己；在先行中，此在作为在其唯一的消逝之可能性中的他的唯一的天命（Schicksal）的唯一的这次性（Diesmaligkeit）就清晰可见了。"③ 这种个体化的显现就在于它对既定存在的否定（欲望）过程之中，由此它是自由的。源初时间对于人的这种诠释也凸显了人作为历史性存在的意义。

推进之二：他者的欲望。在黑格尔那里，自我意识是欲望的一般，即属人的欲望所欲求的就是欲望本身。科耶夫则进一步追问：人所欲求的这个欲望是谁的欲望？在他看来只能是另一个人的欲望。"人类发生的欲望不同于动物的欲望（动物的欲望构成一个自然的、仅仅活着的、只有其生命感觉的存在），因为人的欲望不针对一个实在的、'肯定的'、给定的客体，而是针对另一个欲望。"④ 因为欲望总是与被欲望的对象紧密相连。作为人的欲望的对象的欲望也应是人的欲望。这就意味着人的这种欲望的实现需要另一个人的存在，于是"人的现实性只能是社会的"。⑤ 在社会中人与人相处产生了不同的人的欲望，只有多样化欲望的存在，才能为以欲望为欲求对象的欲望的存在提供前提条件。于是，社会中人的欲望最终都不过是外在于自身，却与自身一样的人的欲望，或者我们可以说，科耶夫意义上的真正属人的欲望不过是他者的欲望。相应地，"如果人的现实性是

---

① 《海德格尔选集》（上卷），孙周兴译，上海三联书店 1996 年版，第 19 页。
② 科耶夫：《黑格尔导读》，姜志辉译，译林出版社 2005 年版，第 6 页。
③ 《海德格尔选集》（上卷），孙周兴译，上海三联书店 1996 年版，第 25 页。
④ Alexandre Kojève：*Introduction to the Reading of Hegel*, Cornell University Press, 1980, p. 6.
⑤ Ibid. .

一种社会的现实性，那么仅当欲望是相互欲求着的，社会才是人的社会"。① 这显现出马克思的影响。

在马克思的《1844 年经济学哲学手稿》中，"社会"显现为一种本真的人的存在状态，从而被纳入"共产主义"的一个重要内容。"共产主义是私有财产即人的自我异化的积极的扬弃，因而是通过人并且为了人而对人的本质的真正占有；因此，它是人向自身、向社会的即合乎人性的人的复归，这种复归是完全的，自觉的和在以往发展的全部财富的范围内生成的。"② 需要注意的是，在这里"社会的"等同于"人的"以及"合乎人性的"，马克思将"社会"这个群体性概念赋予了属人的特质。这种属人的特质凸显了"社会"作为一个非抽象的概念所显现的现实的人的丰富性，这种丰富性彰显了一个活生生的人所可能具有的生存论境遇。因此只有在社会中，真正的人的感性、人的对象性关系才成为可能。所以科耶夫在此将话题转向"社会"，不但没有忽视单个人存在的意义与价值，而且有助于进一步揭示人的存在论结构。就马克思的"社会"作为共产主义社会的一个内容而言，它与历史发展以及人的发展有着直接的关系。因此，对马克思思想的这种借鉴使科耶夫没有走到后现代哲学的藩篱之中，从而避免了陷入非理性主义和虚无主义的命运。我们之所以在此强调这一点，是因为"欲望着他者的欲望"是科耶夫对法国思想界影响最大的一个命题，并且这一命题思想影响的思想家们不约而同地走向了后现代思潮，这不能不说是这一命题中所蕴含的巨大张力造成的必然结果。

在巴塔耶那里，欲望作为人的一种非理性情绪，其所具有的持续的否定性使越轨成为了一种社会发展的力量③；在福柯那里，欲望界定人的生存状态，从而成为推动历史发展的动力，在此背景下，他对疯癫与文明之间的关系进行了一番独到的说明。然而从总体上看，无论是巴塔耶，还是福柯，都走向了否定理性秩序，批判现代社会的道路，从而成为后现代思潮的旗手。后现代精神分析学者拉康则将这一欲望理论演绎成了一曲主体性的挽歌。拉康的思想可以说是科耶夫欲望理论最直接、最全面的接受者，他在发生学的意义上分析人的主体性的生成时直接将"欲望着他者的

---

① Alexandre Kojève: *Introduction to the Reading of Hegel*, Cornell University Press, 1980, p. 6.

② 马克思：《1844 年经济学哲学手稿》，人民出版社 2000 年版，第 81 页。

③ 参见莎蒂亚·德鲁里《亚历山大·科耶夫：后现代政治的根源》，赵琦译，新星出版社 2007 年版，第 187—191 页。

欲望"的欲望理论推向了虚无主义的境地。这种推演的前提与科耶夫完全一致，即人（主体）是一个欲望着他者的欲望，然而由此所推出的结论却完全不同：在拉康那里，（主体）人所欲求的就是一个永远不能满足的虚无（欲望被阐发为一种对虚无的欲求）；因此主体（人）在对这种虚无的欲求中，失去了自身，从而走向了死亡；① 而在科耶夫这里，人（主体）所欲求的是一种持续的否定性（欲望被阐发为对既定存在的否定性），由此成为了一种持续的运动，这样，人不仅没有死亡，而且还成为了历史性展开的关键："人的欲望，或者更确切的说，人的发生学意义上（antropogenetic）的欲望，产生了一个自由的和历史的个体，他能够意识到个体性，他的自由，他的历史，亦即最终他的历史性。"②

于是问题又回到了我们对科耶夫欲望理论的最初界定：科耶夫对历史的描述从来不是一种历史观，而是一种历史性的展开，这一展开方式的显现只能通过对人之生存论的界定才是可能的。在科耶夫这里，对于"什么是人"问题的回答是通过对黑格尔"自我意识是欲望一般"这一命题的阐发而得出的。这种阐发融合了海德格尔与马克思的基本思想，超出了黑格尔命题的内涵，所以这一欲望理论是科耶夫的思想，而不是黑格尔的。

历史是需要以历史性的展开为其前提的，这是海德格尔对于历史性问题的基本观点。而对历史性的研究只能是哲学的，而不可能是历史学的。因此科耶夫的欲望理论不是一种对人的生存状态的真实描述，而是一种存在论意义上的哲学研究。在科耶夫那里，欲望就像海德格尔的此在之"此"，它如同一束光投向人的生存，揭示人的存在，并在展现人的发展过程中展现历史。基于对欲望的这种看法，我们继续追问的是"欲望着他者的欲望"如何可能？这样我们就遇到了欲望的生存论结构问题。

第三节　欲望的生存论结构

一　斗争

通过以上研究，我们可以知道科耶夫在推进黑格尔哲学的基础上完成了对欲望的哲学界定。欲望在本质上是"欲望着他者的欲望"。然而，这

---

① 参见《拉康选集》，上海三联书店 2001 年版，第 560 页。
② Alexandre Kojève, *Introduction to the Reading of Hegel*, Cornell University Press, 1980, p. 6.

一"欲望着他者的欲望"如何可能？要回答这一问题，必须直面欲望的生存论结构，这样，斗争就作为欲望之生存论结构的第一个环节进入了我们的研究视野。

当欲望所欲求的对象不再是一个实在的东西，而是他人的欲望的时候，欲望实际上所欲求的是一个价值。而价值在本质上是一种关系性的界定，必须在两个相互关联的关系中确定自身。于是欲求价值，就是欲求一种"承认"，就如同黑格尔的自我意识一样，必须在一个双重化自我的语境中，由另一个自我的存在来确认自我意识。我的欲望欲求着他者的欲望，他者的欲望也在欲求着我的欲望。换言之，我希望他者能够承认我的自主性价值；他者也希望我能够承认他的自主性价值。所以"所有人类，人的发生学意义上的欲望——产生自我意识的欲望，人的现实性——都是'承认'的欲望的一种功能"。①

欲望的核心内涵在于承认自身作为人的价值。然而什么样的承认才是对人的价值的承认？或者这样问，什么样的价值才是人的价值？这是进一步理解欲望的又一问题。为了解决这一问题，科耶夫再一次以动物与人的区分为前提展开研究。动物也有欲望，只是动物的欲望奠基于自我感觉，而非自我意识。因此当欲望超越自我感觉的时候，动物的欲望就被克服了。这个自我感觉的极限，对于动物来说就是生命的终结——死亡。对于动物来说，最高的价值就是保存生命。因此，如果要突破动物的价值，获得属人的价值，那么就要突破保存生命的最高限度，冒着生命的危险去获取承认，这才是真正属人的价值。

于是在科耶夫的视野中，被欲望所"投开"的历史性的最初显现就是人与人之间的生死斗争。因为正是在生死斗争展开的一瞬间，人才拥有了作为人的存在。社会也才成为人的社会。而斗争的结果，决定了在最初的人的社会中，只存在两类人：主人和奴隶。"换句话说，在最初的状态中，人绝不是简单的人。人必然且本质上要么是主人，要么是奴隶。如果人的现实性只是某种社会的现实性，那么社会，至少在最初，只有在囊括了主人和奴隶两类身份，即'独立'的存在与'依赖'的存在，社会才是人的

---

① Alexandre Kojève, *Introduction to the Reading of Hegel*, Cornell University Press, 1980, p. 7.

社会。"① 可见，只有在人分化为主人和奴隶两类身份的人的时候，社会才是人的社会。

那么随之而来的问题是，为什么最初的这两类人一定是对立的主人和奴隶呢？人与人之间在"最初状态"中又为什么相互争斗以及又是如何相互争斗的呢？对此，科耶夫同样坚持了一种生存论的分析原则，并将这一原则贯彻到对黑格尔《精神现象学》的阐释之中。这一阐释的结果就是将黑格尔《精神现象学》中"自我意识"的演化过程解读为人的生成过程，黑格尔意义上的"对立的自我意识的斗争"也就转变为了对立的主人与奴隶之间的生死斗争。

自我意识，正如我们已经指出，并将在随后的论述中不断指出的那样，在黑格尔哲学中，它是一个双重化的存在，并且始终处于一种运动的过程之中。作为一种运动，自我意识成为了欲望一般；作为一种双重化的过程，自我意识要求另一个自我意识的存在。由此，自我意识的演变过程就是一个"承认"的过程。在自我意识最初的单纯的自为存在中，自我意识只与自身统一，并不承认他者的存在，也就是说，否定性的存在并没有被自我意识所接受。然而就是这样一个完全在意识领域中的言说，在科耶夫那里被转换为了一种人类学的描述：

科耶夫将最初的"自我意识"阐释为"最初的两个人第一次的相遇"；自我意识的自我统一使自我意识仅仅"沉陷在生命的一般存在之中的意识形态"②，而这一点被科耶夫有意阐发为"沉陷于动物生命的给定存在（Dasein）中的意识"。③"生命"在黑格尔那里，在我们看来是具有特殊含义的，黑格尔最初用"生命"所要说明的是"过程"，"它（指生命——译者注）的本质是扬弃一切差别的无限性，是纯粹的自己轴心旋转运动，是作为绝对不安息的无限性之自身的静止"。④ 因此，生命其实是为展开自我意识的发展历程提供了一种方式。但科耶夫却将生命仅仅还原为"动物生命"，从而将人（即自我意识）的最初起点归于动物。在他看来，人既基于某种动物性，又具有其独特性。

① Alexandre Kojève, *Introduction to the Reading of Hegel*, Cornell University Press, 1980, pp. 8 – 9.

② 黑格尔：《精神现象学》（上卷），贺麟、王玖兴译，商务印书馆 1979 年版，第 125 页。

③ Alexandre Kojève, *Introduction to the Reading of Hegel*, Cornell University Press, 1980, p. 10.

④ 黑格尔：《精神现象学》（上卷），贺麟、王玖兴译，商务印书馆 1979 年版，第 117 页。

随之，在黑格尔那里，自我意识确立自身的真理只有通过对方对它的存在的承认，这种承认使自我意识摆脱了纯粹的抽象性，从而在一种否定性的行动中确认对方的存在。在上面对欲望的分析中，我们已经指出这种否定性的行动在本质上就是"欲望"。黑格尔指出了否定性行动包含两个方面，也就是指出了欲望所包含的两个方面：其一，为对方的行动，其二为自身的行动。而所谓对方的行动，也就是相对于他者的行动。为了确认自身，他者必须在行动中被否定，只有在否定他者的时候，"自我"才被确立起来。黑格尔指出这种行动"每一方都想要消灭对方，致对方于死命。但这里面又包含第二种行动，即通过自身的行动；因为前一种行动即包含着自己冒生命的危险"。① 由此可见，欲望的两个方面实际上是一个过程，这个过程就是冒生命的危险来确认"自我"的过程。科耶夫在凸显了人作为欲望的存在之后，将以上黑格尔对自我意识过程性的描述完全颠倒了过来，变成现实的人的历史性展开过程，但就整个过程的发展样态来看，他并没有做任何的修正。这是其阐释黑格尔哲学的一个基本方式。由此，我们所描述的关于黑格尔"自我意识"的确认过程也就是科耶夫的"人"的确认过程。当自我意识的确认在欲望中体现为冒生命危险的一种过程之时，科耶夫视野中的"人"也是如此。只是在科耶夫的阐发中，更为注重对这种冒险行为的现实性描写。

于是，人确认自身的过程首先是两个活生生的人的相遇，随后人要成为真正的人，那么"人必须把他对自己的看法强加于有别于他自己的其他人：他必须要求其他人承认他（在理想的极端情况下：要求所有的其他人承认他）。或者：他必须把他没有在其中得到承认的（自然和人类）世界改造成一个他能在其中得到承认的世界。把违背人的计划的世界改造成一个与这个计划一致的世界，叫作'行动'、'活动'。这种行动——本质上是人的行动，因为它是人性化，具有人类发生学意义的——始于把自己的看法强加于自己所遇到的'第一个'他人的活动"。②在此，黑格尔意义上的"承认"被改造为一个人对另一个人的承认以及自然对人的承认两个方面。两个方面的"承认"都被归入"人的活动"，这一活动的"人性化"就在于要将自己属人的价值强加于他所遇到的"第一个"他人之上，由此

---

① 黑格尔：《精神现象学》（上卷），贺麟、王玖兴译，商务印书馆1979年版，第126页。

② Alexandre Kojève, *Introduction to the Reading of Hegel*, Cornell University Press, 1980, p. 11.

"人类发生的'第一个'活动必然采取一种斗争的形式：两个自称是人的存在之间的生死斗争；为了得到对手的承认而进行的为了纯粹荣誉的斗争"。①

人的承认所需要的斗争是生死的斗争，即人所欲求的属人的价值是冒着生命的危险而换来的价值。否则它将仅仅停留在动物式的欲望层面，那么人也就失去了自身的"人性化"原则。因此，"只有通过生命危险，自由才能被确认"，"只有通过生命危险，才能证实自我不是别的，就是纯粹自我存在"。② 那么，随之产生的问题则是这种冒着生命危险所进行的生死斗争所追求的是什么？只能是纯粹的荣誉。纯粹的荣誉不同于任何直接的欲求对象。它可能附着于某个物质的载体，但却绝不能仅仅以这个物质的存在为最终的欲望对象；相反，仅仅是物质之上的意义——纯粹的荣誉才是"人"的欲望所导致的斗争的起因与结果。因此，科耶夫说只有人会为了争取一面旗帜而不惜牺牲，也只有人能够因不食嗟来之食而饿死。这都不过是追求纯粹荣誉的结果。人的真实性或者说现实性正是在这种为了纯粹荣誉的斗争中显现出来。

生死斗争的展开使得两个最初相遇，并相互确认的人最终不得不被分成两类，一类是胜利者，另一类是失败者。然而正如黑格尔对于自我意识确认的论述一样，如果两个自我意识为了确认自身所进行的生死斗争仅仅导致了一方的消失，那么这种斗争在黑格尔看来所导致的只能是"抽象的否定，而不是意识的否定，意识的扬弃是这样的：它保存并且保持住那被扬弃者，因为它自己也可以经得住它的被扬弃而仍能活下去"。③ 对于科耶夫来说，同样如此。人与人的斗争不能是仅仅导致一方的死亡，"因为在死亡后，人只不过是一具尸体。如果其中的一个对手杀死另一个对手而幸存下来，那么他也不能得到对手的承认；死去的战败者不可能承认胜者的胜利"。④ 一个人如果要获得对手的承认，那么他就不能杀死对手，因为一旦杀死对手，也就失去了确认自身的可能性，这样，剩下来唯一可行的方式就是"奴役对手"。

由此可见，以欲望所展开人的历史性用以启动历史的催化剂就是人的

① Alexandre Kojève, *Introduction to the Reading of Hegel*, Cornell University Press, 1980, p. 12.

② Ibid. , p. 13.

③ 黑格尔：《精神现象学》（上卷），贺麟、王玖兴译，商务印书馆1979年版，第127页。

④ Alexandre Kojève, *Introduction to the Reading of Hegel*, Cornell University Press, 1980, p. 14.

生死斗争。这种斗争的前提恰恰是社会的人的存在，在一个人与他者共同构筑的世界中必须要面对"矛盾"与"对立"。没有这种矛盾与对立，那么也就没有了历史。因为否定性是欲望的本质，同时也是历史性展开的方式。历史只有在否定中才可能显现。因此生死斗争，作为欲望的生存论结构的第一个环节，在本质上也是一种否定性的显现，它显现为一个人对另一个人的否定。然而这种否定最终表现为一种扬弃：否定中的保留，由此形成了所谓主人与奴隶的对立。需要注意的是，这种对立乃是生死斗争的结果，而非起因。

一旦构筑起主人与奴隶的对峙，科耶夫就找到了其历史性展开的持续动力，这就是主奴辩证法。对于科耶夫来说："如果人只是生成性的，如果人在空间的生存是人在时间中或者作为时间的生存，如果被揭示的人的现实性不是别的，就是普遍的历史，那么这种历史必定是主人和奴隶之间相互关系的历史：历史的'辩证法'是主人和奴隶的'辩证法'。"①

二　劳动

进入了主人与奴隶对峙的历史之后，欲望不再表现为生死斗争。因为主人与奴隶恰恰是由于对这种斗争采取了不同的态度，才最终得以形成。为了说明这一点，我们需要对科耶夫眼中的主人和奴隶有一个生存论式的认知。

（一）劳动的引入：主奴辩证法

与在黑格尔那里一样，科耶夫思想中的主人与奴隶也分别代表着独立的意识与依赖的意识。主人的独立体现在他在斗争保持了自己"纯粹的自我意识"②，这种纯粹的自我意识被科耶夫解读为"在斗争的危险中不考虑其动物的生命的意识"③，他一定要战斗到死，然而如果都是主人这种想法，那么主人最终却得不到任何承认，因为"死亡就是意识之自然的否定，有否定性而没有独立性"。④ 只有等到奴隶的产生，才可能真正确认自身的真实性。在这种意义上，主人也具有一定的依赖性，依赖于奴隶的承认。然而，主人的这种"依赖性"完全不同于奴隶的"依赖性"。主人依

---

① Alexandre Kojève, *Introduction to the Reading of Hegel*, Cornell University Press, 1980, p. 9.
② 黑格尔：《精神现象学》（上卷），贺麟、王玖兴译，商务印书馆1979年版，第127页。
③ Alexandre Kojève, *Introduction to the Reading of Hegel*, Cornell University Press, 1980, p. 16.
④ 黑格尔：《精神现象学》（上卷），贺麟、王玖兴译，商务印书馆1979年版，第126页。

赖于奴隶来确证自身的存在，其本质上仍是"自为的"，奴隶的存在则仅仅是为了确证主人的存在。因此奴隶的存在没有自为性。奴隶，在战斗中是失败者，同时还是一个为了能够保全自己生命而甘愿受奴役的人。他不再是纯粹的自我意识，因为他没有能够将生死斗争进行到底。他显露出的是动物的本性，他所欲求的对象不是属人的价值。

在黑格尔看来，对于自为存在的主人来说，他已经是一个自为存在的意识，因为他的意识通过另一个意识达到了自己。这另一个意识乃是构成主人意识不可或缺的要素，它在黑格尔那里被分为两类：一是物，它是欲望的对象。这种物从本质上来说是自然界中存在的实在的物。它与人相对立，具有物质的形态。另一类则是具有物性（thingness）的意识，科耶夫直接将其指认为奴隶。因为奴隶在拒绝冒生命危险的时候，就在本质上回到了动物本性，因此他与物具有紧密的联系；而不是通过否定物，超越物来显现人的价值。总之，主人只有与物，以及同时与奴隶相关联才是体现主人的意识，因为它们都体现了主人意识对它们的统治。而"统治"正是主人之为主人的特质。

那么，主人又是如何统治与他相关的这两个要素（即物与奴隶）的呢？在黑格尔那里同样需要某个中介。首先，用以统治奴隶的中介，被黑格尔称为"独立的存在"（在科耶夫那里称为给定的存在）。这个"存在"其实就是生死斗争的现实情景。主人在生死斗争中将不考虑这种斗争的后果，即自身的死亡，于是不惜一切地进行这种斗争，从而这个独立的存在就是有待主人否定的一个存在。奴隶则不同，他考虑到这个"独立的存在"，即这场生死斗争，他惧怕这个斗争最后所可能导致的死亡，由此这一斗争阻碍了他确立自身属人的价值。奴隶不能否定这一独立的存在，因此充当了确认主人存在的他者。在此，主人通过独立的存在（生死斗争）触及了奴隶的存在，因为正是在生死斗争之中，在主人被奴隶确认之时，奴隶也才成为奴隶。

其次，主人用以统治物的中介是奴隶。奴隶面对着物的世界，奴隶在物的世界面前同样成为了一个自我意识。因为在与物的关联中，奴隶通过对物的改造和加工实现了对物的否定，他"辩证的"取消了物的存在。在科耶夫对黑格尔的阐发中，他特别强调了"辩证的"取消物的含义，也就是黑格尔所指出的，在这种取消中，物并没有一下子消灭，而是在加工改造之后给予主人去享用。主人对于物来说成为了一种直接的否定。无论在黑格尔那里，还是在科耶夫那里，这种直接的否定同时就意味着抽象的，非现实的否定，这种否定不能作为确认主人之为人的价值。相反，奴隶对物的辩证的扬弃，即对物有所保留的否定却完成了一种属人的价值的确证。物之于奴隶，就如同奴隶之于主人一样。前者都是确认后者的有效途径。物确认了奴隶的自我意识，奴隶确认了主人的自我意识，因为无论是奴隶，还是主人都在否定物或者奴隶的同时保留了它们的存在。而不是完全消灭了它们。

如果说由欲望"投开"的历史性的展开，其最初状态是主人和奴隶的存在，那么现在，我们则看到了主奴关系的两个维度：其一，主人通过生死斗争（既定的存在）产生对奴隶的统治，其二，主人通过奴隶间接地统治了物。在主人的统治过程中，产生了奴隶与物的存在，它们在最初似乎都是为了确认主人的自我意识而存在。然而一个不容忽视的问题蕴含在这双重关系之中：历史起因于人欲望着他者的欲望，从而必然导致的生死斗争；然而一旦主人和奴隶的意识确立下来之后，斗争就不再存在，与此同时，斗争作为一种否定性力量也就不再发挥作用，那么随之而来的问题是，推动历史前进的动力何在呢？这是科耶夫面临的又一个挑战。

（二）劳动的界定：受到节制的欲望

在科耶夫对黑格尔的阐发中，斗争对于历史性的展开具有开创意义。但它的意义也仅限于开创。因为在主奴关系确定下来之后，历史进入了和平年代，斗争的开创意义也就至此告一段落。但历史还要继续前进，这时代替斗争发挥否定性力量的乃是劳动。劳动推动着历史的前进，"劳动最终导致了法国大革命和拿破仑"[1]。

那么这又是怎样的一种劳动呢？具体而言，劳动以怎样的方式或形态来存在呢？科耶夫认为劳动就体现在奴隶对物的加工改造之中。奴隶对物的加工改造是奴隶确认自身作为某种自我意识的一种方式。这种对自然的加工改造就是劳动。劳动在黑格尔哲学中作为否定的中介，同样是一种对事物的陶冶过程。在这一过程中，劳动"对于对象的否定关系成为对象的形式并且成为一种有持久性的东西"。[2] 否定性的行动在劳动中获得了一个外在的显现，即被加工改造的物作为劳动的成果凝聚了人的劳动，即人的

---

① Alexandre Kojève, *Introduction to the Reading of Hegel*, Cornell University Press, 1980, p. 53.
② 黑格尔：《精神现象学》（上卷），贺麟、王玖兴译，商务印书馆1979年版，第130页。

否定性行动本身。因此，黑格尔特别指出了作为否定性行动的欲望与劳动之间的关系：

> 欲望却为自身保有其对于对象之纯粹的否定，因而享有十足的自我感。但是也就因为这样，这种满足本身只是一个随即消逝的东西，因为它缺少那客观的一面或持久的实质的一面。与此相反，劳动是受到限制或节制的欲望，亦即延迟了的满足的消逝，换句话说，劳动陶冶事物。①

这段话集中表述了黑格尔关于劳动与欲望关系的思想，值得我们反复体会。欲望，在黑格尔那里，是自我意识的一般；在科耶夫那里，是人的生存方式。无论是在黑格尔，还是在科耶夫那里，欲望都是确定"自我"存在的有效方式，具有"十足的自我感"。然而，在黑格尔看来，这种自我感总是因为欲望作为否定性的行动而缺乏客观而持久的一面，它无法被凝固下来，因为欲望总是在满足的状态中才成其为欲望。而劳动则不然，作为否定性行动对于物的加工改造，它以对象化的方式显现了否定性的行动本身，凝固了这一行动，也就凝固了欲望。于是，在奴隶对物的加工改造的劳动中，欲望得到了一种特殊的显现。之所以说它特殊，是因为它不同于在斗争中所显现的欲望，这种欲望在某种意义上是"随即消逝"的。而在劳动中显现的欲望则获得了一种固定的形式上的显现。换言之，劳动使欲望成为了一种可以直观的存在，同时劳动也可以实现人的欲望的积累。正是这一积累构成了人的生活世界。

科耶夫总是强调人的生活世界。在这一世界中，人总是在"给定的存在"中生存着，所以科耶夫曾经强调正是劳动产生了黑格尔撰写《精神现象学》时所使用的书桌，于是当黑格尔思考历史的时候，他必须考虑到这张书桌。书桌是劳动的产物，是历史的积累。它凝聚的劳动彰显了人们否定自然的劳动。这种否定是按照奴隶的观念（也就是按照人的观念）来实施的。因此是真正属人的行动，同时也创造了超越于自然世界的属人世界。这个世界中包括了所有的"知性、抽象思维，科学，技术，艺术——

---

① 黑格尔：《精神现象学》（上卷），贺麟、王玖兴译，商务印书馆 1979 年版，第 130 页。

这一切都源于奴隶的劳动"。① 由此,在科耶夫看来,正是奴隶的劳动创造了整个人类的物质文明和精神文明,从这一意义上说,劳动创造了历史。历史所显现的人类文明的延续不过是人的欲望的凝固的显现,不过是劳动的产品。

如果我们将以上的分析看作是对劳动创造历史的一个静态描述的话,那么我们接下来将进行劳动创造历史的动态说明。在黑格尔哲学中,劳动不仅陶冶事物,同时劳动还"使服役的意识通过这种过程成为事实上存在着的纯粹的自为存在"。② 转换成科耶夫哲学人类学的语言就是劳动使奴隶获得了同主人一样的自我意识。主人在生死斗争中通过超越保存生命的动物性欲望而实现了属人的价值,成为了自为的存在;奴隶则由于惧怕死亡,囿于动物性的欲望之内从而生成了一种具有"物性"的存在。但是在劳动中,奴隶再次实现了一种否定性的行动。"通过他的劳动,奴隶达到了主人通过在斗争中冒生命危险所达到的同样结果:他不再依赖给定的、自然的生存条件:他按照他对自己形成的观念改造这些条件。当他意识到这个事实的时候,他也意识到他的自由。"③

奴隶在劳动中第一次发现了自我意识,同时也就具有自为性,这种自为性显现为人的自由。主人通过生死斗争直接获得了这种自由,奴隶则由于为主人服务,从而在加工改造物的劳动中获得了这种自由。然而由于主人对奴隶的统治,奴隶在劳动中获得的自由最初是抽象的。但在科耶夫看来,这恰恰是实现真正的自由所必然要经历的一个前提。在此,科耶夫充分拓展了黑格尔的主奴辩证法。将在黑格尔哲学中仅仅作为主人意识与奴隶意识的两种自我意识(也就是自我意识的双重化的结果)转换为主人与奴隶这两种人的生存状态的分析。因此,他可以基于一种现实性的原则来分别描述它们在历史性的展开中所发挥的作用和最终的结果,如同描述两个活生生的人的存在。而就这一部分而言,黑格尔并没有给予太多的关注。

在科耶夫看来,主人的自由是一条绝路。这是因为一方面,主人的自由是现实的,或者是已经实现了的自由,于是缺乏了一种对"既定存在"

---

① Alexandre Kojève, *Introduction to the Reading of Hegel*, Cornell University Press, 1980, p. 49.

② 黑格尔:《精神现象学》(上卷),贺麟、王玖兴译,商务印书馆1979年版,第131页。

③ Alexandre Kojève, *Introduction to the Reading of Hegel*, Cornell University Press, 1980, p. 49.

的超越而产生的人的自由，所以主人的自由是静止不动的，它只能导致历史的停滞状态。另一方面，这种所谓已经实现了的自由，在本质上看又是不完全的。人的自由来自一种承认，这种承认必须是一个有着同样资格的人的承认才是有效的。而对于主人来说，他通过生死斗争产生的奴隶，却因恐惧死亡，贪恋对性命的保全而在本质上不过是一种具有物性的存在，并不具有真正属人的价值。因此奴隶并不具有与主人一样的资质，被奴隶承认也并不能使主人真正实现自由。换言之，无论主人被物还是被具有物性的奴隶所承认，其本质上都不是自由的。由此可见，主人的自由本身是非完全的，并且这种自由由于其已经具有了现实性，因此不再具有超越既定存在的可能性，也就不再具有实现自由的可能性。

与之对应，奴隶则在两个方面都保证自由的真正实现。奴隶的自由虽然是抽象的，但却是完全的。奴隶不仅被主人确认为奴隶，并且在劳动中，在按照自己的观念改造自然的过程中领悟到了抽象的自由，即自由的观念。作为自由的观念，在本质上还不是自由本身，但在科耶夫看来："只有当奴隶有一种自由观念，但还没有实现、然而同时能通过有意识和有意志地改造既定存在条件和通过主动地废除奴隶制而实现的观念时，他才真正是自由的。"① 也就是说，只有奴隶有了自由的观念，但却没有实现自由，奴隶才倾向于改造既定的存在状态，从而超越既定的存在，实现一种历史的推进。于是，科耶夫断言："一般说来，是奴隶，也只有奴隶能够实现进步。"② 然而，奴隶用以推动历史进步的方式，却只有对物的加工改造，也就是劳动。因此，从这一意义上说，是劳动创造了历史。

正是因为在主奴关系被确定下来的前提下仍然有劳动的存在，才保证了人的欲望仍然作为一种历史性展开的内在推动力而发挥着作用。只不过这一次欲望在人的生存中表现为奴隶的劳动。如果没有奴隶的劳动，主人与奴隶的关系将成为永恒不变的一种关系，正是由于劳动的进行为奴隶构造了自由的观念，奴隶为了实现这种自由观念才最终要与主人展开最终的斗争。在这次斗争中，奴隶必须克服对死亡的恐惧，勇敢地战胜主人才能最终成为与原来身份不同的人，这种斗争的最终结果是宁死不屈的主人的死亡，奴隶的全面胜利。这种胜利所导致的不再是主奴关系的确立，而是

---

① Alexandre Kojève, *Introduction to the Reading of Hegel*, Cornell University Press, 1980, p. 49.
② Ibid., p. 50.

一个完全无对立的等同。人与人之间是平等的，无差异的，于是人与人之间的承认才是真正相互的承认，也才能实现真正意义上的自由。这一时刻被科耶夫称为"历史的终结"。而正是这一思想深刻地影响了后现代政治理论的发展，并直接引发了福山的"历史终结论"。

于是在由欲望所引发的历史性的展开中，劳动发挥着关键性作用。在科耶夫看来，作为培养和陶冶事物的劳动发挥着双重作用："一方面，劳动改变和改造世界，使之人性化，使之适合于人；另一方面，劳动改造，培养和教育人，使之人性化，使之符合人对自己形成的观念——最初只是一种抽象的观念，一种理想。"① 正是劳动在对世界与人的双重改造中，创造了物质文明，推动了人的历史演进。因此对于科耶夫来说，如果说斗争是历史性展开的催化剂，那么劳动则是历史性展开的推动力量。

在此，我们可以作出这样一种判断，在科耶夫这里，他对劳动的凸显基本契合黑格尔对劳动的看法。这种劳动观念虽然在本质上是内在于意识之内的，然而对于黑格尔来说，却是试图走出意识内在性的一种尝试。劳动为人与世界，人与人之间的勾连搭建了桥梁。劳动对事物的陶冶作用最终使世界成为了人的世界，因此劳动作为一种否定性活动最终具有肯定性的意义。科耶夫显然是沿着黑格尔关于劳动的看法展开了对劳动的探讨，由此才可能最终将劳动视为历史的推动力量。当然这里的历史是现实的人的历史，并不是囿于黑格尔意识的发展史。科耶夫的劳动在本质上也是现实的人在改造现实的世界中的一种现实的活动。

（三）两类劳动观：科耶夫与马克思

科耶夫在《黑格尔哲学中的死亡概念》一文中指认了自身的三个重要的思想来源：黑格尔、海德格尔与马克思。②但在欲望理论的构造当中，马克思的思想的影子似乎还无处寻觅。但正如科耶夫明确指认的那样，马克思所提供的"斗争与劳动"的主题恰恰是海德格尔所没有的。当然对于科耶夫来说，这两个主题他是可以从黑格尔哲学当中解读出来。但正如科耶夫所承认的那样，这种"解读"当然伴随着一种有意的"误读"，这种误读的目的只是为了树立其哲学人类学语境当中人的生存论结构。人之为人所需要的不仅是在斗争中获得相互承认，同时还需要在现实的活动当中，

① Alexandre Kojève, *Introduction to the Reading of Hegel*, Cornell University Press, 1980, p. 52.
② 参见科耶夫《黑格尔导读》，姜志辉译，译林出版社2005年版，第685页。

在面对自然的否定当中获得另外一种承认,从而以斗争之外的一种方式获得人之为人的规定。

这样一种解读对于黑格尔来说当然是一种"误读",因为黑格尔从来不是从现实的人的活动的角度来谈论劳动。劳动在黑格尔的主奴辩证法当中出现,而主奴辩证法所试图说明的仅仅是自我意识得以确立的方式:通过另一个自我意识对他的承认。在他者中确认自身,形成了反思性是意识向自我意识推进的一个阶段。就劳动所诞生的这个阶段,在黑格尔那里,永远只能是意识的思维运动,是马克思所指认的那种"抽象的精神的劳动"①。科耶夫直接将劳动改造为人的现实的活动,虽然貌似武断,但如果我们遵循着科耶夫对《精神现象学》解读的前提设定:自我意识=人,那么这个关于劳动的界定就应该是逻辑推论的必然结果。由于科耶夫从根本上将论题(海德格尔意义上的)"移居"到现实的人的存在,那么黑格尔关于自我意识的推演逻辑就自然可以完全适用于对人的存在的说明。就这一逻辑推演的过程本身来说,科耶夫并没有误读黑格尔,他与黑格尔对劳动观念所形成的南辕北辙,根本原因在于科耶夫的前提设定。

就这一前提设定而言,科耶夫所追随的是马克思。这一点毫无疑问。正如我们已经指出的那样,作为一名俄裔的哲学家,科耶夫对于马克思思想有着自然的亲近。这表现在不仅他在其纯粹哲学的研究当中时常流露出对马克思思想的传承,并且在其作为政治家的生涯当中对马克思理论的关注仍然常常出现在他的政论性文章。例如在科耶夫所撰写的《法国国是纲要》当中将他所谓的"拉丁帝国"界定为一种经济实体的社会性存在,②充满了马克思思想的色彩。同时在其对《从欧洲视角看殖民主义》的政论性演讲当中大谈今日的资本主义发展与马克思的资本主义批判之间的关系,并得出了资本主义在今天未能按照马克思的预言走向衰弱,只是证明了马克思思想的正确性。③科耶夫在不同场合、不同主题下的演讲或者论证当中,我们看到的总是其对马克思思想的称道。

因此科耶夫的哲学人类学对于当代法国哲学来说不仅催生了法国现象学运动,更带来了对整个 20 世纪 30 年代的法国哲学界,甚至法国现实生

---

① 马克思:《1844 年经济学哲学手稿》,人民出版社 2000 年版,第 101 页。
② 科耶夫:《科耶夫的新拉丁帝国》,邱立波编译,华夏出版社 2008 年版,第 28 页。
③ 同上书,第 189—192 页。

活产生巨大影响的法国马克思主义，其代表人物萨特与阿尔都塞虽然对马克思的解读完全相反，但却都承认科耶夫对其哲学所产生的不可忽视的影响。对此笔者在第四章给予了更为详尽的梳理与论证，在此不再赘述。

虽然科耶夫如此推崇马克思，但这并不意味着科耶夫对马克思的继承就是准确无误的。特别是其在对黑格尔哲学的解读中所渗透的对马克思思想的继承，误读仍然存在。科耶夫在对马克思的误读主要集中于对"劳动"观念的描述之中。通过我们以上的解读，我们可以看出科耶夫的劳动虽然意指的是人的现实的活动，这一点与马克思的劳动观念极为相似，但一个不容忽视的问题在于，科耶夫对劳动的规定仍是彻底的黑格尔式思维逻辑的产物。这一逻辑的核心在于劳动的否定性，以及劳动所意指的对象化过程，并且这一对象化过程同时还包括一种向主体的回归。这种回归，是黑格尔意识哲学的最终归宿。即自我意识存在的确认虽然在另一个自我意识当中，但这种意识的确认只有被我所意识到，即我思在反思的意义上把握了这种确认之后，才算是走完了自己的认知之路。这是黑格尔哲学超越唯理论与经验论的理论创造。正如黑格尔所指出的那样："认识不是光线的折射作用，认识就是光线自身，光线自身才使我们将接触到真理，而如果光线被抽除出去，那么，指点我们的岂不只还剩下一个纯粹的方向和空虚的地点了吗？"① 这是黑格尔对于之前认识论研究方法的生动批判。这种研究方法认为："在研究关于绝对真理的具体知识之前，有必要对认识自身加以了解，即是说，先对人们介意把握绝对的那个工具，或者说，先对人们赖以观察绝对的那个手段，加以考察，这乃是一种很自然的想法。"② 康德的二元论固然是这种认识论研究的产物，在康德之前就已经争论多时的经验论与唯理论同样是这种认识论研究方法的追随者。但对于黑格尔来说，认识就是光线，而非光线的折射作用，认识如同游泳不能在岸边学习，其所试图说明的都只有一点，认识过程与认识的结果是一回事。海德格尔在其中看到了黑格尔哲学的存在论基础，对于我们所讨论的劳动主题来说，这种认识过程与结果的原初同一意味着一种对象化思维的产生。

对于德国古典哲学来说，对象化思维并不是黑格尔的创造。经验论与

---

① 黑格尔：《精神现象学》（上卷），贺麟、王玖兴译，商务印书馆1979年版，第52页。
② 同上书，第51页。

唯理论都试图将外界事物看作是与主体相对立的对象世界，因此对象世界与人的世界，客观与主观，思维与存在就成为了两个无法调和的对立物。致使前黑格尔哲学的主要工作变成了如何整合这样一对对立。而黑格尔的哲学所作出的重要的突破就在于将外在于意识的对象世界变成了主观思维的一个产物，当然仅就这一点黑格尔还无法与主观唯心主义区别开来，重要的是他将对真理的认知看作一个过程，而这个对象世界，虽然作为意识的产物却成为意识得以确立的一个必要的中介，即自我意识必须在他者那里知道自己的本质。因此对象化，外化对于黑格尔来说就不是一个简单的派生、衍生的意义，如折射作用之于光线一般，而是真理获得的一个必要环节。但由于这种对象化本身并不是与意识完全无关的客观经验世界，而是意识自己内在的一部分，因此这种对象化与之前德国哲学所热衷的意识哲学中的对象化并非一种，后者的对象化或者与主观思维完全异质（经验论），或者只不过是主观意识的"幻象"（唯理论）。而对于黑格尔来说，对象化是客观的，却也是主观意识的一种现实显现。主观意识同时需要这种对象化的确证。并且主观意识只有在这种确证的基础上才真正地达到了更高一级的对真理的认知和把握。而这个更高一级的真理于是必然会实现对于主观意识及其对象化产物的双重超越。

海德格尔在其《黑格尔的经验概念》当中认为，当黑格尔将意识的本性视为是一种对象化及其复归的过程中来获得关于真理的认识的时候，黑格尔实际上已经走到了传统形而上学的边缘。因为在这种对象化的确认当中，"经验"的意义被意识到了。只是黑格尔围于古典哲学的固有传统，在逻辑学中将精神现象学当中存在的"经验"特性彻底抹去，仍热衷对于对象化向意识的复归的时候，黑格尔就只能是旧有形而上学的一个典型代表了。①

在理解了黑格尔哲学"对象化"的意义之后，我们才能真正解读马克思意义上的"劳动"。因为马克思所讨论的劳动，最初也是通过解读黑格尔的《精神现象学》而得来。但马克思与科耶夫的不同在于，马克思通过这种解读走出传统形而上学的藩篱，而科耶夫则在这种解读中沿着黑格尔的固有逻辑让自己留在了传统形而上学的语境当中。马克思在《1844年经济学哲学手稿》当中在对黑格尔辩证法的肯定性评价中提出了"劳动的本质"：

---

① 参见海德格尔《林中路》，孙周兴译，上海译文出版社1997年版，第188—190页。

黑格尔的《现象学》及其最后成果——辩证法，作为推动原则和创造原则的否定性——的伟大之处首先在于，黑格尔把人的自我产生看作一个过程，把对象化看作非对象化，看作外化和这种外化的扬弃；可见，他抓住了劳动的本质，把对象性的人、现实的因而是真正的人理解为他自己的劳动的结果。人同作为类存在物的自身发生现实的、能动的关系，或者说，人作为现实的类存在物即作为人的存在物的实现，只有通过下述途径才有可能：人确实显示出自己的全部类力量——这又只有通过人的全部活动、只有作为历史的结果才有可能——并且把这些力量当作对象来对待，而这首先又只有通过异化的形式才有可能。①

在这段话中，马克思肯定黑格尔所抓住的劳动的本质究竟是什么？从"他抓住了劳动的本质"之后的解释并不能获得。我们需要注意在引出劳动的本质之前的那段关于黑格尔哲学的伟大之处的论证：在我们看来，这才是劳动的本质的界定：即"黑格尔把人的自我创造看作一个过程，把对象化看作非对象化，看作外化和这种外化的扬弃"。对这样一句话，可从以下三个方面给予说明：

其一，马克思将黑格尔的自我意识置换为人。黑格尔哲学被剥离了主观意识的色彩，在更为激进的意义上说，只有将主观意识还原为现实的人，马克思的批判才能真正地从对"天国的批判"转向"对尘世的批判"。

其二，将自我创造视为一个过程。这是马克思所肯定的黑格尔的伟大之处。因为这种"过程"性分析所带来的辩证法成了历史性分析问题所必需的一种视角。在这一过程中，"把对象化看作非对象化，看作外化和这种外化的扬弃"。这就是劳动的本质。在此，把对象化看作非对象化，似乎很难理解，但经过上文我们已经完成的黑格尔的对象化与前黑格尔哲学的对象化本质的对比性分析之后，这句话就变成了对黑格尔哲学的精确概括。黑格尔对象化的本质就是把对象化看作非对象化。因为他的对象化从来都是意识自我的对象化，因此是意识自身的外化，这种对象化才不是经验论和唯理论意义上的对象化。同时这种对象化向意识的复归才是可能

---

① 马克思：《1844 年经济学哲学手稿》，人民出版社 2000 年版，第 101 页。

的，因为它本身不过是意识的一种外化而已。而所谓"看作外化和这种外化的扬弃"所意指的正是黑格尔对象化的特殊性在于它同时包含着对象化和对象化向意识的复归两个方面的内容。并且只有在这两个方面都完成之后，意识才获得了自我意识，知识才能被真正地把握和认知。

其三，劳动的本质就在于这种非对象化的对象化，这种包含着外化和外化之扬弃的一个过程。在这一意义上说，马克思此刻所强调的"劳动"绝不能等同于当时国民经济学家那里的"劳动"概念，因为它带有黑格尔哲学的思辨性。这种思辨性使得黑格尔在看待劳动的时候总是很难将其视为一种人的现实活动，更不能具体到工业时代的工人和资本家的不同劳动。黑格尔在《法哲学批判》的"市民社会"一节中的"需求体系"中，谈到了主观需要的满足所需要借助的两种手段：第一，通过外在物，第二，通过活动和劳动。劳动在此连接了主观性和客观性。虽然黑格尔明确指出这种劳动就是"通过各色各样的过程，加工于自然界所直接提供的物资，使合乎这些诸多的目的。这种造型加工使手段具有价值和实用"。① 但这种貌似很贴近现实的关于劳动的解说，在黑格尔的分析中却更多地被归结在目的与手段的关系中，抑或在将这种手段视为"为他人的存在"的意义上来获得说明。因此，劳动能够成为黑格尔精神逻辑运演当中的一分子。因为劳动在其中具有超越意识与存在之对立的内涵。劳动作为一个过程，所表达的仍然是自我意识需要以他者为中介，来证明自身的对象化过程。黑格尔的对象化思维方式对于黑格尔的整个哲学来说几乎是不变的基调。从这一意义上说，黑格尔对于市民社会的分析，对自然哲学的分析都只是其逻辑学的一种推演。

就此而言，马克思的"劳动"概念较之黑格尔要复杂得多。在我们看来，存在两个不同的层面：其一，黑格尔思辨哲学中关于劳动的设定，其核心内涵所指的是对象化以及对象化的扬弃。其二，偏重于政治经济学意义上的劳动。当然我们在此所要强调的是"偏重于"政治经济学。虽然马克思的劳动概念在其晚年政治经济学话语中出现的时候，总是徘徊在"人与自然"的关系当中，因此劳动具有了一种物质生产的内涵。正如"劳动本身不过是一种自然力即人的劳动力的表现"。② "劳动首先是人与自然之

---

① 黑格尔：《法哲学原理》，商务印书馆 1961 年版，第 209 页。
② 《马克思恩格斯选集》第 3 卷，人民出版社 1995 年版，第 298 页。

间的过程，是人以自身的活动来引起、调整和控制人和自然之间的物质变换过程。"① 但显然经过了黑格尔现象学的洗礼，马克思的劳动总是带有"对象化"的影子：劳动作为人与自然之间物质变化过程的一种调节，意味着一种主客观的相互作用，对象化在其中仍然是不可或缺的一个环节。只是此时的"对象化"以及对象化的扬弃已经走出了意识内在性，在人的现实的物质生产当中找寻着自己新的立足点。

因此我们可以知道，马克思与黑格尔的劳动概念之间一方面存在着本质差异，另一方面又具有相似之处。而科耶夫在谈论劳动概念的时候，由于没有能够分清黑格尔与马克思之间劳动概念的异同，以及马克思劳动观在其理论展开过程中的变迁，致使其对马克思劳动概念的理解和继承出现了偏差，最终没有能够借助马克思的劳动概念走出黑格尔所囿于的传统形而上学。

马克思的哲学意味着一种哲学观念的彻底变迁。关于马克思在何时真正发动了这场革命，学界对此有着不同的看法。但这场革命所直指的对象则是毫无异议的：即"黑格尔哲学及其所代表的一般形而上学"。在这部非常重要的著作中，马克思关于劳动本质的界定，以及对劳动的评介与分析首次出现。这对于马克思的思想演进来说绝非巧合。换言之，我们必须将马克思对黑格尔哲学以及整个形而上学的批判，与其对劳动本质的理解及其评介放在一起来思考。只有这样，我们才能真正地理解马克思的劳动概念，也才有可能理解究竟在何种意义上，马克思超越了整个传统形而上学，实现了一种哲学革命。

首先，我们要明确的是，1844 年的马克思在谈论劳动本质的时候，是在肯定黑格尔对劳动本质的界定的意义上来谈论的。这一点很重要。我们不能因为马克思用异化劳动概念打开了其走向历史唯物主义的大门，并因其在政治经济学批判语境中的劳动，带有着物质生产的基本内涵，就认定此刻的马克思已经完成了哲学的超越。马克思在此时所理解的劳动概念，仍然具有很强的思辨性。他赞同黑格尔对劳动之本质的界定，认为这是黑格尔辩证法的伟大贡献之一。但如果我们过早地将马克思对劳动的评价，提升为超越黑格尔哲学的关键一步，那么将可能导致我们对马克思哲学的误读。但另一方面，我们不可忽视的是马克思紧随其后的另一段评介：

① 《马克思恩格斯全集》第 23 卷，人民出版社 1972 年版，第 201—202 页。

黑格尔站在现代国民经济学家的立场上。他把劳动看作人的本质，看作人的自我确证的本质；他只看到劳动的积极的方面，没有看到它的消极的方面。劳动是人在外化范围之内的或者作为外化的人的自为的生成。黑格尔惟一知道并承认的劳动是抽象的精神的劳动。①

在这段话当中，我们真切感受到了马克思对黑格尔的批判，只是这种批判同样源于他刚刚给予肯定的"劳动"概念。这一肯定后的否定值得我们仔细品味。一开头，马克思认为他所批判的黑格尔此时正"站在现代国民经济学家的立场上"。这是 1844 年的马克思所特有的一个批判视角——哲学—经济学的视角。如果我们研读过黑格尔的《法哲学原理》，我们就会发现这个视角在黑格尔和马克思的时代非常流行。黑格尔从其年轻时代一直到《法哲学原理》时期，从来都没有放弃过对国民经济学的批判和反思。卢卡奇对此有过准确的概括："黑格尔不仅在德国人中对法国革命和拿破仑时代持有最高和最正确的见解，而且他同时是唯一的德国思想家，曾认真研究了英国工业革命问题；他是唯一的德国思想家，曾把英国古典经济学的问题与哲学问题、辩证法问题联系起来。"② 特别是对于劳动问题，由于此时的马克思已经进行完对黑格尔《法哲学原理》的批判，因此对于其中所讨论的那个带有着浓郁政治经济学色彩的劳动规定，马克思比较熟悉。因此他将黑格尔的劳动观念，视为是立足于国民经济学家立场的结果。这也意味着马克思对劳动的批判一箭双雕，不仅批判了黑格尔，而且还批判了国民经济学。

那么问题的关键就转换到了，究竟黑格尔和国民经济学在劳动问题上犯了怎样的错误呢？马克思这样概括："把劳动看作人的本质，看作人的自我确证的本质；他只看到劳动的积极的方面，没有看到它的消极的方面。"这句话点出了马克思与黑格尔以及国民经济学在劳动问题上的根本差异。后两者仅仅看到了劳动的积极的方面："劳动是人在外化范围之内的或者作为外化的人的自为的生成。"这是之前一段对于劳动本质所包含的对象化内涵的另一种表述方式。马克思之前对此肯定，在于这种劳动本

① 马克思：《1844 年经济学哲学手稿》，人民出版社 2000 年版，第 101 页。
② 卢卡奇：《青年黑格尔》（节选本），王玖兴译，商务印书馆 1963 年版，第 23 页。

质的界定完成了对唯理论与经验论之对立的双重超越。而此刻马克思对于劳动的这个积极方面的批判，其根本意图在于揭露黑格尔的超越并不彻底。因为他富有超越性的劳动观念不过是"抽象的精神的劳动"。这是意识哲学所永远无法走出的怪圈。黑格尔哲学的劳动概念只是让这种意识运动起来，富有了历史性，却没有完成对意识的突破。那么此时马克思的劳动思想究竟意味着什么？很显然，马克思认为，如果试图将劳动之本质所具有的超越性力量彻底释放出来，就要认清劳动的消极方面。对劳动的消极方面的分析，对于1844年时期的马克思来说就是异化劳动的规定与批判。

自从《1844年经济学哲学手稿》问世以来，"异化劳动"一直是学界热衷讨论的一个主题。近来更是成为人们讨论马克思哲学革命的一个切入点。由于论题所限，在此我们无意再将异化劳动的四个规定逐一分析，但对于异化劳动的革命性，我们仍试图从整体上提出一点看法。

马克思通过对异化劳动的研究，认识到精神劳动的内在缺陷，他认为新的哲学视角需要关注的是现实的人的活动。这里需要将黑格尔的自我意识还原为人，同时还要将自我意识的对象化活动转变为人的对象化过程。这一活动在人与自然的关系当中得以显现。

> 当现实的、肉体的、站在坚实的呈圆形的地球上呼出和吸入一切自然力的人通过自己的外化把自己现实的、对象性的本质力量设定为异己的对象时，设定并不是主体；它是对象性的本质力量的主体性，因此这些本质力量的活动也必须是对象性的活动。对象性的存在物进行对象性活动，如果它的本质规定中不包含对象性的东西，它就不进行对象性活动。它所以只创造或设定对象，因为它是被对象设定的，因为它本来就是自然界。因此，并不是它在设定这一行动中从自己的"纯粹的活动"转而创造对象，而是它的对象性的产物仅仅证实了它的对象性活动，证实了它的活动是对象性的自然存在物的活动。

> 我们在这里看到，彻底的自然主义或人道主义，既不同于唯心主义，也不同于唯物主义，同时又是把这二者结合起来的真理。我们同时也看到，只有自然主义能够理解世界历史的行动。①

---

① 马克思：《1844年经济学哲学手稿》，人民出版社2000年版，第105页。

马克思的这段论述或可看作是劳动之对象化规定的一种重述，但显然这种重述的立足点已经转变成为了"现实的、肉体的、站在坚实的呈圆形的地球上呼出和吸入一切自然力的人"。马克思用十分质朴的语言表达着这一立足点的现实性。在这段论述中，我们看到马克思在此强调了"把对象化看作非对象化"观念的重要性。"它（指人——笔者注）所以只创造或设定对象，因为它是被对象设定的，因为它本来就是自然界。"这句话的含义就在于对象化的活动从来都设定主体（人）和客体（自然）原本的同一性。马克思在这里将人与自然等同起来无非就是黑格尔关于主观与客观、思维与存在同一的现实化的表达。在这一意义上，彻底的自然主义与人道主义是一回事，并且他们能够完成对唯物主义与唯心主义的双重超越。因为这是黑格尔的哲学已经完成的一种超越。马克思在将立脚点转变为现实的人的基础之上时，沿着黑格尔的逻辑已经走到了形而上学的尽头。

表面看来，马克思对黑格尔的这种立脚点的转换似乎有些武断。但如果我们以马克思对劳动的解说为切入点，那么这种转变就是可以理解的了。马克思之所以能够发现黑格尔劳动概念中所缺乏的消极性一面，就在于他从"当前的经济事实出发"①，发现了现实的工人所具有一种生存困境："工人生产的财富越多，他的产品的力量和数量越大，他就越贫穷。工人创造的商品越多，他就越变成廉价的商品。"② 这一经济事实的发现使得马克思看到了劳动的"异化"。工人与商品之间的对象性活动不但没有确证工人的存在，反而让工人成为廉价的商品。这是马克思在延续黑格尔的劳动界定时所得出的一个与黑格尔相反的结论。

为什么会出现这种矛盾呢？在马克思看来，问题不是出在现实之上，而是出在逻辑之上，即黑格尔对劳动的逻辑设定出了问题。对于黑格尔而言，在《精神现象学》阶段所提出的关于劳动的规定，可以视为对劳动所作出的一般性规定，而在《法哲学原理》中所给出的规定，则可视为这种一般规定之下所延伸出来的特殊规定。二者在逻辑上没有根本性差异。而对于马克思来说，他从来没有抛弃过黑格尔关于劳动之本质的这种一般规定（对象性规定）。在他看来，黑格尔的劳动概念之所以会出现问题，根本原因在于他缺乏现实的视角，他在将人抽象为自我意识的时候，仅仅停

① 马克思：《1844 年经济学哲学手稿》，人民出版社 2000 年版，第 51 页。
② 同上。

留于抽象的精神劳动。因此当马克思从当下的经济事实出发的时候，他仍然坚持劳动本质的一般规定。就这一意义而言，马克思与黑格尔在劳动概念上的差异并没有看起来的那么巨大。

论及至此，我们是否能够得出科耶夫对马克思劳动概念的运用就完全符合马克思哲学的基本精神呢？仍然不能。虽然科耶夫转变了劳动的视角，将劳动看作人的本质的规定。但科耶夫所关注的人，无论多么有血有肉，都不是一定社会关系中的人，因此他从来不讨论工人或者资本家的本质，而总是一般地讨论人的本质。他在设定劳动为人的本质之时，并没有真正超越黑格尔和国民经济学家，他们都已经将人的本质视为劳动。但只有马克思所讨论的人是在社会关系当中的人，这样的人在现实中总是作为工人或者资本家而存在。因此，他的社会关系才是人的本质的真正设定。

另一方面，我们不得不再次强调一点，异化劳动虽然实现了一种视角的转变，为马克思历史唯物主义的设定找到了一个切入点，但也仅仅是一个切入点而已。正如我们对于马克思的劳动与黑格尔的劳动之间所作的对比性分析所显现的那样：就劳动之本质的规定而言，黑格尔与马克思并没有根本的分歧。根本性的差异在于劳动究竟是谁的劳动，劳动带来的对象化以及对象化的扬弃究竟是怎样一个过程等问题。因此如果马克思仅仅停留于对劳动的批判之上，那么他要实现一种真正的哲学革命将不可能。在1845年的《关于费尔巴哈的提纲》中，马克思将对象性活动转变为一种实践精神，或可看作是挣脱劳动的第一步。而后在其对德意志意识形态的批判中，更是将视野拓展到了现实的人进行劳动时所处于的社会环境，这种社会环境，确切地说，就是人的劳动所展开的特有的社会关系。由此马克思的批判逐渐由对异化劳动的现实批判，转向了对资本主义的批判（这是现实的异化劳动得以存活的社会关系）。如果马克思局限于对劳动的考察，并将劳动视为现实的人的本质，那么这种批判路径的转变绝无可能。

概而言之，就劳动概念而言，它只能是马克思思想还未成熟之前所借用的一个概念。当马克思发现了异化劳动之后，劳动所固有的对象化逻辑就已经不再是他思考的重心了。并且也只有在这种对象化的逻辑不再处于理论的中心时，马克思才能彻底摆脱黑格尔哲学的困境。在这一意义上说，只有突破劳动，放弃劳动，才能走向一个新的哲学平台。这就可以解释为什么在马克思晚年的政治经济学批判中，劳动只是偶有表述，并且仍然带有着一些旧有国民经济学和黑格尔劳动观念的色彩，但在大部分著作，特别是主要著作中，劳动已不再是马克思哲学的中心概念。劳动所包含的原则被历史唯物主义逐渐扬弃。

三 死亡

欲望在历史性中最初显现为生死斗争，它塑造了主人与奴隶的对立；在历史性的展开中，欲望显现为奴隶的劳动，劳动创造了历史，并为历史的终结提供了可能性。然而在这一历史性的展开过程中，还有一个问题没有得到说明，这就是为什么在生死斗争中，有一类人可以成为主人，而另一类人却成为了奴隶？或者这样说，为什么奴隶要放弃作为人所欲求的价值——纯粹的荣誉——而囿于动物的欲求，仅仅试图保存生命？对于这一问题的解答，使科耶夫又一次回到黑格尔《精神现象学》的文本之中，但其研究最终得出的却是一个最具海德格尔色彩的结论：这就是畏死。如果说对生命价值的否定显现为斗争，对物的存在的否定显现为劳动的话，那么对生命本身的否定则显现为死亡。因此，死亡同样是欲望在历史性展开中的一种显现。它与斗争、劳动一起构成了欲望的生存论结构。

黑格尔在讨论主奴辩证法的过程中，首先从主人的角度分析了"劳动"问题，随后又从奴隶的角度再次进行了分析。只是这后一次的分析是围绕着"恐惧"展开的。作为相对于主人意识的另一种意识，奴隶也是一种自我意识，它同样也应该具有自在自为性（在科耶夫的意义上说，也就是属人性）。如果说主人的自在自为性体现在他是一个能够欲望着他者的欲望的存在，即将冒生命危险作为欲求的最高价值，因此他可以放弃生命来换取他者的承认，并由此成为了主人的话。那么奴隶由于惧怕死亡，从而屈从于主人的统治，保全了性命，但却似乎失去了作为人所应欲求的东西——冒生命危险而获得他者承认的欲望。然而，奴隶由此就不具有自在自为性了吗？奴隶真的成为了与物完全相同的东西了吗？黑格尔仅仅说奴隶具有一种"物性"，也就是说，奴隶带有一种物性的属性，而并非是物。奴隶仍是人，并且是能够在劳动中创造历史的人。那么奴隶的自在自为性又体现在哪里呢？

体现在人所特有的否定性上。在这一点上，黑格尔和科耶夫是一致的。这种否定性在黑格尔和科耶夫那里显现为"欲望"，从另一个方面来讲，这种否定性也是显现"欲望"的一种途径、一条通道。如上所言，对生命价值的否定显现为斗争，对物的存在的否定显现为劳动，对生命本身的否定则显现为死亡。死亡与斗争有着直接的关联，是斗争所追求的最后目标。死亡在主人那里是现实的，他们或者生，或者死。因此他们的否定具有现实性。然而在奴隶这里，情形变得更为复杂。对生命本身的这种否定性作为属人的本质同样内在于奴隶自身之内。只是这种否定性还不具有现实性，它如同奴隶在劳动中获得的自由观念一样，作为一种理想创造着历史。对生命的否定，即死亡作为一种"切己"的观念，威慑着奴隶。奴隶在这种恐惧中体验到了死亡可能到来的感觉，由此作出了一个规避死亡的行为：遵从主人的统治，成为奴隶。

奴隶的恐惧非同一般，或者说奴隶所感受到的恐惧是特殊的恐惧，不同于其他一般的恐惧。"这种奴隶的意识并不是在这一或那一瞬间害怕这个或那个灾难，而是对于他的整个存在怀着恐惧，因为他曾经感受过死的恐惧。对绝对主人的恐惧。"① 如果熟悉海德格尔死亡思想的话，就不难发现这段颇为形象，又颇为有力的描述与海德格尔如出一辙。但它却出自黑格尔的《精神现象学》，而不是海德格尔的《存在与时间》。对于二者思想了如指掌的科耶夫来说，他是不会放过这样的契机的，因此他很自然地就把海德格尔的思想渗透进了黑格尔，并以之来指导自己的黑格尔阐释。

在海德格尔视阈中，死亡不是一个可以被对象化地谈论的事件，谈论死亡恰恰是逃离死亡的一种方式。死亡在人的生存论中有其特殊意义，它不同于生理意义上的终结，海德格尔将后者称为亡故，"而死或死亡则作为此在借以向其死亡存在的存在方式的名称"。② 因此死不是亡故，它恰恰是人生存的一种方式，所谓向死而生。对于海德格尔来说，人是有死的，这是人区别于其他非人的存在者的根本之所在。动物不会死，而只会亡故。只有人才会死，死是一种只有人才具备的能力。人是会死的，意味着人有能力死，并且他一直以"有死"或者"能死"的方式活着。对人而言，生理意义上的终结——亡故恰恰意味着"会死"这一能力的丧失。

换言之，当一个人亡故的时候，与其说这是生的终结，不如说这是死的终结。因为在海德格尔那里，生是一个过程，死也是一个过程，并且，生的过程和死的过程是同一个过程。"在这个意义上，人'生'的过程和

① 黑格尔：《精神现象学》（上卷），贺麟、王玖兴译，商务印书馆1979年版，第129—130页。
② 海德格尔：《存在与时间》，陈嘉映、王庆节译，生活·读书·新知三联书店1999年版，第284页。

'死'的过程是同一个过程，'向上的路'和'向下的路'是同一的，这是赫拉克利特的话，于是才有人生而'趋向死亡'这样初看很骇人听闻的话。"① 作为一个过程的死亡以一种可能性的方式存在或者说在场。在哲学的范畴序列中，可能性与现实性是相辅相成的，但在海德格尔那里，可能性却优先于现实性。在对人的生存论分析中，海德格尔所力图消解的就是那种将人作为现实性的、既定的存在的学说，认为只有诉诸可能性，人作为生成性的存在才能够得以彰显出来。

　　回到科耶夫的论述，我们发现，他着重阐发了奴隶的恐惧，其原因就在于奴隶的恐惧本质上是对死亡的恐惧，即畏死；或者用海德格尔式的语言说，奴隶是在对死亡的恐惧中实现了一种向死而生。死亡的恐惧作为一种可能性时刻悬置在奴隶的头上，黑格尔以少有的极富感染力的笔触描述了这种恐惧："死的恐惧在他的经验中曾经浸透进他的内在灵魂，曾经震撼过他整个躯体，并且一切固定规章命令都使得他发抖。这个纯粹的普遍的运动、一切固定的持存的东西之变化流转却正是自我意识的简单本质，是绝对的否定性、是纯粹的自为存在，这恰好体现在这种意识里。"② 有理由相信，黑格尔的描述使科耶夫更为确信对死亡的这种恐惧所具有的生存论的意味。值得注意的是，黑格尔所说的"一切固定的持存的东西之变化流转却正是自我意识的简单本质"，到了科耶夫那里，就自然转换成了：一切固定的持存的东西之变化流转却正是人之存在的特有方式，这无疑体现出了鲜明的生成论视阈。

　　虽然奴隶因畏惧死亡而成为了奴隶，但却并不因此就不再是属人的存在。恰恰相反，科耶夫将奴隶视为真正的历史的创造者。这不仅是因为奴隶的劳动直接创造了历史，而且还因为奴隶对死亡的恐惧诠释了人的真正存在方式。由于这种恐惧作为一种可能性而存在，因此，人的存在及其历史性的展开才是可能的。在主人的生死斗争中，导致的仅仅是亡故。战斗到死亡的意识不仅使主人消灭了对手，同时也消灭了确证自身的"他者"。这样反而失去了作为人的存在所特有的欲望的满足。同时，作为一个现实性的存在，他拥有现实的自由，但却失去了作为可能性存在的自由。因此主人不仅不能创造历史，而且其存在也不是真正历史性（即人）的存在。

---

① 叶秀山：《世间为何会"有""无"》，《中国社会科学》1998年第3期。
② 黑格尔：《精神现象学》（上卷）贺麟、王玖兴译，商务印书馆1979年版，第130页。

于是，在科耶夫看来，问题就颠倒了过来，主人的存在，只是为了产生奴隶，这个真正的人去构造历史。

死亡在对奴隶的这种属人的界定中显然发挥了重要作用。它与劳动共同构成了奴隶之为奴隶的特质，从而也就构成了科耶夫意义上人之为人的特质。科耶夫对死亡的界定，紧扣黑格尔《精神现象学》的文本。因此，我们需要再次回到黑格尔的文本中去发现死亡对于奴隶，即人的意义所在。

在黑格尔看来："在主人面前，奴隶感觉到自为存在只是外在的东西或者与自己不相干的东西；在恐惧中他感觉到自为存在只是潜在的；在陶冶事物的劳动中则自为存在成为他自己固有的了，他并且开始意识到他本身是自在自为地存在着的。"① 由此可见，对死亡的恐惧，或者说人所特有的死亡与对物的改造，即劳动是奴隶成为自在自为，即成为人的存在的必要条件。"如果意识没有忍受过绝对的恐惧，而只是稍微感到一些紧张或惊惶，那否定的存在对于它还是一个外在的东西，它的整个灵魂还没有彻头彻尾受到对方的感染或震撼。它的自然意识的全部内容既然没有动摇，则它本身仍然还有一种特定的存在，［也就还有任性和偏见］，而任性和偏见就是自己个人主观的意见和意向，——是一种自由，但这种自由还停留在奴隶的处境之内。"② 可见，对死亡的恐惧，就像一场洗礼，只有经过这一场洗礼之后，奴隶才能获得真正属人的存在。

然而需要进一步指出的是，在黑格尔看来，对死亡的恐惧总是一种内在的意识，因此，如果仅仅具有死亡的观念，那么奴隶也仅仅是具有否定现状的可能性，但却缺乏现实性。真正要实现这种否定，还需要奴隶的劳动对现实世界的改造。在这种改造中，产生了知性、科学、技术的发展，它们为奴隶否定现状的可能性向现实性的转换提供了必要的现实条件，加之在劳动中树立的自由观念，奴隶突破现状，最终与主人进行最后的斗争才可能成为现实。由此可见，死亡与劳动作为两种否定性——前者是一种对生命本身的潜在的否定，后者则是对物的世界的否定——对于奴隶的自在自为，也即科耶夫意义上人的现实存在来说缺一不可。

死亡是欲望作为一种否定性的力量在历史性展开过程中的显现。死亡

① 黑格尔：《精神现象学》，（上卷）贺麟、王玖兴译，商务印书馆 1979 年版，第 131 页。
② 同上书，第 131—132 页。

诠释了人所特有的存在方式。对应于科耶夫对人之生存论结构的分析，我们还可以进一步延伸对科耶夫死亡观的讨论。在科耶夫看来，人作为生成性的存在包含三重主题：自由、历史性和个体性。我们上述对死亡的分析实际上所涉及的是人的历史性存在与死亡的关系。科耶夫不满足于此，他在《黑格尔哲学中的死亡概念》一文中曾就人的三重主题与死亡的关系给出了一个分析。在此由于论题所限，我们对自由和个体性与死亡的关系只能略做分析。

就人是自由的存在而言，死亡是人自由的显现。自由作为一种否定性，是对既定存在的否定，而这种否定只有通过自愿的死亡才能实现。所谓"自愿死亡"也就是指"一种意识到本身和自愿的'暴卒'"。[①] 人的死亡总是被科耶夫称为"暴卒"，因为人的死亡不是一种自然的死亡，不是生理意义上的终结。死亡在意识中时刻存在，使得死亡在任何时候的发生，对于人来说都是一种"暴卒"。因为它总是被意识到的死亡，也因此不得不是"自愿的死亡"。人的自由就体现为人在意识到死亡，但又不得不走向死亡的这种否定当中。

就人是个体性而言，死亡重新被放置到欲望所开启的历史性维度上加以考察。人的个体性是人作为普遍性和特殊性的结合。人作为欲望的存在总是欲求着他者的欲望，从而只有在获得承认的意义上才真正成为人的存在。而承认本身就是一个特殊性与普遍性的结合。只有个人的价值被他者，并且拓展为普遍的他者所承认的时候，个人的价值才被承认，个体性也才得到真正显现。死亡作为斗争中冒生命危险的行为，在历史性的展开过程中，因成为属人的价值而被他者所承认，从而成为确认单个人价值的一种方式。于是，我们可以说单个人（特殊性）只有在冒生命危险的斗争（死亡）中得到了他者的承认（具有普遍性），从而个人才真正具有了个体性的原则。

总的来看，欲望作为一种否定性，斗争、劳动和死亡共同构成了其历史性展开的生存论结构。因此，它们在本质上都是一种否定性。只是它们在历史性展开的过程中所发挥作用有所不同。斗争是历史性展开的催化剂，劳动和死亡则作为人之为人的生存方式分别成为推动历史性展开的现实力量与潜在力量。然而不管怎样，它们都不过是人之存在以及历史性的

---

① 科耶夫：《黑格尔导读》，译林出版社2005年版，第678页。

一种展开方式。科耶夫在对这些不同要素的描述中，为我们构建了一种独特的哲学人类学。它以主奴辩证法为演进脉络，以欲望为人之生存论的轴心范畴，以斗争、劳动和死亡为展开欲望的生存论结构，最终构成了一个相对完整的哲学人类学体系。在我们看来，这一哲学人类学就是当代哲学的一种形态。

第七章

科耶夫欲望理论的历史意义和哲学价值

在本章中，我们将重新开启对科耶夫哲学中欲望理论的讨论。但这种讨论路径与之前的梳理有着很大的不同。如果说之前的梳理只是满足于概括科耶夫究竟说了什么，那么在本章中，我们将科耶夫哲学放入纯粹哲学的发展历史当中来反观其对整个形而上学的批判与颠覆性。这一点或可视为是对科耶夫哲学思想的一种拓展性研究。研究的目的已经不再局限于对科耶夫哲学本身的理解，而更多的是试图以其为契机，探寻一条超越传统形而上学的新路径。

在我们看来，科耶夫的一大贡献是把最具感性色彩，也最为传统的形而上学所抵触的"欲望"引入了哲学，并赋予其在哲学上的重要地位。我们要沿着这一问题继续追问的是，把"欲望"引入哲学，其意义何在？换言之，欲望进入哲学之后，将产生或者说能够产生何种影响？这种影响对于推动哲学的发展有何意义？应当说，这一系列问题都是必须要面对的。我们认为，欲望进入哲学，就像一把利剑突破了传统哲学所固守的最后一块阵地，穿透了意识内在性的基本建制，从而彻底打破了哲学的超感性神话。因此，欲望进入哲学的意义绝不在于为哲学增添了一个新的范畴，而在于为哲学开辟了一条新的道路。

科耶夫的欲望理论所穿透的以"我思"为内核的哲学，开端于笛卡尔。黑格尔在《哲学史讲演录》曾经指出："自笛卡尔起，我们踏进了一种独立的哲学。这种哲学明白：它自己是独立地从理性而来的，自身意识是真理的主要环节。在这里，我们可以说是到了自己的家，可以像一个在惊涛骇浪中长期漂泊之后的船夫一样，高呼'陆地'。"[1] 在此黑格尔所谓的哲学家们漂泊多年所看到的"陆地"究竟是什么？就是笛卡尔"我思故

---

① 黑格尔：《哲学史讲演录》第4卷，贺麟、王太庆译，商务印书馆1978年版，第59页。

我在"中的"我思"。我思作为近代哲学的基石，不仅带来了哲学的主体性转向，同时开启了传统形而上学的基本建制，对于这一建制的洞察莫过于海德格尔。

海德格尔曾经这样评价黑格尔对于笛卡尔的赞誉："黑格尔说，有了笛卡尔的自我思维（ego cogito），哲学才首次找到了坚固的基地。在那里哲学才能有家园之感。如果说随着作为突出基底的自我思维，绝对基础就被达到了，那么这就是说：主体乃是被转移到意识中去的根据，即真实在场者，就是在传统语言中十分含糊地被叫做'实体'的那个东西。"① 在此海德格尔借用黑格尔的实体等于主体的表述，表明了传统哲学中"我思"对于"真实在场者"，即实在所具有的奠基性作用。因为对于"我在"为何的问题，笛卡尔给出的仍是一个思之层面的表述："我是谁，一个思想者。什么是思想者？这就是怀疑、设想、领会、肯定、否定、意愿、想象、感受者。"②也即是说："思之外一无所有，从那里我知道了我所是，一点点比从前开窍了。"③

传统哲学的特有建制在所谓的"思之外一无所有"当中表露无遗。换言之，"我在"只能在"我思"当中获得其理论基石及其合法性。如果"我思"成为了近代形而上学的基础，那么也就是说，意识对自身的把握，即某种自我意识的哲学成为形而上学的奠基石。这种主体性原则将存在完全纳入到意识的范围内，存在就是意识中的存在，意识之外没有存在。这种传统形而上学的基本建制或可被称为"意识的内在性"原则。

海德格尔在《存在与时间》中批判了这一意识内在性原则，并提出了这一原则带来了传统形而上学无法突破的一个问题："这个进行认识的主体怎么从他的内在'范围'出来并进入'一个不同的外在的'范围？认识究竟怎么能有一个对象，必须怎样来设想这个对象才能使主体最终认识这个对象而且不必冒跃入另一个范围之险？"④ 问题的一个更加简洁的表述是："认识究竟如何能从这个'内在范围''出去'，如何获得'超越'？"⑤ 科耶夫的欲望理论正是穿透"我思"的一种路径。而在此之前，

① 海德格尔：《面向思的事情》，陈小文、孙周兴译，商务印书馆1999年版，第75页。
② Descartes R., *Discours de la methode*, Paris, Librairie Philosophique, 1976, p. 83.
③ Ibid., p. 85.
④ 海德格尔：《存在与时间》，生活·读书·新知三联书店1999年版，第71页。
⑤ 同上。

海德格尔与黑格尔以其不同的路径回应了同样的问题。而科耶夫的思想恰好是两者哲学思想的一种综合。因此他的产生具有逻辑的必然性。

第一节 海德格尔：此在之"出离"

海德格尔对于意识的内在性问题赋予了特别的关注，在其不同时期的不同著作中，这个问题如同幽灵一般萦绕其间。在此，我们择其要者予以分析。

在《存在与时间》的序言中，海德格尔就宣告了他对笛卡尔问题的思考与批判。虽然在其正文中没有进行更为详细的阐发，但却为这个问题的研究拉开了序幕。在海德格尔看来，在哲学的历史上曾经触及他所谓的时间以及时间性的哲学家只有康德，然而由于康德没有意识到对"此在"的存在论分析的重要性（在康德的语境下，或者应该说忽视了对"先验统觉"的存在论分析），因此他仍然按照传统的、流俗的时间观念来设定时间与认知主体之间的关系，时间完全外在于主体的存在，于是康德虽然在"图式论"中谈到了时间，但却完全无法对时间做出任何有效的说明。正如康德自己所言："我们知性的这种图型法就现象及其单纯形式而言，是在人类心灵深处隐藏着的一种技艺，它的真实操作方式我们任何时候都是很难从大自然那里猜测到、并将其毫无遮蔽地展示在眼前的。"① 然而在海德格尔看来，阻止康德前进的并不是他的能力，而是他的立场，源于笛卡尔的立场。海德格尔认为："笛卡尔发现了'Cogito sum'['我思故我在']，就认为已为哲学找到了一个新的可靠的基地。但是他在这个'激进的'开端处没有规定清楚的就是这个能思之物的存在方式，说得更准确些，就是'我在'的存在的意义。"② 显然，海德格尔从一开始就将笛卡尔的"我在"解读为一种"存在"，而非我思的派生物，认为应当在存在论的根基处考察"我在"的存在论意义。

在此，海德格尔对于"我在"的凸显清楚地说明了海德格尔解决我思与我在对立问题的方式完全不同于之前的德国古典哲学。无论是康德、费希特，还是黑格尔，对于这一问题的探讨基本上都是从重新理解"我思"

---

① 康德：《纯粹理性批判》，邓晓芒译，人民出版社 2004 年版，第 141 页。
② 《海德格尔选集》（上卷），孙周兴译，上海三联书店 1996 年版，第 56 页。

开始的。如何将"我在"纳入"我思"之中，这是德国古典哲学解决这一问题的基本途径。海德格尔将这一方向上的努力看作停留于意识内在性之中的种种尝试，并由此视其为全部形而上学的基本建制。在海德格尔看来，只要还囿于从"我思"出发来思考"我在"，那么这一问题的解决要么停留在意识内在性之中，要么完全不可能。

对这种不可能性最为典型的说明来自海德格尔在《论真理本质》中的分析。在批判传统真理观的时候，我思与我在如何统一的问题再次浮现出来，只是在真理问题的视阈中，这一问题被转换为了理论与现实的符合是如何可能的？对此，海德格尔举例来说：

> 看到桌子上的两个五分硬币，我们便说：它们彼此是符合一致的。两者从外观上的一致而相符合。所以它们有着共同的外观，而且就此而言，它们是相同的。进一步，譬如当我们就其中的一枚硬币说：这枚硬币是圆的，这时候，我们也谈到了符合。这里，是陈述与物相符合。其中的关系并不是物与物之间的，而是陈述与物之间的。但物与陈述又在何处符合一致呢？从外观上看，这两个相关的东西明显是不同的嘛！①

在此，海德格尔显然坚持着"现象学"的显现方式，通过直观事物本身来凸显一个陈述的命题（我思的结果）与现实的硬币（我在的现实）之间在本质上的无法沟通。最为直接面对这一问题并给予清楚回答的文本就是海德格尔的《晚期的三天研讨班纪要》。在此研讨班的第二个讨论中，海德格尔同样延续了对康德的批判，并通过对胡塞尔的批判明确提出并回答了意识内在性问题。在海德格尔看来，胡塞尔的哲学之所以与新康德主义有密切关联就在于，虽然胡塞尔通过意向性"挽救了对象……然而其方式却是，把对象嵌入意识的内在性之中"②。因此胡塞尔在本质上仍然是从"我思"出发来考察"我在"，但是，"只要人们从 Ego cogito（我思）出发，便根本无法再来贯穿对象领域；因为根据我思的基本建制（正如根据莱布尼兹的单子基本建制），它根本没有某物得以进出的窗户。就此而言，

---

① 《海德格尔选集》（上卷），孙周兴译，上海三联书店 1996 年版，第 218 页。
② 丁耘摘译：《晚期海德格尔的三天研讨班纪要》，《哲学译丛》2001 年第 3 期。

我思是一个封闭的区域。'从'该封闭的区域'出来'这一想法是自相矛盾的。因此，必须从某种与我思不同的东西出发"。①

那么，那个"某种与我思不同的东西"究竟是什么呢？我们可以联系海德格尔在《存在与时间》中对此在的分析，"按照它本来的存在方式，此在一向已经'在外'，一向滞留于属于已被揭示世界的、前来照面的存在者。……此在的这种依寓于对象的'在外存在'就是真正意义上的'在内'"②。在《晚期三天研讨班纪要》中，他给出了更为明确也更为充分的说明：那个"某种与我思不同的东西"只能是此在（Da－sein）的存在，这种存在的特殊性在于它本身就处于一种"出离"的状态。那么，何为此在的出离呢？"此在的出离"是指此在总是处于一种在……之外……存在，即这种存在总是向外，总是要出来，要走出意识之外。所以它始终在世界之中。什么叫作在世界之中？这里的在世界之中不是通常意义上说我们处于某种空间之中。在……之中从来不是物理学的概念，其所意指的是居住在……之中，与……熟悉。这是任何一种物理空间都无法给予我们，只有作为此在的存在在其中能够体会得到。因此，在存在论的视阈中，此在在……之中的存在从来不能通过物理的时空得到说明。由此可见，此在的出离不是无家可归，而是回到现实世界之中，这个世界因"此在的出离"而不再是一个完全"自然的"、"客观的"世界，而是因"此在"的介入而显现的世界。

那么对于"我思"与"我在"的问题来说"从今往后，人出离地与那是某物自身的东西面对面地相处，而不再通过相对立的表象"。③ 这句话很关键，可以说是海德格尔对我思与我在之关系的点睛之笔。此在的出离首先意味着此在从来不在意识之内，而是已经在世界之中了，那么在世界之中的此在当然可以和在世界之中的另一些存在"面对面地相处"。因为它们之间不再具有如同二维空间与三维空间之间的差异。而在传统形而上学之中，存在只有首先变成一个"表象"（即某种观念的产物）才能和"我思"相遇，并成为"我思"可以认知的东西。为了形象地说明这一问题，海德格尔举例说："当我回想起在布斯克拉兹（Les Busclats）小屋中

---

① 丁耘摘译：《晚期海德格尔的三天研讨班纪要》，《哲学译丛》2001年第3期。
② 海德格尔：《存在与时间》，生活·读书·新知三联书店1999年版，第73页。
③ 丁耘摘译：《晚期海德格尔的三天研讨班纪要》，《哲学译丛》2001年第3期。

的勒内·沙尔，在那里向我给出的是谁或者是什么呢？是勒内·沙尔自身！而不是天晓得的什么（我以之为中介与沙尔相关的）　'图像'（Bild）。"① 这一例子如此之简单、如此之生动，甚至充满了一种调侃意味。它展现了一个简单的事实，也展现了一个哲学上的"悖论"："这是如此的简单，以至如何在哲学上使它变得可以理解，反而成了最困难的事情。"②

对此在出离的分析，同时也就是海德格尔对于意识内在性问题的解答："必须从某种与我思不同的东西出发。"也可以进一步说，必须从某种与传统形而上学不同的哲学出发。否则，任何试图解决意识内在性问题的尝试都"是自相矛盾的"。③

第二节　黑格尔：自我非我

无论是从时间维度，还是从逻辑维度来看，对于"我思"问题的研究，我们似乎都应该将黑格尔放在海德格尔之前加以讨论。因为黑格尔作为古典哲学的集大成者，一直以来也被视为在传统哲学范围内对我思与我在的统一性问题给出详尽阐发的最后一人。因此在黑格尔身上最为充分地体现着整个传统形而上学的优与劣。马克思在《1844 年经济学哲学手稿》中就曾将对黑格尔辩证法的批判视为对"整个哲学的批判"。那么黑格尔哲学就应当成为海德格尔批判传统形而上学的最大对手。因此，应当将其放在海德格尔之前加以讨论。

然而，我们作为科耶夫的研究者在此却不得不有意实行这样一种顺序上的"颠倒"。因为正是在阐发黑格尔思想的时候，科耶夫为我们展现了其带有浓厚存在论色彩的哲学。在科耶夫眼中，黑格尔与海德格尔具有极大的相似性，他的具有存在论色彩的所有阐发都可以追根溯源到黑格尔的文本之中，这不能不引起我们的重视。究竟是科耶夫对黑格尔的"过度"阐释导致了黑格尔哲学与海德格尔哲学的相似，还是黑格尔哲学中确实存在着走向存在论的契机，这是我们在借助科耶夫的眼睛，来重新审视黑格

---

① 丁耘摘译：《晚期海德格尔的三天研讨班纪要》，《哲学译丛》2001 年第 3 期。
② 同上。
③ 同上书，第 55 页。

尔的时候需要重点思考的一个问题。为了更好地研究这一问题，我们需要顺着科耶夫的视野，在海德格尔的基础上对黑格尔哲学进行一种回溯，这样就出现了目前这种顺序上的"颠倒"。

一　物性与意识

黑格尔与传统哲学的一大不同在于他不再将矛盾视为思想中的错误，而是看作通达真理的必要环节。这种真理是一种统一性，而这种统一性要求以矛盾或者对立为其前提。所以由笛卡尔所引发的我思与我在的关系问题，虽然在康德那里凸显为不可调和的二元对立，但却为黑格尔最终统一为真理奠定了基础。

黑格尔无疑是探讨统一性的，但这种统一性在经过了康德、费希特等人之后，已经不再是我思与我在的直接统一，更为关键的是这种统一不能是思维内在的自我统一。即不能像笛卡尔那样设定"思外无物"，我在即是我思；或者像费希特那样由一个无限的自我来设定非我，并延伸及其他。对于黑格尔来说，康德所强调的存在不能被忽视；相反，那些在意识内部寻求统一性基础的任何努力，在黑格尔看来都还没有真正超越笛卡尔。基于这一认识，黑格尔试图解决康德留下来的难题：将现实的存在（在康德那里就是物自体）纳入到意识领域之中。正是这一路径为科耶夫的阐释提供了重要的契机。

在此，我们仅举一例来展现黑格尔对意识内在性的批判，以彰显黑格尔哲学对意识的"出离"。在《精神现象学》的第六章，黑格尔描述了精神获取确定性的过程，其中包括最初的真实的精神，异化了的精神，以及最终道德——一种对其自身具有确定性的精神。然而在论述"异化了的精神"之时，黑格尔引入了对信仰和启蒙的讨论，它们作为精神的否定性成为精神到达自身确定性的必要环节。黑格尔在此有一段论述批驳启蒙思想内部出现的两种思潮：一种以纯粹思维（我思）为出发点；另一种以纯粹物质（我在）为出发点。两者究竟具有怎样的差异？黑格尔说：

> 一派的启蒙，把当初以之为出发点的、处于现实意识的彼岸、而存在于思维之中的那个无宾词的绝对，称之为绝对本质；——而另一派，则称之为物质。假如它们被区别成为自然和精神或上帝，那么自然，作为在自己本身中进行无意识的编织，就会缺少发挥展开的丰富

生活，而精神或上帝，就会缺少对其自身进行区分的意识。两者，诚如我们已经看到的那样，完全是同一个概念；它们的区别并不在于事情本身，而纯粹只在于，两派思想形成的出发点不同，并且两派在思维运动中各自停留于自己的一个定点上原地不动。假如它们越出它们的定点，它们就会走到一起，并且认识到，那在一派看来据说是一种可恶的而在另一派看来是一种愚蠢的东西者，乃是同一个东西。因为，对于一派来说绝对本质是存在于它的纯粹思维之中或者说是直接为纯粹意识［所知觉］的，是存在于有限意识之外的，是有限意识的否定性的彼岸。假如这一派反思以下这样一个事实：一方面，思维的那个简单的直接性并不是别的，正就是纯粹的存在，另一方面，那对意识说来是否定的东西，同时也和意识发生着关系，因为否定判断中的系词“是”是即使主宾两词分离同样也把分离开来的两词联系到一起的，而假如注意到了这一点，那么，这个彼岸，作为一种外在地存在着的东西，就会与意识发生关系，并且，这个彼岸既然是以外在存在物的规定而呈现出来的，它与那被称纯粹物质的就会是同一个东西；现前存在所缺少的环节，也就会有了。①

在这一段论述中，我们可以看到，首先黑格尔指出了以绝对思维为出发点与以绝对物质为出发点的两种思潮分别面对的问题：前者并没有产生和自身有差别的，即非思维的存在，后者则因缺少能动的思维而僵死。然而，不管两种思潮之间存在着怎样的差异，它们在根本点上则是完全一致的，因为绝对思维直接衍生的存在本身也就是一种绝对思维。而同时那被称为“纯粹物质”的存在虽然表面上看来是对思维的否定，但在与思维相关联的时候，显现出与思维具有本质上的相似性，这种相似性在黑格尔看来就是一种对感性的抽象。

当宣称从物质，也就是从感性存在出发的一派“抽除味觉、视觉等等的感性关系”，那么他们使物质“成为绝对的物质，成为既没被感觉也没被品尝的那种东西；这样一来，这种存在就变成了无宾词的简单东西、纯粹意识的本质；它的自在地存在着的纯粹概念，或在自己本身之中的纯粹

---

① 黑格尔：《精神现象学》（下卷），贺麟、王玖兴译，商务印书馆1979年版，第109页。

思维"。① 而对黑格尔来说,"被看见了的,被感受了的,被尝到了的东西,并不是物质,而是颜色、一块石头、一粒盐等等;物质毋宁是纯粹的抽象"②。

黑格尔在此指出了启蒙运动中两种不同出发点的思潮在本质上的一致,这一点非常重要。正因为对这一问题具有清醒的认识,才使得黑格尔对于"我思"的内在性以及走出意识内在性的困难具有同样清醒的认识。如果按照笛卡尔的路径,即试图从内向外,以我思为立足点来思考思维与存在的关系,那么这将永远囿于意识内在性之中。黑格尔对此给予了极为深刻的批判:

> 换句话说,两派启蒙都没有达到像笛卡尔那样的形而上学概念,都没有理解,存在与思维两者自在地即是同一个东西,都没想到,存在、纯粹的存在不是一种具体的现实,而是纯粹的抽象,并且反过来说,两派都没有看到,纯粹的思维,自身等同性或本质,一方面,是自我意识的否定物,因而是存在,另一方面,作为直接的简单性,也同样不是什么别的,正是存在;思维是物性,或者说,物性就是思维。③

可见,以物性为特质的物质从来不是什么具体的现实,它同样是一种抽象性的思维。物性就等于思维,也就等同于意识。正是基于对物性与思维的这种认识,黑格尔才认为启蒙运动中针锋相对的两派:感觉主义(唯物主义)与自然神论(唯心主义)在本质上是一致的,即他们都还在意识的内在性中徘徊。

既然认识到了这一点,那么黑格尔在探寻真理的时候显然要避免自己所批判的这种境况。因此黑格尔作为一代思想巨人,他已经开始寻找走出意识内在性的途径。只是这一努力在其绝对精神的概念范畴之中被遮蔽了起来,成为其绝对精神演进的一个必要环节。在对启蒙中两派思潮进行批判之后,黑格尔提出了一个所谓"功利主义"的解决途径。我们以为其含

---

① 黑格尔:《精神现象学》(下卷),贺麟、王玖兴译,商务印书馆1979年版,第109页。
② 同上书,第108页。
③ 同上书,第110页。

义应当在"走出"意识内在性的意义上来加以理解。

什么是功利主义？在黑格尔的意义上就是"纯粹识见使自己得到实现并以自己本身为对象，在这里，纯粹识见不否认它的对象，而且也不认为它的对象只具有空洞无物或纯粹彼岸的价值"。① 按照科耶夫的阐释：一种思想只有被付诸实践，它才具有价值。纯粹识见要走出来以实现自身，化身为自己的对象，并且这种对象绝对不再是什么纯粹的、抽象的、空洞的彼岸价值。那么它又是什么呢？黑格尔在此已经以否定的方式指出了这一对象在本质上必然是非抽象的、非纯粹的具体现实的存在。

然而对于黑格尔来说，他所探求的真理从来不能停留于这种具体的现实之中，精神的辩证运动要求它重新回到自身，与自身实现统一。然而这种统一却因此不再是笛卡尔式的直接统一。思维与存在，在黑格尔那里已经是两个世界的不同事物，而不再仅仅是思维（意识）的两种派生物，那么这种再统一将是像海德格尔所认为的那样：是一种意识，带着自己所有的俘获物回到意识之中。黑格尔的绝对精神就是精神对世界的把握，同时也是世界对精神的显现，于是思维与存在绝对精神之中介环节的作用下实现了统一。这种统一同时意味着走出意识内在性之可能，随之而来的问题是：这种"走出"在黑格尔的意识哲学之内是如何可能的？

二　自我与非我

海德格尔认为在整个德国古典哲学中，特别是在黑格尔哲学中，这种走出是完全没有可能的，然而，科耶夫却几乎完全依据着黑格尔的文本衍生出了一套海德格尔式的哲学道路，这使我们不得不惊醒于一个问题：在黑格尔哲学中是否存在着这样一种"走出"的契机？只有首先发现了这一契机，我们才能最终理解黑格尔哲学是如何"走出"意识内在性的。

马克思曾经将黑格尔的绝对精神界定为斯宾诺莎的"实体"和费希特的"自我意识"的统一。"在黑格尔的体系中有三个因素：斯宾诺莎的实体，费希特的自我意识以及前两个因素在黑格尔那里的必然的矛盾的统一，即绝对精神。"② 就对"我思"问题的研究来说，费希特的"自我意识"对于黑格尔来说具有更为重要的价值。费希特将自己的哲学界定为知

---

① 黑格尔：《精神现象学》（下卷），贺麟、王玖兴译，商务印书馆1979年版，第111页。
② 《马克思恩格斯全集》第2卷，人民出版社1957年版，第177页。

识学,其本义就在于试图建构一个真正科学的哲学。然而引发费希特进行哲学研究的一个根本动机却是这样一个问题:"怎么在某个时候客观东西变成主观东西,自为的存在能变为被表象的东西。"在费希特看来,真正要回答这个问题,就必须将问题回溯到这一点上,即"客观东西与主观东西不是全然分离,而是浑然一体"。① 可见引发费希特进行哲学思考的问题恰恰就是德国古典哲学的基本问题:思维与存在能否统一,以及如何统一的问题。在我们看来,费希特的回答具有重要的启示意义,即将主观的东西与客观的东西看作是全然不可分离的,即我思与我在的关系在费希特的语境中不再是推演关系,而是并列关系。只有在他们的相互指认中,我思与我在才可能存在。

这一设定对于"我思"问题的理解具有重要意义,因为在费希特那里,"我思"第一次不再是一个绝对的推演起点,反倒是其存在自身需要客观现实的确认:"在我达到自我意识之前,我是什么呢?对此,自然的回答是:我根本不是,因为我那时不是自我。只在自我对它自己有所意识时,自我才是。"② 那么如何才能对自我有所意识呢?"你的内在活动指向自身之外的某个东西(指向思维客体),同时返回自身,指向自身。然而按照以上所述,返回自身的活动给我们产生的是自我。因此,你就在你的思维中意识到你自己,而这个自身意识也正是对你思维的那个直接意识,不管被思考的是某个客体还是你自己——因此,自身意识是直接的;在这种意识中,主观东西和客观东西是不可分割地结合在一起的,是绝对统一的。"③ 费希特在此提出了一个重要问题:"我思"(自我意识)的确认需要借助于自我意识之外的客观事物才是可能的。这是试图走出"我思"封闭性的一种尝试,只是在笛卡尔的巨大影响之下,这个被非我所设定的自我仍然是一切事物推演的基础之所在,因此费希特哲学中包含了一种理论的张力。

一方面,在费希特广为人知的知识论的三条原理中,我们总是过于关注"自我设定自己","自我设定非我",从而将其当作意识内在性的典型来加以批判;另一方面,我们往往容易忽视费希特所提出的第三原理:

---

① 《费希特著作选集》第 3 卷,梁志学主编,商务印书馆 2000 年版,第 3 页。
② 费希特:《全部知识学的基础》,王玖兴译,商务印书馆 1986 年版,第 12 页。
③ 《费希特著作选集》第 2 卷,梁志学主编,商务印书馆 1993 年版,第 759 页。

"自身在自身中设定一个可分割的非我与一个可分割的自我相对立"所包含的重要意义。在这种对立的设定中，非我与自我成为了两个并列的存在共同构成了自我的存在。由此更为准确地说，构成费希特哲学出发点的并不是直接的自我，而是自我与非我（自我意识之外的某个东西）的共同体。非我作为自我的对立，并列在自我对自身的设定中，这说明了自我并非是笛卡尔意义上的单纯的、直接的"我思"，而是一个包含着自我与非我统一体的存在。

在此如果我们忽略掉费希特哲学中的前两个命题，而仅仅关注于第三命题的话，那么我们就会发现其与黑格尔哲学之间的惊人相似性。事实上，黑格尔正是在批判费希特的"自我"之中展开了其关于"自我意识"与"精神"的基本看法。黑格尔批评费希特，认为自我与非我的对立是一个非法的推理，这不过是纯形式的思辨。因为它的出发点仅仅是自我，"自我是无限的，是能思维的，但却发现自己与一个非我相联系。这是一个矛盾［这个矛盾费希特诚然努力想予以解除，但他仍然没有摇动这种二元论的错误基础。费希特所达到的至高无上的东西只是一个'应该'，并不能解决这个矛盾］。"① 也就是说，费希特的自我在设定非我与受到非我之限制的两重意义上是相互矛盾的，这就像一方面说上帝造物，另一方面又说上帝不得不受到其所造物的限制一样。

这里的关键在于费希特没有指出作为思维的自我如何设定不是思维的非我，也就是说，思维如何走出自身的封闭性？费希特的自我实际上彰显了思维的无限性，因为它可以设定非我；但与此同时这种无限性又不得不在非我中受到限制。要克服这一矛盾，费希特只有不断地扬弃这一限制，从而陷入"恶的无限性，并且永远不断地发现新的界限"。② 所以费希特哲学本质上是康德二元论哲学的最高形态。

在扬弃了费希特的自我观之后，黑格尔设定了自我意识以及精神的基本内涵。他批判费希特陷入了恶的无限，为了能够阻止这种无限，黑格尔认为需要设定一个自我意识，作为克服这种二元对立的真正出发点和最终归宿。然而，正是在这一点上，黑格尔显现了其与整个意识哲学之间的最大差异。在黑格尔看来，自我意识或者说精神并不是一个单纯的"自我"，

---

① 黑格尔：《哲学史讲演录》第4卷，贺麟、王太庆译，商务印书馆1978年版，第324页。
② 同上。

自我意识的产生在黑格尔那里也并不是一个在其内部就可以显现的意识："自我意识是从感性的和知性的世界的存在反思而来的，并且，本质上是从他物的回归。"① 所谓他物，可以视为费希特意义上的非我，在黑格尔这里则是指感性世界中的存在。这一存在对于自我意识的形成虽然仅仅具有一种中介环节的意义，因此注定是要被克服、扬弃的。然而对于自我意识而言，这个他物的真实存在却是不能被抹杀的，并且这种感性的存在并不是自我意识的派生物。它仅仅是自我意识的"对象"，自我意识的一种确证。于是并不是自我设定非我，而是非我确认自我，自我意识的最终形成就是自我与非我相互作用的结果。于是，我们再一次回到黑格尔的这一段话中：

> 意识，作为自我意识，在这里就拥有双重的对象：一个是直接的感觉和知觉的对象，这对象从自我意识看来，带着否定的特性的标志，另一个就是意识自身，它之所以是一个真实的本质，首先就只在于有第一个对象和它相对立。自我意识在这里被表明为一种运动，在这个运动中它和它的对象的对立被扬弃了，而它和它自身的等同性或统一性建立起来了。②

可见，自我意识不是一个单纯的、单一的自我，而是一种运动，一个自我（意识）与非我（对象）相互作用的结果。如果说自我意识本身就是我思与我在的共同体，那么从自我意识（我思）出发向客观世界（我在）的转变就是可能的了。因为我在作为一种非我，从来不是自我中的一部分。它是自我的平行的对立面，并作为意识的双重对象共存于确立自我意识的运动之中。所以，在我们看来，黑格尔的自我意识在本质上是一个自我与非我的统一体，"既然一个自我意识是对象，所以它既是一个自我，也是一个对象"③。在其中自我与非我各自独立着，并相互作用着，形成了一种运动，诠释了自我意识的存在。

在此，当黑格尔诠释自我意识包含这个双重对象的时候，他实际上为

① 黑格尔：《精神现象学》（上卷），贺麟、王玖兴译，商务印书馆1979年版，第116页。
② 同上书，第117页。
③ 同上书，第122页。

自我意识走出意识内在性提供了一种契机：即如果说自我与非我是相互独立存在的，那么意识在本质上就不再是一个封闭性的存在，它不再是莱布尼茨的单子，而是有一个通向外在世界的窗口，这扇窗户就是在这个自我意识中包含着"直接的感觉和知觉的对象"，亦即作为感性和知性存在的非我。然而，仅仅指出黑格尔的"我思"中所包含着的这种走出意识内在性的可能性还是不够的，黑格尔显然为这种"走出"设定了一条现实的道路。但这条道路的设定从根本上说要依赖于黑格尔对于自我意识的界定。

自我意识不仅是一种意识，同时还包含有感性和知性的对象。然而对象的存在仅仅是为了确证自我意识的存在，因此，从这一意义上说，自我意识总是要回到自身，也就是说，虽然自我意识本身是双重化的运动，但其最终仍要达到一种自我统一性。感性和知性的对象（即非我）的存在，仅仅是为了确证自我意识，并为其回到自身充当一个中介环节。于是下面的问题就在于这种感性和知性的对象是如何确证自我意识的存在的？在此"生命"进入了黑格尔哲学。如果在意识内在性的语境中来分析黑格尔关于"生命"的理解，我们或者应该把"生命"称为对"走出"意识内在性道路的一种描述。即它不是那条道路本身，却是对那条道路的描述。因为在黑格尔眼里，生命意味着一个过程，它被黑格尔常常表述为一个"活生生的过程的生命"，[①] 它所彰显的是作为双重化的自我意识是如何在其运动中生成的过程：

> 生命的发展过程包含如下诸环节。它的本质是扬弃一切差别的无限性，是纯粹的自己轴心旋转运动，是作为绝对不安息的无限性之自身的静止，是运动的各个不同环节在其中消融其差别的独立性本身，是时间的单纯本质，这本质在这种自身等同性中拥有空间的坚实形态。但是这些差别在这个简单的普遍的媒介中同样保持其差别，因为这个普遍的流动性具有否定的本性，只由于它是诸多差别的扬弃。……在这里，它们的存在已不复是抽象意义的存在，它们的各个环节、纯粹的本质性也不带有抽象普遍性的意义了；反之它们的存在正是那在自身内的纯粹运动之简单的流动的实体。[②]

---

① 黑格尔：《精神现象学》（上卷），贺麟、王玖兴译，商务印书馆1979年版，第119页。
② 同上书，第118页。

可见，生命的过程是一种对差异的扬弃，它预设了独立持存的对立，但自身却是将这些对立扬弃的过程。因此它具有"时间的单纯本质"。它所谓的扬弃本身具有否定性的特质。在否定中，对象确认了自我意识，"意识拥有一个对象，这对象自己本身把它的对象或差异者设定为不存在的，因而它自己是独立存在的"。①也就是说，意识否定了对象的存在才确证了自我意识的存在。这一过程就是生命的过程，也是意识与存在、我思与我在之间沟通的一条道路。然而在这条道路上真正发挥作用，并促使意识与存在之间相互沟通的唯一环节就是"否定"，在黑格尔的语境中，这种"否定"又被称为"欲望"。黑格尔说："那当下欲望的对象即是生命"，又说"一个绝对自为地存在的自我意识，立刻就会赋予它的对象以否定的特性，或者说，如果自我意识首先是欲望，因而它就会经验到它的对象的独立性"。②

在这里，我们再次在黑格尔的语境中谈到欲望的问题，"欲望"在此成为意识"走出"内在性，与对象世界打交道的一种途径。黑格尔通过欲望实现了意识与存在的沟通方式，让两个世界融合为一。那么为什么黑格尔能够实现这一统一或者说融合呢？其根本原因在于他摒弃了笛卡尔以来意识哲学中的直接统一性，而采取了过程性的思维方式，将"活生生的生命"过程注入到了"我思"与我在的统一性之中，从而在两个世界之间铺下了一条道路。如果说生命是对这一道路的描述，那么"欲望"是这条道路本身。

然而，现在一个问题突然显现在我们面前。在描述这一过程中，我们发现黑格尔谈论意识触及存在的途径并非是一个"从内向外"的过程。正如我们已经指出的那样，黑格尔的意识是一个包含有对象的意识，因此是一个非封闭的意识，所以我们或者可以大胆地做出这样一个论断：黑格尔的意识作为一种出发点，本身是已经处于对象世界之中的意识。它在起点之处并不存在如何走出的问题。但当黑格尔最终将真理设定为自我意识的统一性的时候，他必须要做的一个工作就是如何让意识从对象世界返回到自我意识之中，因此他还要面对意识与存在如何统一的问题。

更为确切地说，我们在此用生命和欲望所彰显的黑格尔哲学中关于意

---

① 黑格尔：《精神现象学》（上卷），贺麟、王玖兴译，商务印书馆1979年版，第121页。
② 同上书，第117页。

识内在性的问题，并不是意识如何走出其封闭的内在性的问题，而是已经在外的意识如何重新"走入"意识的问题。但无论是"走出"，还是"走入"，意识与存在作为两个不同的世界如何实现这种沟通都是一个不能回避的问题。黑格尔一方面不想突破固有意识哲学的藩篱，另一方面却又试图打破这种意识与存在之间的不可穿越性。为了完成这两方面的任务，黑格尔批判了传统哲学中以"我思"作为逻辑起点的不可能性（通过批判费希特），同时却又让自我意识必须返回自我，于是他在解决了如何"走出"问题的同时，又重新面临如何"走入"的问题。而这两个问题在根本上是一致的。

　　在此，还需指出的是，黑格尔哲学对于自我意识的界定原本为黑格尔突破意识的内在性提供了有效的契机。然而，由于黑格尔无法摆脱意识哲学的束缚，使其最终将真理的获取看作是意识的回归，即携带着对象世界的俘获物，又回到了意识世界之中。但经过了黑格尔对"我思"传统的批判，这种回归显然不可能重新回到意识的直接的自我同一性，即我思即是我在，自我 = 自我的模式。对于黑格尔来说，自我意识的自我统一同样是在两种自我意识的对立中实现的："欲望的满足诚然是自我意识返回到自己本身，或者是自我意识确信它自己变成了［客观的］真理。但是它这种确信的真理性实际上是双重的反映或自我意识的双重化。"① 回归了的自我意识同样需要对象的确认，只是在此的对象不再是感性的和知性的对象，而是另一个自我意识。但这两个自我意识是绝不能合而为一。他们只有在相互对立中，才能相互确认，也才能实现自我意识的统一性：

　　　　这里的问题是一个自我意识对一个自我意识，这样一来，它才是真实的自我意识；因为在这里自我意识才第一次成为它自己和它的对方的统一……——说到这里，精神这一概念已经出现在我们前面了。意识所须进一步掌握的，关于精神究竟是什么的经验，——精神是这样的绝对的实体，它在它的对立面之充分的自由和独立中，亦即在互相差异、各个独立存在的自我意识中，作为它的统一而存在：我就是我们，而我们就是我。意识在自我意识里，亦即在精神概念里，才第一次找到它的转折点，到了这个阶段，它才从感性的此岸世界之五色

① 黑格尔：《精神现象学》（上卷），贺麟、王玖兴译，商务印书馆 1979 年版，第 121 页。

缤纷的假象里并且从超感官的彼岸世界之空洞的黑夜里走出来，进入
到现在世界的精神的光天化日。①

　　精神是自我意识回归的结果，它本身就是包含对立面的存在。并不存
在什么纯粹的、单一的自我，触及真理性的自我意识的统一都是两个自我
的统一，或者用现代哲学中常常出现的一个词：主体间的。为了表达这样
一个复合性的存在，黑格尔才会说出看似让人费解的命题："我就是我们，
而我们就是我。"黑格尔由此在其自我意识的回归中再次避免了单纯的
"我思"所带来问题。在我们看来，在这种双重的自我意识之中，黑格尔
仍暗含了对象世界的存在，因为当黑格尔带有强烈自豪感地宣称：意识在
自我意识中找到它的转折点的时候，他实际上认为他真正实现了对传统哲
学二元论对立的真正融合，而这种融合虽然没有停留在"五色缤纷"的感
性世界（这显然超越了经验主义），也没有停留在"超感官的彼岸世界"
（这又超越了笛卡尔传统下的先验哲学传统），但"精神的光天化日"显
然是这两个世界的统一，而正是这个双重化的世界，也许对于黑格尔来说
才是真实的。

　　然而不管怎样，我们在黑格尔的批判与分析中对这一问题有了新的推
进，然而无论是黑格尔对自我意识所进行的双重化界定，还是黑格尔在生
命的过程中，让欲望打通自我意识与对象世界之间的道路，这些思想都成
为了科耶夫阐发自己哲学的诸多入手点。因为具有了海德格尔的视阈，使
得科耶夫有意凸显了这些似乎与黑格尔整个体系不相符合的种种观念。科
耶夫在这些观念上大做文章，从而在自己哲学人类学的理论视阈中，完成
了一次对意识内在性问题的再研讨。

第三节　科耶夫：欲望穿透"我思"

　　以上对于"我思"问题的大体梳理，让我们对其有了一个相对系统的
认识。下面我们将面对本书的主人公——科耶夫。从基本路径上看，科耶
夫关于"我思"问题的研究无疑是行走在海德格尔所开辟的道路上。海德
格尔认为只有"此在的出离"才能真正突破意识内在性的束缚，他提出了

① 黑格尔：《精神现象学》（上卷），贺麟、王玖兴译，商务印书馆1979年版，第122页。

此在出离的两个维度：其一，对意识的出离，即此在从一开始就在世界之中；其二，对传统时间观的出离，即对曾在者、当前者以及未来者的出离。在海德格尔那里，关于这两种维度的论述仍然是"原则性的高度"。这意味着海德格尔的研究在"原则高度"开辟了一条新的道路，从而指明了前行的方向，但与此同时，它也留下了诸多的可能性。科耶夫的工作就是这诸多可能性的一种，但却是超越海德格尔既有视阈的一种。这一可能性的起点还是在黑格尔那里。

虽然科耶夫将黑格尔的精神现象学解读为一种哲学人类学，但这并不意味着在科耶夫那里不再存在意识内在性的问题。恰恰相反，在我们看来，正是因为对"我思"的追问才最终促使科耶夫有可能将黑格尔的精神现象学解读为一种哲学人类学。在黑格尔看来，"我思"与我在统一的问题可以转化为自我意识的统一问题，他通过意识与自我意识的双重化将这种统一改造为一种间接性的统一性。然而不管黑格尔对自我意识做了怎样的改造，都不过是对"我思"的一种研究，即研究"我思"作为一种思维或意识所具有的特质。正是在这一点上，科耶夫做出了一个重要的基础性转换。

"为了能以笛卡尔的方式提出同样的问题，《精神现象学》必须回答自以为能到达最终或绝对真理的哲学的问题：'我思故我在'；但我是什么？"① 科耶夫在此运用追问方式的转换来改变答案本身。在黑格尔那里，对于笛卡尔问题的改进实际上是以"我思是什么"为出发点来展开研究的，到了科耶夫这里，他所追问的却是"我是什么"？经过这样一种转换，原本指向意识，并且似乎只能通过对"意识"的改造才能解答的问题，现在突然变成了对"我"的追问。从"意识"到"我"，科耶夫通过这一似乎并不起眼的转换偷换了整个黑格尔哲学的基础。

这一转换的实现显然受到了海德格尔的影响。海德格尔对于"我思"问题的解决就是通过对"意识"本身的追问转换为对"此在"的追问。因为在海德格尔看来，"意识是在此在中得到根据的"。② 对于这种转换，海德格尔认为应将其视为源初意义上的"移居"，即把哲学的根基从原本高高在上的意识领域下降到现实世界之中。科耶夫对"我是什么"的追问同

---

① Alexandre Kojève, *Introduction to the Reading of Hegel*, Cornell University Press, 1980, p. 33.

② 丁耘摘译：《晚期海德格尔的三天研讨班纪要》，《哲学译丛》2001 年第 3 期。

样是一种"移居"。只不过他又把海德格尔的"此在"转换为"我"。认为对"我是什么"的不同回答在根本上决定着对意识内在性问题的基本态度。

科耶夫认为，笛卡尔对于"我是什么"的回答将是："我是一个能思维的存在。"这一回答不仅属于笛卡尔自己，而且属于所有追问"我思是什么"的哲学家。科耶夫的回答则是"我是一个哲学家"。① 这一回答又意味着什么呢？一个哲学家与一个能思维的存在之间又有何根本不同呢？这是问题的关键所在。也是科耶夫关注的重心所在。"我不仅仅是一个能思维的存在；我也是——首先——黑格尔。那么，这个黑格尔又是什么？首先，他是一个有血有肉的人，他知道自己就是这样的。不过，这个人不会在空中飞翔。他坐在一把椅子上，在一张书桌前，用羽毛笔在纸上写字。"②

通过这段比较详尽，甚至有些琐碎的描写，我们可以知道，科耶夫视野中的"哲学家"乃是"一个有血有肉的人"，"他坐在一把椅子上，在一张书桌前，用羽毛笔在纸上写字"。简而言之，这个哲学家乃是一个现实的、感性的、活生生的、个体的人。于是，我们或者可以得出这样一个结论：在科耶夫这里，此在的第一种出离性：即"此在的在世界之中"，已经通过对"我是什么"的追问与回答确立了起来。在科耶夫的哲学人类学的视阈下，"我思故我在"的起点并不是"我思"，而是支撑着"我思"并构成"我思"的基础的现实的"我"的存在。需要注意的是，这里的"我"虽然是现实的，但他却不能还原为由各个器官所组成的生理意义上的"我"。笛卡尔已经通过其怀疑主义的批判指出了各个感觉的虚假性，从而将通过感觉来观察世界的方式排除在哲学的视阈之外。

对于科耶夫来说，这个有血有肉的现实的人的存在也不能仅仅归结为各种感觉的组合体，感觉的自然生理性存在永远只是人的一个自然的基础，它不能界定人的本质。因此，科耶夫在描述这个有血有肉的"我"的时候，其笔触集中在他的生活，他与世界打交道的过程之上：他坐在椅子上，他用笔写字，并且他知道他所使用的物都是人劳动的产物，甚至指出当这个"我"听到耶拿战争的隆隆炮声的时候："他知道大炮也是一种劳

---

① Alexandre Kojève, *Introduction to the Reading of Hegel*, Cornell University Press, 1980, p. 33.
② Ibid., p. 34.

动的产物，这一次，用于人与人之间的生死斗争。但是，事情不止于此。他知道他听到的炮声是在耶拿战役中拿破仑的大炮的轰鸣。他因而知道他生活在拿破仑在那里行动的一个世界中。"① 因此这个"我"乃是一个特殊的存在。他不仅要处于一个特殊的世界之中，而且还能够对这个世界拥有自己的独特见解。然而不管怎样，这个"我"从一开始就已经"出离"于"我思"。因此在科耶夫那里，从一开始就是从某种"与'我思'根本不同的东西"出发，这就为走出意识内在性提供了可能。

以上可以看作是科耶夫对海德格尔此在的出离，即此在在世的一种诠释。在对这一问题的阐释中，科耶夫显然对黑格尔做出了一种过渡的阐释，将原本不属于黑格尔哲学基本精神的东西悄悄输入其中。正如我们之前已经指出的那样，黑格尔哲学虽然包含着突破意识内在性的契机，如黑格尔的自我是自我与非我的共在，非我并非自我的派生物，因此自我意识成为了由于自我与对象（非我）对立而产生的一种运动。然而由于黑格尔仍强调这种运动的结果是自我意识的统一性，并且这种统一性是两个对立的自我意识之间相互确认，于是在强调了非我存在的基础之上，又回到了意识内在性的藩篱之中。

然而科耶夫在此将"我思"转换为"我"，即将思维转化为现实的人的存在，由此导致了对意识内在性之推演前提的质疑，即在之前的传统形而上学之中，我思是我在的前提，即思维是存在的前提。经过了科耶夫的改造，我思本身需要一种前提，即"我"的存在。由此整个我思问题的路向就由意识衍生存在，转向了存在衍生意识，正是在这一点上讲，科耶夫完成了意识内在性的突破。

然而问题还没有就此止步。在科耶夫看来，"我"不仅是有血有肉的存在，"我"同时还是一个能够"理解"我所处世界的存在，所以他强调，"我是一个哲学家"。这种理解是如何可能的？因为我不仅是一个客观的存在，而且还是一个有意识的存在，"不仅仅有意识，而且——首先——也是自我意识。人不仅仅是一个能思维的存在，也就是能用语言（logos），用由词汇构成和具有一种意义的语言揭示存在的人。人还揭示——同样用语言——揭示着存在的存在，他自己的存在，与被揭示的存在对立的能揭示的存在，并给予这个存在'我'　（Ich）和'自我'

---

① Alexandre Kojève, *Introduction to the Reading of Hegel*, Cornell University Press, 1980, p. 34.

（Selbst）的名称"。①

　　用自我意识来界定"我"的本质，那么我作为一个特殊的已经出离在世的存在本身又是一个意识，并且出离在世的存在只能是我之为人的一个基础，我要成为我，要成为一个不同于生理性存在的特殊存在，所依赖就是人有自我意识。这种自我意识的显现就在于对存在的揭示。在科耶夫看来，黑格尔所追求的最终的绝对知识就是这样一种自我意识：它能够通过理解客观存在而理解自身，并且通过理解自身来理解整个客观存在。自我意识就是绝对精神，这是黑格尔的结论。但在此，科耶夫无疑放大了黑格尔对自我意识的特殊界定，即黑格尔所谓的自我意识是自我与对象的统一性运动，客观世界在其中作为一个必要环节构成了对自我的一种确证。

　　科耶夫在此要将其改造为绝对知识，必须首先在客观上是可能的，即在客观的历史进程中，拿破仑及其所发动的耶拿战争构成了某个特殊的历史时刻，同时也构成了黑格尔这个哲学家在世的客观世界。由此，主观的自我意识的存在，即某个叫作黑格尔的哲学家的存在，才最终决定了绝对知识的产生，这种绝对知识表现为："黑格尔通过理解拿破仑和他的同时代人为止的人类发生的历史过程的整体来理解自己，他通过理解自己来了解这个过程，他使普遍的实际过程的完全整体进入他的特殊意识，他也深深地进入这个意识。和这个意识在理解自己时所揭示的过程一样，它也是完全的，普遍的，能充分意识到自己的这个意识就是绝对知识。"②

　　对这一段的理解，我们能够体会到科耶夫所讨论的绝对知识虽然在表面上似乎仍然是一种意识，即绝对知识是意识通过对存在的理解来理解自身（即确证自我），只有在对客观现实的理解与对自身的理解完全一致的时候，自我意识形成了，绝对知识也就形成了。但由于科耶夫将自我意识等同于一个有血有肉的人的现实存在，实际上这种绝对知识的整个基础仍然是现实的存在，这个存在不是感性的、客观的自然物的存在，而是作为存在论意义上的人的现实存在，它在本质上具有海德格尔意义上的生存论结构，并且是对海德格尔存在论的一种拓展。它所彰显的并不是"我思"本身，如同在黑格尔哲学中一样——在其中，自我意识是意识自身确定性的真理，在其本质上就是对"我思"的一种新的诠释——而恰恰是揭示了

---

① Alexandre Kojève, *Introduction to the Reading of Hegel*, Cornell University Press, 1980, p. 36.
② Ibid., p. 35.

"我思"之前提的"我"的生存论结构。我们认为，这是科耶夫对黑格尔哲学最为根本的改造。

自我意识何以成为对人的一种生存论描述？在此，我们可以清楚地感觉到科耶夫在阐发黑格尔的自我意识之时所采用的海德格尔意义上的现象学方法。科耶夫对自我意识所展开的现象学分析仍然奠基于对绝对知识的探求之中。在此我们需要再次强调绝对知识的形成问题，对于科耶夫来说"真正的（绝对的）哲学不是如同康德和后康德的哲学，一种意识的哲学，而是一种自我意识的哲学，一种意识到自我，理解自己，解释自己，知道自己是绝对的和向自己显现为绝对的哲学"。① 换句话说，绝对知识要求人要有对自己的认知、理解，因此首先要意识到自我。仅仅指向于外在对象世界的意识并不能达到绝对知识，因为对外在世界的意识所形成的认识和揭示"仍然使存在处在自在之中，独立于揭示它的认识"。② 这种认识显然不是真正的认识，因为在这种认识之中，不仅认识存在的人没有被揭示，甚至那被意识揭示的自在的存在仍然没有被真正的认识，这就是自在存在的"自在性"。

科耶夫从反面描述了如果仅仅沉浸在"我思"，而忽视"我"所可能导致的结果：沉思一个物，人就被这个物体所吸引，他总是会忘记自己，仅仅想到被沉思的物，他没有意识到自己，并不能说出一个"我"来，那么这里的我还是不能被自己所理解。与此同时，科耶夫又从正面描述了如果关注到了"我"之后，可能导致的结果：当人发现了除了物之外，还有"我"的存在，物于是向他显现为"对象"，显现为一个外部的事物，一个"非我"。物由此才真正进入到意识的领域当中。

科耶夫的描述，常常使我们回到黑格尔的阴影之中，分不清哪里是科耶夫，哪里又是黑格尔。因为他几乎运用了黑格尔的所有术语乃至命题。使我们无法不时时刻刻感受到黑格尔的笼罩，而这种笼罩使我们近乎窒息。走出黑格尔，对我们来说就像一个久处黑暗之中的人对光明的渴望一样，这也几乎是支撑我们把研究深入下去的唯一信念和基本动力。毕竟，我们的对象是科耶夫，而不是黑格尔。如果科耶夫的"我"，仍然是黑格尔的自我意识，那么我们的研究可以就此止步。因为他在本质上并没有摆

---

① Alexandre Kojève, *Introduction to the Reading of Hegel*, Cornell University Press, 1980, p. 38.
② Ibid. , p. 37.

脱"我思"的封闭性,即使他能够带着所有的俘获物回来,但他仍然不过是在意识内在性中打转而已。所以如果是这样,那么我们与其研究科耶夫,不如回过头来研究黑格尔。

但哪里有危险,哪里就有拯救。科耶夫尽管运用了黑格尔的几乎所有重要术语和命题。但他在运用的过程中从根本上转换了它们的基础。其中最为典型、最为关键的就是自我意识。对自我意识的转换构成了科耶夫思想的一个"理论硬核"。科耶夫对它的转换具有根本意义。首先,科耶夫将自我意识转变为一个有血有肉的人的存在;其次,他面临的是自我意识的产生问题,即如何让人意识到一个"我"的存在?黑格尔对此提出的命题是:"自我意识是欲望一般",欲望在黑格尔那里表征了一种自我意识的确证方式:通过否定对象的存在,来给予自我以确信。也就是说,欲望就是一种否定。在对对象的否定中,自我意识形成了。科耶夫也是这样来界定欲望的,与黑格尔似乎没有差异。但由于科耶夫对自我意识界定所完成的第一个转换(即将自我意识转换为一个现实的人),他对欲望的界定也就从根本上完全不同了。

简而言之,科耶夫的欲望已经不再是某种意识的特性,而是成了人的一种生存论结构。因此科耶夫对欲望的分析也是生存论意义上的分析。下面我们也对此分析予以分析。

> "欲望是什么——人们仅想到叫作'饥饿'的欲望——如果欲望不是用行动改变被沉思的物,与我的存在没有关系、也与我没有关系的它自身的存在中否定它,使之同化于我,把它变成我的东西,在我之中和通过我而吸收,除此之外,它还能是什么?"① 于是,"为了'我'这个词能出现,除了纯粹消极的,仅仅揭示存在的沉思,还应该有别的东西。在黑格尔看来,这个别的东西就是他在第四章开头谈论的欲望。"②

可见,欲望相对于沉思。人在沉思中所沉迷的仅仅是自在的物,不能

---

① Alexandre Kojève, *Introduction to the Reading of Hegel*, Cornell University Press, 1980, pp. 37 – 38.

② Ibid. , p. 37.

形成真正的意识与认识；而在欲望中，人打破了沉思的消极性，转而具有了积极的行动。在行动中，物被否定，这种物因成为我之欲望的对象而不得不被"我"所否定。然而正是在这种被否定之中，物进入了我的意识，成为我所意识的对象，而我也在对对象的意识中，意识到了"我"。同时这一欲望并非一种思维，它是人现实的、从而是真实的行动。科耶夫常常用"饥饿"作为欲望产生的例子，而"饥饿"显然是人的一种最为实在的欲望。"所以自我意识的基础，即真正人的存在（归根结底——哲学的存在）的基础，不是纯粹认知和消极的沉思，而是欲望（这就是为什么，尽管是附带地说，仅仅当有某种叫做生物生命和动物生命的东西，人的存在才是可能的。因为如果没有生命，就没有欲望）。"①

　　这一段话至为关键。科耶夫在此明确指出他的哲学已经突破了意识内在性的束缚，即消极的沉思不再是自我意识，即人的基础，同时更为关键的在于：在科耶夫看来，人是什么的问题就是其哲学的基本问题，人的基础变化了，那么他所提出的整个哲学的基础也就变化了。这个基础不再是传统哲学中津津乐道的"我思"，而是"欲望"。为了说明他所谓的欲望不是黑格尔意义上的思维自我否定的欲望，他在这一段的括号中以"尽管是附带地说"的形式特别强调了，生物生命和动物生命对人之存在的基础性意义。认为"仅仅当有某种叫做生物生命和动物生命的东西，人的存在才是可能的"。同时指出："如果没有生命，就没有欲望。"可见，欲望在人的存在中，占据着基础地位，同样，欲望在科耶夫哲学中，占据着基石地位。

　　需要再次提醒的是，科耶夫的欲望尽管与黑格尔的欲望一样，都具有"否定"的内涵，但在科耶夫这里，欲望乃是一种现实的欲望，欲望的否定乃是对现实的否定，欲望的行动也是现实的行动。而无论是现实的欲望、对现实的否定，还是现实的行动，它们在最为根本之点上是一致的，即都是"向外"的，这里所谓的"向外"，乃是指向意识之外、向"我思"之外。而且这种向外乃是自发的、自然的，就像人的呼吸一样，因此，"向外"不是任何外力推动的结果，而是欲望的天性。换言之，就像意识的内在性是基于"我思"的哲学的必然命运一样，欲望的外在性乃是基于"我欲"的哲学的自然使命。进而言之，在基于"我欲"的哲学之

① Alexandre Kojève, *Introduction to the Reading of Hegel*, Cornell University Press, 1980, p. 37.

中，意识的内在性问题自然解体了。所谓自然解体了，不是说它解决了这一问题，而是说这一问题不再成为问题。

至此，我们可以进行一个基本的回顾。科耶夫首先把人归结为自我意识，然后又把自我意识归结为欲望。于是对于欲望的现象学阐释也就是对自我意识的现象学阐释，同样也就是对人的一种现象学阐释。而这一阐释对于科耶夫来说，并不是最终目的，其最终目的在于转换传统哲学的基础，让哲学从意识内在性的藩篱中走出来，进入现实的世界之中。在此他接受了海德格尔具有原则高度的阐述："只要人们从 Ego cogito（我思）出发，便根本无法再来贯穿对象领域；因为根据我思的基本建制（正如根据莱布尼茨的单子基本建制），它根本没有某物得以进出的窗户。就此而言，我思是一个封闭的区域。'从'该封闭的区域'出来'这一想法是自相矛盾的。因此，必须从某种与我思不同的东西出发。"① 在这一原则的指引下，他发现了欲望，并从欲望这一"与我思不同的东西出发"，洞穿了"我思"的迷雾，使意识的内在性问题如庖丁解牛一般"轰然倒地"。借用伽达默尔的评价："自那时以后，许多人都开始认为追问主体如何达到对所谓'外部世界'的知识是荒谬的、陈腐透顶的。"②

---

① 丁耘摘译：《晚期海德格尔的三天研讨班纪要》，《哲学译丛》2001 年第 3 期。
② 伽达默尔：《哲学解释学》，夏镇平、宋建平译，上海译文出版社 1994 年版，第 118 页。

结　语

历史唯物主义视阈下的科耶夫哲学

　　科耶夫的哲学人类学将人的生存问题作为研究的核心，试图将这种生存放置到人的活动所构筑的历史之中以使其显现出来，于是人的存在在此呈现为一种具体的、现实的存在。科耶夫完成这一任务的基本方式就是把欲望作为人之存在的根基，并由此实现了哲学地基的"移居"，从"我思"转向现实的、欲望的人。

　　海德格尔在其《存在与时间》中曾经指出，如果要建立一种可能的哲学人类学及其存在论基础，那么对此在的分析就是不完备的，也是不够深入的。"如果意在建立一种可能的人类学及其存在论基础，下面的阐释就只是提供出了某些'片段'，虽然它们倒不是非本质的。此在的分析不仅是不完备的，而且最初还只是浅近的。这一分析仅仅把此在的存在提出来，而不曾阐释存在的意义。"① 从这一视角来看，科耶夫对欲望的存在论分析对海德格尔哲学来说，也意味着一种补充和推进。然而在对欲望的展开中，我们不难发现，诸如斗争、劳动等范畴在科耶夫的哲学视阈中占据着重要地位。虽然对这些概念的阐发基于黑格尔的《精神现象学》，但将斗争和劳动如此凸显出来，却不能仅仅归结为黑格尔哲学的逻辑使然。尤其是科耶夫基于对现实人的考察来显现斗争和劳动，这无疑与黑格尔大为不同。在黑格尔那里，无论是斗争还是劳动，本质上都是两个自我意识之间的斗争和劳动。它们所产生的否定性活动始终难以突破意识内在性的藩篱。

　　科耶夫对斗争和劳动的这种颠倒式解读也不同于海德格尔哲学。在海德格尔那里，人的生存状态囊括了多种情绪，它们确与欲望比较接近，但却没有斗争和劳动的位置。将斗争和劳动作为欲望之否定性的显现，乃是

---

① 海德格尔：《存在与时间》，生活·读书·新知三联书店1999年版，第20页。

科耶夫引进黑格尔哲学的结果。然而要将黑格尔的斗争和劳动真正变成科耶夫意义上的现实的否定性活动，马克思对科耶夫的影响是无论如何都不能忽视的。

笔者在此关注的重心在于科耶夫如何用欲望来穿透意识内在性的束缚，所以不管他采用了什么样的术语来说明欲望的内涵，最为关键的只在于欲望的凸显为什么能够带来整个哲学基础的转换：从"我思"转向现实存在的人。基于这样一种思考，我们不得不在本书的最后部分对马克思与科耶夫的关系给予考察，因为恰恰是在马克思思想的影响下，科耶夫才最终将海德格尔与黑格尔思想嫁接的结果，归入到现实的活生生的客观世界之中。因为正是马克思在科耶夫之前，实现了对意识内在性的突破，从而为科耶夫的转换提供了理论保障。

海德格尔并非没有注意到马克思思想中的这种突破。他曾经明确指出："因为马克思在经验异化之际深入到历史的一个本质性维度中，所以，马克思主义的历史观就比其他历史学优越。但由于无论胡塞尔还是萨特——至少就我目前看来——都没有认识到在存在中的历史性因素的本质性，故无论是现象学还是实存主义，都没有达到有可能与马克思主义进行一种创造性对话的那个维度。"①

要理解这样一个对马克思思想的"高度评价"，我们需要弄清楚的是究竟什么是"历史的本质性维度"？在我们看来，这种"历史的本质性维度"就是人的现实的活生生的生存过程。它是人作为含有"历史性因素"（在海德格尔哲学中，所谓的历史性就是一种时间性，人是一种时间性的生存）的存在所展现的一种生存状态。它是现实的、感性的，没有经过科学抽象的结果。在海德格尔看来，马克思正是通过对"异化"的分析，深入了这个本质性的维度，从而也就是触及了现实的历史过程。那么，什么又是海德格尔所意指的马克思的"异化"呢？在我们看来就是指马克思在《1844年经济学哲学手稿》中所涉及的"异化劳动"。"劳动"进入人们思考的视野并不始于马克思。无论是对黑格尔，还是对整个国民经济学家来说，劳动都是一个重要问题。只是在黑格尔那里，劳动代表着精神陶冶事物的一种否定性行动，而在国民经济学家那里，劳动则被视为价值产生的根源所在。亚当·斯密与大卫·李嘉图的劳动价值论已经将劳动放入了

---

① 海德格尔：《路标》，孙周兴译，商务印书馆2000年版，第401页。

"理论"之中给予充分分析。然而，无论是在形而上学的意义上，还是在社会科学的意义上，劳动都只是获得了它的抽象的、理论的形态。它或者被视为人的一种活动，但却是精神的活动；或者被视为价值的源泉，但却是一个近乎虚构的假设或者范畴。前者是黑格尔的劳动；后者则是斯密和李嘉图的劳动。于是劳动，这个本属于人的现实的活动却在"理论"的研究中成为了抽象的设定。在这种意义上的劳动一定是无历史的，它不在历史之中。

劳动在"理论"中被"抽象"的结果，直到马克思那里才第一次被超越。马克思在批判国民经济学家们的错误的同时，实现了一个视角转向："我们且从当前的经济事实出发"。① 于是，"当前的经济事实"向马克思直接呈现出一个生动的人的生存状态。在其中，劳动作为人的现实活动成为了控制人的力量，马克思称为"异化劳动"。通过对异化劳动的考察，马克思深入到了历史的本质性维度之中。因为在异化劳动中，既没有抽象的理论设定，也没有自我意识的纯粹想象，完全是"从现有的经济事实出发"。在某种意义上，这也是一种"现象学"。马克思用他实际的理论尝试实现了对黑格尔哲学的扬弃：一方面吸收了黑格尔辩证法所发现的劳动的原则，即对象化的原则；另一方面，却将这个只有肯定性的劳动转换为同时包含否定性维度的现实的劳动。异化劳动作为劳动的否定性，是劳动的现实性，同时也是人的现实存在的一种显现。

然而，马克思的这种现实的劳动在科耶夫那里却被再次还原为黑格尔意义上的劳动，这一点，在我们看来，恰恰是科耶夫相对于马克思来说的一种倒退。从性质上看，科耶夫的劳动仍然不过是黑格尔意义上的肯定性的劳动。这种劳动仍然是黑格尔哲学中所推崇的自我意识陶冶物，物在被自我对象化的过程中成为了劳动的产物。其最终目的是确证奴隶的自我意识的存在，只不过科耶夫通过将自我意识等同于现实的人，从而将劳动转换为人的现实活动。但就劳动的性质而言，科耶夫显然没有达到马克思对劳动的现实性分析，即没有提及劳动的否定性维度。

但不管怎样，科耶夫仍然凸显了劳动在创造历史意义上所占据的重要地位。并将劳动看作是人对物的一种现实改造。这种界定本身已经将劳动转换为一种现实的活动，就这一点而言，科耶夫并没有从根本上背离马克

---

① 马克思：《1844 年经济学哲学手稿》，人民出版社 2000 年版，第 51 页。

思。不仅如此，如果我们能够对马克思的历史唯物主义给予更为充分的理解，或者可以找到两者在更深理论层面上所具有的相似性。在某种意义上说，科耶夫所描述的以主奴辩证法为核心的哲学人类学与马克思的历史唯物主义，都是一种"历史性"的展现，而非历史学本身的研究。历史性在本质上就是一种时间性。这种时间性虽然在海德格尔那里得到了系统阐释，但在黑格尔那里，通过辩证法的基本原则已经有所显现。辩证法在"有""无"之间的流变之中显现了一种过程性、时间性的内涵，因此黑格尔哲学自身包含有历史性的维度。只是这种时间性是一种观念（概念）的历史性，它所显现的是意识的发展历程。科耶夫与马克思都是在黑格尔哲学基础之上发展出来的，因此这种历史性倾向被二者共同继承下来。二者的共同性在于：无论是科耶夫还是马克思都将展开历史性的契机视为现实的、生成性的。只不过在科耶夫那里是欲望，在马克思那里则是生产。

在科耶夫那里，欲望作为人的一种否定性活动，当人被界定为欲望的存在的时候，它所显现的是一个肉体的、现实的人所具有的特质，即人首先是感性的、实实在在的存在。于是历史性的展开必然也因此是活生生的现实，而不再是任何概念，或者自我意识。对此，我们已经在本书中给予了反复的说明。在我们看来，科耶夫的哲学人类学正是因为实现了对黑格尔《精神现象学》的这种颠倒才具有重要的理论价值。然而对于马克思的历史唯物主义，我们还缺乏这样一种关照的视角。历史唯物主义不是历史学，它本身不过是一种历史性的切入与展开，它是一种哲学。并且对于马克思来说，历史性的展开同样要以对人的本质的界定为前提。值得注意的是，在马克思所试图完成的对人的本质的界定中，所依赖的文本几乎与科耶夫完全一致，即他们都以黑格尔的《精神现象学》为基础文本，通过对黑格尔哲学的颠倒来展开自己的理论。

马克思以"生产"为历史展开的方式，"生产"在马克思的思想中就是历史性展开的那个关键环节，这就如同于科耶夫的欲望。然而"生产"如何成为这种历史性？这需要我们从马克思对黑格尔哲学的批判说起。马克思在批判黑格尔辩证法时曾经指出："因为黑格尔根据否定的否定所包含的肯定方面把否定的否定看成真正的和唯一的肯定的东西，而根据它所包含的否定方面把它看成一切存在的惟一真正的活动和自我实现的活动，所以他只是为历史的运动找到抽象的、逻辑的、思辨的表达，这种历史还不是作为一个当作前提的主体的人的现实历史，而只是人的产生的活动、人的形成的历史。"①

对于这一段论述，我们或者可以从反面来加以理解：虽然黑格尔辩证法是一种抽象的、逻辑的思辨的表达，但它却因对否定性的凸显而真正触及了表达"历史"的一种方式。这种方式本身是否定性，这种否定性体现为一种过程，即在马克思那里被视为"异化—复归"的发展模式。在这种模式中，异化所带来的对象化过程，实际上是一种生产逻辑的产生。也就是说，当黑格尔将自我意识的确证归结为自我向非我的转换，并在非我中重新确证自我的时候，自我意识就具有了一种生产性的力量。马克思清楚地意识到了这一点："全部外化历史和外化的全部消除，不过是抽象的、绝对的思维生产史，即逻辑的思辨的思维的生产史。"② 于是"生产"在黑格尔的哲学中实际上显现为"异化"，更确切地说是"对象化"的过程。劳动正是这一对象化的显现，而这种对象化首先是对黑格尔自我意识的否定，即自我向非我的转换。马克思并没有在这一点上与黑格尔产生分歧。二者的根本差异在于转化过程的基础：在黑格尔那里是自我意识，在马克思这里则是现实的、感性的人。

马克思在指出黑格尔哲学中所包含的生产逻辑的抽象性和思辨性的同时，也从反面说明了自己哲学的立足点一定是感性的、现实的。这种现实性不仅体现在从事劳动的、或者说进行对象化活动的一定是现实的人，同时还体现在这种现实的人也必须是进行着对象化活动的人。两者缺一不可："人直接地是自然存在物。人作为自然存在物，而且作为有生命的自然存在物，一方面赋有自然力、生命力，是能动的自然存在物；这些力量作为天赋和才能、作为欲望存在于人身上；另一方面，人作为自然的、肉体的、感性的、对象性的存在物，同动植物一样，是受动的、受制约的和受限制的存在物，就是说，他的欲望的对象是作为不依赖于他的对象而存在于他之外的；但是，这些对象是他的需要的对象；是表现和确证他的本质力量所不可缺少的、重要的对象。"③

通过这段论述，可以知道在马克思那里，如同在科耶夫那里一样，人是一个包含有否定性能力的自然存在物，只是马克思用了"能动性"来表

---

① 马克思：《1844 年经济学哲学手稿》，人民出版社 2000 年版，第 97 页。

② 同上书，第 99 页。

③ 同上书，第 105 页。

达否定性的内涵。但无论怎样，人首先作为一个动物性的存在是不可回避的事实。这是马克思和科耶夫共同承认的前提，也正是在这一点上，马克思和科耶夫都完成了对黑格尔的颠倒，从而也完成了对意识内在性的突破。在人的能动性（否定性）的界定中，人就是历史性的展开，因此是历史的创造者。因为"生产"或者"劳动"并不是人的一个外在属性，相反，它们就是人本身的显现。于是对于马克思来说，人的本质不是抽象的理性，而是一种否定性的活动，例如在《1844年经济学哲学手稿》中，马克思就将人视为是一种自由自觉的活动本身。然而如果仅仅停留于此，马克思所展开的历史性在某种意义上将和科耶夫没有本质区别，因为后者所凸显的人的欲望的本质，其含义也是一种自由的、否定性的活动。

然而，在马克思的历史唯物主义与科耶夫的哲学人类学之间毕竟存在着巨大的理论差异，于是问题在于：既然切入历史性的起点相同，那么究竟是什么导致了两者在展开历史性的过程中产生了差异？在我们看来，这个差异恰恰就在于马克思没有停留于将人的本质界定为否定性的活动本身。正如海德格尔在"三天研讨班"中所提到的那样，哲学因为没有能够深入这个时代的两重独特现实，因此还满足于跟在科学后面亦步亦趋，这两重独特的现实就是："经济发展与这种发展所需要的架构。"① 在海德格尔看来，马克思显然懂得这两重现实。"马克思主义懂得这［双重］现实。"②

这就一语道破了天机。当马克思还停留在费尔巴哈的视阈中，试图在人本学的意义上去界定人的时候，那么否定性的活动显然是对人的一种合理界定。然而，伴随着这种否定性活动所附带的生产和劳动的内涵，使得马克思不得不继续前进。现实的生产和劳动不是一种思辨的运动，而是人在现实世界中进行现实活动的过程。于是现实世界的"事实"不能不进入思考的范围，那么这个时代的现实的特质究竟是什么呢？

马克思把现代社会称为"工业的社会"，认为"工业时代"是一个特殊的时代，人在工业社会之前，始终在协助自然的生产，这是古典农业社会的基本特质。只有到了工业时代之后，人的活动才成为主导性的，人不再辅助自然进行生产，而是开始让自然围绕人的需要进行生产，因此工业

① 丁耘摘译：《晚期海德格尔的三天研讨班纪要》，《哲学译丛》2001年第3期。
② 同上。

的生产才是真正意义上的"生产"（就生产的本义是对象化的活动，是一个从无到有的过程而言），也是人的活动在自然基础之上的显现。正是基于这一认识，马克思才这样去言说工业："工业的历史和工业的已经生成的对象性的存在，是一本打开了的关于人的本质力量的书，是感性地摆在我们面前的人的心理学"，① "工业是自然界对人，因而也是自然科学对人的现实的历史关系"。② 工业显现出了人作为自由自觉活动所必需的一种设定，但同时工业却也是这个时代的经济事实本身。马克思用这一词来表达人的本质的显现，在某种意义上就已经试图将哲学深入到历史的经济现实之中了。

由此，马克思绝无可能停留在对人的人本学意义上的界定，马克思需要寻找一种真正的基于历史现实之上的对人之本质的表达。在《费尔巴哈提纲》中，马克思将人的本质重新表达为："人的本质不是单个人所固有的抽象物，在其现实性上，它是一切社会关系的总和。"③ 这种重新表达似乎与人本学意义上的设定相差甚远，其实从本质上说，它不过是马克思思想不断深化发展的必然结论。因为在《1844年经济学哲学手稿》中，人的活动就被设定为必然是"社会的"。作为确证自身的对象化活动的存在需要对象的存在，他自己与另一个人的存在于是成为了人的活动的前提，于是，对于人的活动来说，"社会性质是整个运动的普遍性质"④。因为"只有在社会中，自然界才是人自己的人的存在的基础，才是人的现实的生活要素。只有在社会中，人的自然的存在对他来说才是自己的人的存在，并且自然界对他说来才成为人。因此，社会是人同自然界的完成了的本质的统一，是自然界的真正复活，是人的实现了的自然主义和自然界的实现了的人道主义。"⑤ 由此，马克思得出这样一个结论："个体是社会存在物。"⑥

正是在这一思路之下，马克思在彻底扬弃费尔巴哈的基础上，将对人的本质的界定转向了"社会关系的总和"。在此，人作为一种否定性活动

---

① 马克思：《1844年经济学哲学手稿》，人民出版社2000年版，第88页。
② 同上书，第89页。
③ 《马克思恩格斯选集》第1卷，人民出版社1995年版，第56页。
④ 马克思：《1844年经济学哲学手稿》，人民出版社2000年版，第82—83页。
⑤ 同上书，第83页。
⑥ 同上书，第84页。

的本质被包含在了"社会关系"之中，同时这种界定却凸显了对整个经济现实的关注。人是社会关系的总和，意味着人的存在从来都不是单个的、孤立的，从而是抽象的存在，他始终是在现实世界之中的存在。于是由人的本质所开启的历史性也由此不可能是一个抽象的理论设定，它必然是现实的、社会的人的存在的显现。这种社会的人在这个时代显现为工业时代中人的特质。

与之相应，如果我们将视野仅仅局限在单个人的存在的话，那么即使我们试图从生存论的意义上去揭示其存在样态，那么所得到的界定也是缺乏现实性的，这一点在科耶夫哲学中得到了显现。他虽然在存在论上把人界定为欲望，并把劳动和斗争纳入到欲望的生存论结构之中。然而由于缺乏对现实的经济事实的关注，从而忽视了作为"社会的人"的维度①。于是，他只能将人仅仅界定为欲望、劳动与斗争。所以尽管他也发现了劳动的肯定性价值，但却没有发现"异化劳动"。对于马克思来说，一定的社会关系才是人的活动最终得以展开、显现的地方。于是从来不存在什么单个人的活动，人的活动总是社会的，既是感性的、对象性的，又是集体的，因此是真正现实的存在。这种现实的人的存在方式，在马克思看来就是"生产"。

或者我们可以做出这样一种概括，对于单个的、活生生的人来说，欲望就是人的本质，劳动（侧重于单个人的特性）创造历史。对于现实的、具体的、活生生的人来说，"社会"是人的本质，生产（侧重于集体性的特质）创造了历史。人是社会的活动，这种活动就是生产。这是历史唯物主义所展开的一种历史性理路。正是在这一维度上，马克思比科耶夫更为深入地触及了历史的本质维度。虽然科耶夫也以人之欲望的存在论分析突破了传统形而上学所固守的意识内在性，但是由于他没有涉及"社会的人"，也没有去探寻现实经济事实的哲学视阈，这就导致了其对于历史性的展开，带有更多的"理论"色彩，从而大大削弱了其所蕴含的现实性原则。

---

①　显然科耶夫也谈到了人的个体性是特殊性与普遍性的结合，然而科耶夫意义上的普遍性并不是"社会的存在"。在马克思那里，"社会"本身就是对象性的存在，是人的感性存在的显现，因此能够直接意指着社会现实本身，而科耶夫的普遍性恰恰是一种抽象的普遍性，如同马克思在费尔巴哈语境下所强调的"类"。

附 录 1

劳动的形而上学与政治经济学批判
——以劳动问题为轴心的科耶夫与
马克思的比较性研究

在 20 世纪法国哲学乃至整个法国文化史上,科耶夫所主持的黑格尔研讨班都具有不可替代的重要价值。因为无论是法国的现象学运动、存在主义,还是法国的结构主义、马克思主义,乃至法国的后现代主义,追根溯源,都可以在这个研讨班中找到自己的烙印。因此,如果我们在关注一个孩子成长的同时,还不能忘记孕育孩子的母亲对其所发挥的关键性作用的话,那么,科耶夫思想的重要价值就毋庸置疑。同理,科耶夫思想的诞生也并非简单意义上的横空出世,而是植根于特定的土壤并从中吸取营养。就哲学而言,科耶夫的营养主要来自黑格尔、马克思和海德格尔,而劳动问题则是他们共同关注的主题之一。科耶夫对于劳动问题的探索,集中体现黑格尔、马克思和海德格尔的思想要素及其相互差异。有鉴于此,本文试图通过对劳动问题予以抽丝剥茧式的研究,来揭示科耶夫哲学的思想谱系及其内在问题,这不仅有助于推进科耶夫哲学研究,而且对于拓展我们的哲学视阈和理论空间,具有重要价值。

——

科耶夫俘获法国学者的主要方式是他对黑格尔《精神现象学》的精彩解读。令人遗憾的是,我们无缘亲身体验科耶夫课堂上的具体讲解;但幸运的是我们可以拥有由他的好友斯特劳斯的学生整理编辑的《黑格尔导读》。这部著作忠实于科耶夫研讨班的基本内容,使我们得以透过书面的文字来重温和挖掘科耶夫思想的魅力所在。然而,当我们仔细阅读这一文本之时,却发现这部《黑格尔导读》并不忠实于黑格尔,与其说它是对黑格尔的一种解读,不如说它是借用黑格尔的语言来言说自己。黑格尔在此

不过是一件外衣而已，里面站立的乃是科耶夫自己。只不过在科耶夫的
"体内"时时可以发现黑格尔元素，换言之，科耶夫在成长过程中吸收了
黑格尔的"养料"，但这绝不意味着他生活于黑格尔的阴影之中，就哲学
的根基看，"这个黑格尔与海德格尔长得像双胞胎一样相似"①，并与马克
思具有家族相似性，马克思的幽灵始终徘徊其间。对此，科耶夫本人曾经
在《黑格尔导读》中一个容易被人忽视的角落对自己的思想谱系做出了一
个极其重要的"交代"：

> 受到一元论的本体论传统误导，黑格尔有时把他关于人的或历史
> 的存在的分析延伸到自然。他说，一切存在的东西是虚无的虚无化
> （这显然没有任何意义，导致一种站不住脚的自然世界）。例如，他在
> 1805—1806 年的《耶拿讲演》中阐述其（受到谢林启发的）自然哲
> 学时说："黑暗是虚无；正如空间和时间不存在；——正如一般地说，
> 一切都是虚无。"（第二十卷，80 页第 5—6 行）。——海德格尔重新采
> 用黑格尔的死亡主题；但他忽略了斗争和劳动的互补主题；他的哲学
> 也不能分析历史。——马克思坚持斗争和劳动的主题，因此，他的哲
> 学本质上是"历史主义的"；但他忽略了死亡的主题（尽管承认人是
> 终有一死的）；这就是为什么他没有看到（有些"马克思主义者"也
> 没有看到）大革命不仅实际上是流血的，而且在本质上和必然也是流
> 血的（黑格尔的恐怖主题）。②

在这段分析中，科耶夫秉承了其一贯的面向黑格尔哲学的理论阐释风格
（这一风格最终成为了法国思想家遭遇黑格尔的唯一方式）：从青年黑格尔入
手，将海德格尔与马克思思想直接地，几乎缺乏论证的嫁接到黑格尔思想的
当中。耶拿时期的黑格尔以宗教为其主要研究视阈，以康德的实践理性批判
为其主要的理论依据，由此形成了他对人的主观自由的执着。并据此构成了
对他所处的德国社会现实的批判。因此黑格尔在这一时期难免带有一种人本
主义的色彩，正如卢卡奇在《青年黑格尔》中所指出的那样："当黑格尔在

---

① 吕迪格尔·萨弗兰斯基：《海德格尔传》，靳希平译，商务印书馆 1999 年版，第 460 页。
② 科耶夫：《黑格尔导读》，姜志辉译，译林出版社 2005 年版，第 685 页。

图宾根读书时期，他的这种思想还具有很强烈的人本学——心理学的性质"，① 并且我们必须意识到"从人本学走向历史主义化是发展的一般标志"。② 反过来说，黑格尔也正是从这样一个人本学的立场出发才真正地达到了辩证的、历史的哲学观念。在这个人本学的视野中，人的直观、感性、存在以及存在的虚无化等主题都成为黑格尔此时关注的话题。科耶夫所印证的黑格尔正是沉浸在以重建自由自主的宗教来拯救民族精神的黑格尔。

　　这样一个黑格尔，在对人的存在的关注中与海德格尔以及马克思有着一定的相似性。例如海德格尔的死亡与黑格尔对存在之"虚无"的体验被勾连起来。而马克思所主导的斗争与劳动的主题却恰恰成为了黑格尔哲学所特有的"历史主义"维度的一种表征方式。死亡，在科耶夫的哲学中是作为欲望之人的生存论结构，同样是人之为人不可获取的一个特质。但这个特质在本质上带有着终结的意义，因此是静止的。而面向死亡所带出的历史性维度，在科耶夫看来需要借助于另外两个重要的概念，这就是马克思的斗争与劳动。

　　对于科耶夫来说，黑格尔哲学中最核心的思想就是主奴辩证法。这样的一个结论，显然与科耶夫的哲学人类学的解读方式有关。在《黑格尔导读》中，科耶夫对第四章 A 节的注释由于其特殊的重要性而被作为"代序"，因此我们看到的全书的第一句话就是："人是自我意识。"③ 以这种等同为前提，整部黑格尔的精神演化史（《精神现象学》）也就变成了现实的人的存在如何展开自身的人类学。就这一改造本身来说，马克思对科耶夫的影响和塑造已经是显而易见的了。马克思在《1844 年经济学哲学手稿》中也曾经做过这样一个论述："人的本质，人，在黑格尔看来 = 自我意识。因此，人的本质的全部异化不过是自我意识的异化。"④ 由此，原本不过是黑格尔的一个理论类比的主奴辩证法，却因其是对自我意识双重化的存在状态的理想阐释入径而得到了科耶夫的详尽阐发：主奴之间的辩证转化实际上成为了人的本质在历史中展开自身的过程。换言之，主奴辩证法为人的本质的界定注入了历史性的维度。

　　具体说来，在黑格尔哲学中，自我意识是一个双重化的存在，并且始

---

① 卢卡奇：《青年黑格尔（选译）》王玖兴译，商务印书馆 1963 年版。第 51 页。
② 同上书。第 62 页。
③ 科耶夫：《黑格尔导读》，姜志辉译，译林出版社 2005 年版，第 3 页。
④ 马克思：《1844 年经济学哲学手稿》，人民出版社 2000 年版，第 102—103 页。

终处于一种运动的过程之中。作为一种运动，自我意识成为了欲望一般；作为一种双重化的过程，自我意识要求另一个自我意识的存在，并从中获得承认。由此，自我意识的演变过程就是一个"承认"的过程。科耶夫对于这一过程予以了极富个性的人类学解读：最初的"自我意识"就是"最初的两个人第一次的相遇"；自我意识的自我统一使自我意识仅仅"沉陷在生命的一般存在之中的意识形态"①，而这一点被科耶夫有意阐发为"沉陷于动物生命的给定存在（Dasein）中的意识"。②"生命"在黑格尔那里具有特殊含义，黑格尔最初用"生命"所要说明的是"过程"，"它（指生命——译者注）的本质是扬弃一切差别的无限性，是纯粹的自己轴心旋转运动，是作为绝对不安息的无限性之自身的静止"。③ 因此，生命其实是为展开自我意识的发展历程提供了一种方式。但科耶夫却将生命仅仅还原为"动物生命"，从而将人（即自我意识）的最初起点归于动物。在他看来，人既基于某种动物性，又具有其独特性。

随之，在黑格尔那里，自我意识确立自身的真理必须借助于对方对其存在的承认，这种承认使自我意识摆脱了纯粹的抽象性，从而在一种否定性的行动中确认对方的存在。黑格尔指出了否定性行动包含两个方面：其一，为对方的行动，其二，为自身的行动。而所谓对方的行动，也就是相对于他者的行动。为了确认自身，他者必须在行动中被否定，只有在否定他者的时候，"自我"才被确立起来。黑格尔指出这种行动"每一方都想要消灭对方，致对方于死命。但这里面又包含第二种行动，即通过自身的行动；因为前一种行动即包含着自己冒生命的危险"。④ 由此可见，否定行动的两个方面实际上是一个过程，这个过程就是冒生命的危险来确认"自我"的过程。

科耶夫基于其哲学人类学的视野将黑格尔对自我意识过程性的描述完全颠倒了过来，变成了现实的人的历史性的展开过程，但就整个展开过程来看，他并没有做任何的修正。这是其阐释黑格尔哲学的一个基本方式。由此，我们所描述的关于黑格尔"自我意识"的确认过程也就是科耶夫的"人"的确认过程。当自我意识的确认体现为冒生命危险的一种过程之时，

① 黑格尔：《精神现象学》（上卷），贺麟、王玖兴译，商务印书馆1979年版，第125页。
② Alexandre Kojève, *Introduction to the Reading of Hegel*, Cornell University Press, 1980, p. 10.
③ 黑格尔：《精神现象学》（上卷），贺麟、王玖兴译，商务印书馆1979年版，第117页。
④ 同上书，第126页。

科耶夫视野中的"人"也是如此。于是,人确认自身的过程首先是两个活生生的人的相遇过程,随后人要成为真正的人,就"必须把他对自己的看法强加于有别于他自己的其他人:他必须要求其他人承认他(在理想的极端情况下:要求所有的其他人承认他)。或者:他必须把他没有在其中得到承认的(自然和人类)世界改造成一个他能在其中得到承认的世界。把违背人的计划的世界改造成一个与这个计划一致的世界,叫作'行动'、'活动'。这种行动——本质上是人的行动,因为它是人性化,具有人类发生学意义的——始于把自己的看法强加于自己所遇到的'第一个'他人的活动"。[①] 在此,黑格尔意义上的"承认"被改造为一个人对另一个人的承认以及自然对人的承认两个方面。这两个方面的"承认"都被归入"人的活动",这一活动的"人性化"就在于要将自己属人的价值强加于他所遇到的"第一个"他人之上,由此"人类发生的'第一个'活动必然采取一种斗争的形式:两个自称是人的存在之间的生死斗争;为了得到对手的承认而进行的为了纯粹荣誉的斗争"。[②]

人的承认所需要的斗争是生死斗争,即人所欲求的属人的价值是冒着生命的危险而换来的价值。否则它将仅仅停留在动物式的欲望层面,那么人也就失去了自身的"人性化"原则。因此,"只有通过生命危险,自由才能被确认","只有通过生命危险,才能证实自我不是别的,就是纯粹自我存在"。[③] 那么,随之而来的问题则是这种冒着生命危险所进行的生死斗争所追求的是什么?只能是纯粹的荣誉。纯粹的荣誉不同于任何直接的欲求对象。它可能附着在某个物质的载体之中,但却决不能仅仅以这个物质的存在为最终的欲望对象;相反,仅仅是物质之上的意义——纯粹的荣誉才是"人"的欲望所导致的斗争的起因与结果。因此,科耶夫说只有人会为了争取一面旗帜而不惜牺牲生命,也只有人能够因不食嗟来之食而饿死。这都不过是追求纯粹荣誉的结果。人的真实性或者说现实性正是在这种为了纯粹荣誉的斗争中而显现出来。

生死斗争的展开使得两个最初相遇,并相互确认的人最终不得不被分成两类,一类是胜利者,一类是失败者。然而正如黑格尔对于自我意识确

---

① Alexandre Kojève, *Introduction to the Reading of Hegel*, Cornell University Press, 1980, p. 11.

② Ibid., p. 12.

③ Ibid., p. 13.

认的论述一样，如果两个自我意识为了确认自身所进行的生死斗争仅仅导致了一方的消失，那么这种斗争在黑格尔看来所导致的只能是"抽象的否定，不是意识的否定，意识的扬弃是这样的：它保存并且保持住那被扬弃者，因为它自己也可以经得住它的被扬弃而仍能活下去"。① 对于科耶夫来说，同样如此。人与人的斗争不能是仅仅导致一方的死亡，"因为在死亡后，人只不过是一具尸体。如果其中的一个对手杀死另一个对手而幸存下来，那么他也不能得到对手的承认；死去的战败者不可能承认胜者的胜利"。② 一个人如果要获得对手的承认，那么他就不能杀死对手，因为一旦杀死对手，他也就失去了确认自身的可能性。这样，剩下来唯一可行的方式就是"奴役对手"。

一旦构筑起主人与奴隶的对峙，科耶夫就找到了其历史性展开的持续动力，这就是主奴辩证法。对于科耶夫来说："如果人只是生成性的，如果人在空间的生存是人在时间中或者作为时间的生存，如果被揭示的人的现实性不是别的，就是普遍的历史，那么这种历史必定是主人和奴隶之间相互关系的历史：历史的'辩证法'是主人和奴隶的'辩证法'。"③·

二

科耶夫牢牢抓住辩证法的否定性原则来展开其视野中的人的生成过程。在这一意义上说，他从马克思那里借来的斗争与劳动都是对这种否定性的阐发。只是对于斗争来说，它是进入主奴对峙之前的人的否定性活动；一旦进入主奴对峙之后，劳动就开始担当起推动人之历史性展开的重任。在科耶夫看来，正是"劳动最终导致了法国大革命和拿破仑"。④

那么这又是一种怎样的劳动呢？换言之，这种劳动具有怎样的存在方式或形态呢？科耶夫认为劳动体现在奴隶对物的加工改造之中。这种加工改造就是劳动。劳动是奴隶确认其自身作为某种自我意识的方式。在黑格尔哲学中，劳动作为否定的中介，同样是一种对事物的陶冶过程。在这一过程中，劳动"对于对象的否定关系成为对象的形式并且成为一种有持久

---

① 黑格尔：《精神现象学》（上卷），贺麟、王玖兴译，商务印书馆 1979 年版，第 127 页。
② Alexandre Kojève, *Introduction to the Reading of Hegel*, Cornell University Press, 1980, p. 14.
③ Ibid., p. 9.
④ Ibid., p. 53.

性的东西"。① 否定性的行动在劳动中获得了一个外在的显现，即被加工改
造的物作为劳动的成果凝聚了人的劳动，即人的否定性行动本身。因此，
黑格尔特别指出了作为否定性行动的欲望与劳动之间的关系：

> 欲望却为自身保有其对于对象之纯粹的否定，因而享有十足的自
> 我感。但是也就因为这样，这种满足本身只是一个随即消逝的东西，
> 因为它缺少那客观的一面或持久的实质的一面。与此相反，劳动是受
> 到限制或节制的欲望，亦即延迟了的满足的消逝，换句话说，劳动陶
> 冶事物。②

这段话集中展现了黑格尔关于劳动与欲望关系的思想，值得我们反复
体会。在黑格尔那里，欲望是自我意识的一般；在科耶夫那里，欲望是人
的生存方式。无论是黑格尔，还是科耶夫，欲望都是确定"自我"存在的
有效方式，具有"十足的自我感"。然而，在黑格尔看来，这种自我感总
是因为欲望作为否定性的行动而缺乏客观而持久的一面，它无法被凝固下
来，因为欲望总是在满足的状态中才成其为欲望。而劳动则不然，作为否
定性行动对于物的加工改造，它以对象化的方式显现了否定性的行动本
身，并凝固了这一行动，也就凝固了欲望。于是，在奴隶对物的加工改造
的劳动中，欲望得到了一种特殊的显现。之所以说它特殊，是因为它不同
于在斗争中所显现的欲望，这种欲望在某种意义上是"随即消逝"的。而
在劳动中显现的欲望则获得了一种固定的形式上的显现。换言之，劳动使
欲望成为了一种可以直观的存在，同时劳动也可以实现人的欲望的积累。
正是这一积累构成了人的生活世界。

科耶夫总是强调人的生活世界。在这一世界中，人总是在"给定的存
在"中生存着，所以科耶夫曾经强调正是劳动产生了黑格尔撰写《精神现
象学》时所使用的书桌，于是当黑格尔思考历史的时候，他必须考虑到这
张书桌。③ 书桌是劳动的产物，是历史的积累。它凝聚的劳动彰显了人们
否定自然的劳动。这种否定是按照奴隶的观念（也就是按照人的观念）来

① 黑格尔：《精神现象学》（上卷），贺麟、王玖兴译，商务印书馆 1979 年版，第 130 页。
② 同上书，第 130 页。
③ 参见 Alexandre Kojève, *Introduction to the Reading of Hegel*, Cornell University Press, 1980.

实施的。因此是真正属人的行动，同时也创造了超越于自然世界的属人世界。这个世界包括了所有的"知性、抽象思维，科学，技术，艺术——这一切都源于奴隶的劳动"。① 由此，在科耶夫看来，正是奴隶的劳动创造了整个人类的物质文明和精神文明，从这一意义上说，劳动创造了历史。历史所显现的人类文明的延续不过是人的欲望的凝固的显现，不过是劳动的产品。

如果我们将以上分析看作是对劳动创造历史的一个静态描述的话，那么接下来我们将进行劳动创造历史的动态说明。在黑格尔哲学中，劳动不仅陶冶事物，同时劳动还"使服役的意识通过这种过程成为事实上存在着的纯粹的自为存在"。② 换成科耶夫哲学人类学的语言，就是劳动使奴隶获得了同主人一样的自我意识。主人在生死斗争中通过超越保存生命的动物性欲望而实现了属人的价值，成为了自为的存在；奴隶则因为惧怕死亡，囿于动物性欲望之内从而生成了一种具有"物性"的存在。

但是在劳动中，奴隶再次实现了一种否定性的行动。"通过他的劳动，奴隶达到了主人通过在斗争中冒生命危险所达到的同样结果：他不再依赖给定的、自然的生存条件；他按照他对自己形成的观念改造这些条件。当他意识到这个事实的时候，他也意识到他的自由。"③

于是，奴隶在劳动中第一次发现了自我意识，同时也就具有了自为性，这种自为性显现为人的自由。主人通过生死斗争直接获得了这种自由，奴隶则因为为主人服务，从而在加工改造物的劳动中获得了这种自由。然而由于主人对奴隶的统治，奴隶在劳动中获得的自由最初是抽象的。但在科耶夫看来，这恰恰是实现真正自由所必然要经历的一个前提。在此，科耶夫充分拓展了黑格尔的主奴辩证法。将在黑格尔哲学中仅仅作为主人意识与奴隶意识的两种自我意识（也就是自我意识的双重化的结果）转换为主人与奴隶这两种人的生存状态的分析。因此，他可以基于一种现实性的原则来分别描述它们在历史性的展开中所发挥的作用和最终的结果，如同描述两个活生生的人的存在。而就这一部分而言，黑格尔并没有给予太多的关注。

---

① Alexandre Kojève, *Introduction to the Reading of Hegel*, Cornell University Press, 1980, p. 49.
② 黑格尔：《精神现象学》（上卷），贺麟、王玖兴译，商务印书馆 1979 年版，第 131 页。
③ Alexandre Kojève, *Introduction to the Reading of Hegel*, Cornell University Press, 1980, p. 49.

在科耶夫看来，"主人的自由是一条绝路"。这是因为一方面，主人的自由是现实的，或者是已经实现了的自由，于是缺乏了一种对"既定存在"的超越而产生的人的自由，所以主人的自由是静止不动的，它只能导致历史的停滞状态。另一方面，这种所谓已经实现了的自由，在本质上看又是不完全的。人的自由来自于一种承认，这种承认必须是一个有着同样资格的人的承认才是有效的。而对于主人来说，他通过生死斗争产生的奴隶，却因恐惧死亡，贪恋对生命的保全而在本质上不过是一种具有物性的存在，并不具有真正属人的价值。因此奴隶并不具有与主人一样的资质，被奴隶承认也并不能使主人真正实现自由。换言之，无论主人被物，还是被具有物性的奴隶所承认，其本质上都不是自由的。由此可见，主人的自由本身是非完全的，并且这种自由由于其已经具有了现实性，因此不再具有超越既定存在的可能性，也就不再具有实现自由的可能性。

与之对应，奴隶则在两个方面都保证自由的真正实现。奴隶的自由虽然是抽象的，但却是完全的。奴隶不仅被主人确认为奴隶，并且在劳动中，在按照自己的观念改造自然的过程中领悟到了抽象的自由，即自由的观念。作为自由的观念，在本质上还不是自由本身，但在科耶夫看来："只有当奴隶有一种自由观念，但还没有实现、然而同时能通过有意识和有意志地改造既定存在条件和通过主动地废除奴隶制而实现的观念时，他才真正是自由的。"① 也就是说，只有奴隶有了自由的观念，但却没有实现自由，奴隶才倾向于改造既定的存在状态，从而超越既定的存在，实现一种历史的推进。于是，科耶夫断言："一般说来，是奴隶，也只有奴隶能够实现进步。"② 然而，奴隶用以推动历史进步的方式，却只有对物的加工改造，也就是劳动。因此，从这一意义上说，是劳动创造了历史。

正是因为在主奴关系被确定下来的前提下仍然有劳动的存在，才保证了人的欲望仍然作为一种历史性展开的内在推动力而发挥着作用。只不过这一次欲望在人的生存中表现为奴隶的劳动。如果没有奴隶的劳动，主人与奴隶的关系将成为一种永恒不变的关系，正是由于劳动的进行为奴隶构造了自由的观念，奴隶为了实现这种自由观念才最终要与主人展开最终的斗争。在这次斗争中，奴隶必须要克服对死亡的恐惧，勇敢地战胜主人才

①　Alexandre Kojève, *Introduction to the Reading of Hegel*, Cornell University Press, 1980, p. 49.

②　Ibid., p. 50.

能最终成为与原来身份不同的人，这种斗争的最终结果是宁死不屈的主人的死亡，奴隶的全面胜利。这种胜利所导致的不再是主奴关系的确立，而是一个完全无对立的等同。人与人之间是平等的，无差异的，于是人与人之间的承认才是真正相互的承认，也才能实现真正意义上的自由。这一时刻被科耶夫称为"历史的终结"。而正是这一思想深刻地影响了后现代政治理论的发展，并直接引发了福山的"历史终结论"。

可见，在由欲望所引发的人之历史性展开中，劳动发挥着关键性作用。在科耶夫看来，作为培养和陶冶事物的劳动发挥着双重作用："一方面，劳动改变和改造世界，使之人性化，使之适合于人；另一方面，劳动改造，培养和教育人，使之人性化，使之符合人对自己形成的观念——最初只是一种抽象的观念，一种理想。"① 正是劳动在对世界与人的双重改造中，（即黑格尔所谓的"陶冶"），创造了物质文明，推动了人的历史演进。因此对于科耶夫来说，如果说斗争是历史性展开的催化剂，那么劳动则是历史性展开的推动力。

在此，我们可以作出这样一种判断。在科耶夫这里，他对劳动的论述与黑格尔的劳动观基本契合。不仅劳动概念的诞生地仍然是主奴辩证法，而且关于劳动的基本规定也没有太多理论上的推进。劳动在科耶夫看来意味着辩证法的否定性，意味着现实的人在改造现实的世界中的一种现实的活动。劳动为人与世界、人与人之间的勾连搭建了桥梁。劳动对事物的陶冶作用最终使世界成为了人的世界，因此劳动作为一种否定性活动最终具有肯定性意义。科耶夫在此显然是沿着黑格尔关于劳动的看法展开其劳动探讨的，并最终将劳动视为历史的推动力量。当然这里的历史不再是黑格尔意义上的意识的发展史，而是现实的人的历史。

三

就劳动问题而言，科耶夫在一定意义上发展了黑格尔，这种发展更多地以"颠倒"的形式展现出来。比如，在黑格尔那里，劳动是意识的自我否定性活动，是思辨的、精神的活动；而在科耶夫这里，劳动则表现为现实的、人的活动，它作为能够产生诸如写作"精神现象学"的"桌子"的

---

① Alexandre Kojève, *Introduction to the Reading of Hegel*, Cornell University Press, 1980, p. 52.

现实活动而构成了精神产物得以产生的物质前提。这或许可以视之为实现了一种颠倒，即将在黑格尔那里"头足倒置"的劳动观"翻转"过来，使其重新置入唯物主义的土壤之中。当然，这一比喻有些简单化，还缺乏深入的哲学考量。但仅就这一貌似"颠倒"的现象而言，马克思的身影就呼之欲出了。在黑格尔哲学体系中，"劳动"并不像精神一样占据着主导性地位，但在马克思的早期文本中，劳动却占据了至为重要的理论空间。在某种意义上可以说，正是马克思凸显了被黑格尔哲学所湮没了的劳动概念。在黑格尔那里，劳动作为一种对象化活动获得了也仅仅获得了一种思辨哲学的表达，马克思却通过劳动的链条将哲学与政治经济学连接了起来，从而找到了一条批判社会现实的有效路径。因此就理论的演进来说，"劳动"这个在黑格尔哲学中获得最初界定的重要概念，最终却在马克思思想中大放异彩。

作为一个出身东欧的思想家，科耶夫受到了马克思思想的深入影响。尽管这种影响更多的是以一种"润物细无声"的方式发生作用的。但就影响的深度而言，潜移默化往往比疾风暴雨的方式更为有效。因此，对科耶夫劳动观的研究，离不开对马克思相关思想的分析。随之而来的问题在于，究竟应当如何理解科耶夫对马克思劳动思想的继承？进而言之，科耶夫将劳动界定为现实的、有血有肉的人的一种否定性活动，是否就是对马克思劳动概念的真正继承呢？科耶夫的劳动概念是否会因为是从现实的人出发而具有了马克思劳动概念的现实性呢？事情并非如此简单。一个显而易见的矛盾是：科耶夫用马克思的劳动概念所构造的哲学形态带有着强烈的人本主义色彩，而马克思却以劳动概念为契机扬弃了费尔巴哈的人本主义。人本主义在马克思哲学思想中只是昙花一现，但它却构成了科耶夫哲学的基本底色。二者的区别显而易见。那么问题又出在哪里呢？

在我们看来，当科耶夫用辩证法的否定性环节来类比人的"劳动"之时，他同时也陷入了黑格尔对劳动之本质的界定当中。这一劳动的本质在黑格尔哲学中表现为一种对象化过程。就像马克思曾经所指出的："黑格尔把人的自我产生看作一个过程，把对象化看作非对象化，看作外化和这种外化的扬弃；可见，他抓住了劳动的本质，把对象性的人、现实的因而是真正的人理解为他自己的劳动的结果。"[1] 在此，马克思把黑格尔《精神现象学》

---

[1]　马克思：《1844 年经济学哲学手稿》，人民出版社 2000 年版，第 101 页。

中仅仅局限于主奴辩证法中的劳动设定提升为思辨思维的一般性概括。

对象化活动并非黑格尔的独创。经验论与唯理论都试图将外界事物看作与主体相对立的世界，因此人与对象、主体与客体、思维与存在就成为了两个无法调和的对立物。如何将二者统一起来，构成了黑格尔之前古典哲学的重要任务。黑格尔的突破在于将对象变成了自我意识的产物，并且由于在黑格尔那里，真理乃是一个过程，因此，对象作为自我意识的产物就绝非偶然，而是自我意识得以成立的必然环节。自我意识只能通过对象来确证自己，换言之，自我意识在对象上看到的不是别的，而恰恰就是自己本身。这样，黑格尔的对象化就与其前古典哲学的对象化从性质上区分开来。后者的对象化或者与意识完全异质（经验论），或者不过是意识的"幻象"（唯理论）。对于黑格尔来说，对象化则既是客观的，同时也是意识的一种显现。

马克思把黑格尔的这种对象化概括为"把对象化看作非对象化，看作外化和这种外化的扬弃"。把对象化看作非对象化，这似乎很难理解，但经过上文对黑格尔的对象化与前黑格尔哲学的对象化的对比性分析之后，这句话就变成了对黑格尔哲学的精确概括。因为在黑格尔那里，对象化特指自我意识的对象化，在对象上体现和确证的是自我意识自身。着眼于对象化的主体，这种对象化乃是一种内在的对象化。而经验论和唯理论意义上的对象化乃是一种外在的对象化，对象与主体彼此外在，相互对立。因此，相对于后者而言，黑格尔的对象化乃是非对象化。而所谓"看作外化和这种外化的扬弃"，指的正是黑格尔对象化的特殊性在于同时包含对象化和对象向意识的复归两个方面的内容，并且只有在这两个方面都完成之后，自我意识才获得了确证。从这一意义上说，黑格尔的对象化活动乃是用观念来演绎现实的思辨逻辑。从这一意义上说，无论科耶夫如何强调劳动过程的物质性，例如人对一张桌子的生产，这一劳动的本质却仍然与黑格尔的思辨逻辑没有差异。两者都是一个对象化的过程，只不过在人对桌子的生产劳动中，不是意识，而是一个有血有肉的人从另外一个客体（而不是另外一个意识）中看到了自身本质力量的对象化，但不管怎样，对象化的原则并没有改变。

如果马克思的思想一直停留于其青年时期，停留于费尔巴哈人本主义的笼罩之下的话，那么科耶夫的劳动概念将是对马克思劳动观的有效继承。一个明显的例子就是在《1844 年经济学哲学手稿》中，马克思曾经运用费尔巴哈的语言，借助对象化的逻辑，对劳动的本质做出了这样的阐述："人同作为类的存在物的自身发生现实的、能动的关系，或者说，人作为现实的类存在物即作为人的存在物的实现，只有通过下述途径才有可能：人确实显示出自己的全部类力量——这又只有通过人的全部活动，只有作为历史的结果才有可能的——并且把这些力量当作对象来对待，而这首先又只有通过异化的形式才有可能。"① 如果马克思一直停留于此，那么他的劳动概念与科耶夫的劳动概念就没有本质的区别，科耶夫对自己"劳动"思想源头的指认就是准确的。然而问题在于，马克思仅仅用了一年的时间就从对费尔巴哈的沉迷中觉醒，扬弃了人本主义，转向了对费尔巴哈的彻底批判。在某种意义上说，马克思对于费尔巴哈人本主义的批判是其最终走向历史唯物主义的关键环节，其中劳动概念构成了这一关键环节上的核心概念。科耶夫的误读，就在于其没有真正把握劳动在马克思思想演变过程中的轨迹及其最终旨归，从而将劳动简单还原为一种否定性的人类活动，从而与马克思劳动概念的真正内涵失之交臂。

四

马克思之所以能够从费尔巴哈的抽象性和黑格尔的思辨性之中走出来，一个重要的契机在于其对古典政治经济学的批判。而他之所以能够展开这一批判，一方面源自当时德国思想中哲学与经济学相互融合的文化背景。黑格尔就是这种融合的典型代表。"黑格尔不仅在德国人中对法国革命和拿破仑时代持有最高和最正确的见解，而且他同时是唯一的德国思想家，曾认真研究了英国工业革命问题；他是唯一的德国思想家，曾把英国古典经济学的问题与哲学问题、辩证法问题联系起来。"② 另一方面，对"物质利益"的关注促使马克思走向政治经济学研究。政治经济学作为一门直面现实的科学③，与马克思实现人类解放的理论旨趣之间具有一种天然的契合性。

① 马克思：《1844年经济学哲学手稿》，人民出版社2000年版，第101页。
② 卢卡奇：《青年黑格尔》（节选本），商务印书馆1963年版，第23页。
③ 例如萨伊在对政治经济学方法论的探讨时指出，政治经济学是"探究社会上实际存在的事物的本质与发展过程"（《政治经济学概论》，商务印书馆1963年版，第38页），认为"这门科学不是建立在假设上面，而是建立在观察结果和经验上面。"（同上书，第49页）再如李斯特认为："关于政治经济学我们可以读到的最好的书本就是现实生活。"（《政治经济学的国民体系》，商务印书馆1961年版，第7页）。

　　需要注意的是，政治经济学的基本概念及其命题在马克思那里大多成为批判的对象。这也可以解释为什么马克思的相关著作往往以政治经济学批判而非以政治经济学来命名。在马克思看来，古典政治经济学家与黑格尔在劳动问题上具有共同的立场。他们看到了劳动带来了社会财富的增长，实现了对财富源泉探讨的转向：从外在对象（货币）转向了主体性的人（劳动）。这实质上是在政治经济学的语境中重述了劳动的对象化本质：作为人的对象化活动确证了人自身的存在。由此无论是黑格尔，还是古典政治经济学家们，他们所看到的劳动都只是对象化意义上的劳动。这种劳动对于人的本质的确证具有也仅仅具有肯定性的意义，由此我们可以理解马克思的如下论述：

　　　　黑格尔站在现代国民经济学家的立场上。他把劳动看作人的本质，看作人的自我确证的本质；他只看到劳动的积极的方面，没有看到它的消极的方面。劳动是人在外化范围之内的或者作为外化的人的自为的生成。黑格尔惟一知道并承认的劳动是抽象的精神的劳动。①

　　这段话体现了马克思对黑格尔劳动概念的批判和超越。在马克思看来，黑格尔看到了劳动的积极方面，即对象化活动，这是应当予以肯定的；但问题也恰恰出在这里，即黑格尔仅仅看到了劳动的积极方面，而看不到劳动的消极方面。那么随之而来的问题是，什么是劳动的消极方面？为什么黑格尔和古典政治经济学家们发现不了劳动的消极方面？马克思又何以能够发现这一点呢？

　　原因在于马克思考察问题的出发点与黑格尔以及国民经济学家们完全不同。尽管黑格尔和古典政治经济学家们也都重视面向社会现实，但在黑格尔看来，一切现实都是概念设定的结果，除此之外，都是缺乏本质的偶然存在。"除了概念本身所设定的这种现实性以外，其他一切东西都是暂时的定在，外在的偶然性、私见，缺乏本质的现象、谬妄、欺骗、等等不一。"② 古典政治经济学家们尽管一再标榜以社会现实为对象，但他们所发现的现实，都是理智的安排和思想的序列。所以黑格尔从国民经济学中看

---

① 马克思：《1844 年经济学哲学手稿》，人民出版社 2000 年版，第 101 页。
② 黑格尔：《法哲学原理》，范扬、张企泰译，商务印书馆 1961 年版，第 1 页。

到的是"思想（见斯密，塞伊，李嘉图）是怎样从最初摆在它面前的无数个别事实中，找出事物简单的原理，即找出在事物中发生作用并调节着事物的理智"，① 并对此予以赞许。从性质上看，二者或自觉或不自觉地分享了一个共同前提，即从概念出发。这一出发点同时决定了它们的考察必然以抽象结束，换言之，他们所发现的社会现实只能是抽象的。由此他们所发现的劳动也只能是抽象的劳动，"黑格尔惟一知道并承认的劳动是抽象的精神的劳动"。

马克思发现了这种社会现实的抽象性。他指出政治经济学家"当他想说明什么的时候，总是置身于一种虚构的原始状态"，从而"他把他应当加以说明的东西假定为一种具有历史形式的事实"。② 更为重要的是，马克思发现了国民经济学家无法解决的内在困惑，即既然劳动创造了财富，那么为什么劳动者却是越劳动越贫困？要回答这一问题，必须抛弃国民经济学的抽象立场，从"当前的经济事实出发"③。立场的转变使马克思得以发现劳动的消极方面——异化劳动的存在。如果说黑格尔和国民经济学家所持守的对象性的劳动，亦即劳动的积极方面是对人的肯定的话，那么异化劳动则是对人的否定。正像马克思所描述的那样，一旦脱离外力的限制，劳动者就会像逃避瘟疫一样逃避劳动。

需要指出的是，作为劳动的积极方面的对象性活动与作为劳动的消极方面的异化劳动并非两类不同的劳动，而是立足于不同的视角，对同一劳动的不同规定。前者立足于价值，即"应当"的视角，是一种理论上的理想性设定，带有强烈的人本主义色彩。其问题在于这样的劳动在人类社会的发展史上从来都没有真正出现过。后者则完全不同，它以人类进入大工业时代之后的最为基础、最为普遍的社会现象为立足点和出发点。正是由于这一现象的普遍性，马克思有时会将异化劳动前面的"异化"二字去掉，将异化劳动所特有的内涵直接赋予劳动，比如在《评李斯特》中，马克思这样描述："'劳动'，按其本质来说，是非自由的、非人的、非社会的、是被私有财产所决定的并且创造私有财产的活动。"④ 事实上，正是通过对异化劳动的分析，马克思才不仅继承，而且超越了劳动的积极方

---

① 黑格尔：《法哲学原理》，范扬、张企泰译，商务印书馆 1961 年版，第 204 页。

② 马克思：《1844 年经济学哲学手稿》，人民出版社 2000 年版，第 51 页。

③ 同上。

④ 《马克思恩格斯全集》第 42 卷，人民出版社 1979 年版，第 254—255 页。

面——对象性活动；在此基础上，通过对异化劳动得以存在的前提和限度的分析，深入到了社会制度和社会关系的层面，最终创立了历史唯物主义。所以对于马克思的劳动观而言，最为重要的不是对象性活动，而是异化劳动。科耶夫的劳动思想恰恰是因为没有能够深入异化劳动的层面，而最终落入了思辨逻辑的陷阱。

由于劳动问题的复杂和艰深，也由于马克思的劳动思想经历了一个发展变化的过程，导致了对马克思劳动观的理解上存在着相当程度的误解。科耶夫的误读只是一个较为典型的个案。他的劳动实现了对黑格尔劳动观的颠倒，即以现实的感性活动代替了抽象的精神活动。在我们看来，这并不错，但还不够。之所以不够，是因为如果仅仅停留于此，那么将错失马克思劳动观的真谛。因为将黑格尔颠倒过来，并不就等于马克思。一种形而上学颠倒过来，还是形而上学。无论是精神活动，还是感性活动，其基本原则是一致的，即对象性活动。而只要坚守这种对象性活动的原则，就难以走出近代形而上学的困境。

在此，回顾一下海德格尔对马克思的批评对于我们弄清问题是必要的。在《关于人道主义的书信》中，海德格尔就劳动问题对马克思提出了批评："唯物主义的本质并不在于它主张一切都只是质料，而倒是在于一种形而上学的规定，按照这种规定，一切存在者都表现为劳动的材料。在黑格尔的《精神现象学》中，劳动的现代形而上学的本质已经得到先行思考，被思为无条件的制造的自己设置起来的过程，这就是被经验为主体性的人对现实事物的对象化的过程。"① 海德格尔在此把劳动的形而上学的本质视为主体的一种对象化过程，"这就是被经验为主体性的人对现实事物的对象化的过程"，并据此认为马克思的哲学乃是一种劳动的形而上学。如果仅仅立足于劳动的对象化特质，那么海德格尔的批评将是准确的。而问题的关键在于马克思劳动观的轴心并不在于对象化原则之上，而在于隐藏于劳动背后并决定劳动之性质的现实社会关系之上。事实上，正是为了回避对象性活动及其原则的迷雾，马克思后期越来越少地使用劳动概念，与之相应，生产概念则越来越多地呈现出来。但这种劳动形而上学的称谓，反倒可以说是对科耶夫劳动观的准确概括。

① 海德格尔：《关于人道主义的书信》，载《路标》，孙周兴译，商务印书馆2000年版，第401页。

　　至此，对于科耶夫劳动概念的阐释就呈现出两重意义：其一，廓清其与黑格尔劳动概念的同质性，以及与马克思劳动概念的差异性。这将有助于我们进一步明确马克思劳动概念的非形而上学本质。进而言之，对马克思来说，劳动的现实性并非源于劳动的主体的现实性（以科耶夫的劳动概念为代表），而是源于是否能够对劳动得以展开的社会条件予以必要的关注与分析。其二，科耶夫的劳动概念所具有的这种形而上学本质决定了其必然导向人本主义的覆辙。这也直接引发了当代法国哲学中普遍存在的人本主义倾向，特别是以萨特为代表的存在主义的马克思主义。由于无法跨越人本主义的困境，因此萨特的存在论研究必然带有形而上学的性质及其限制，这同时也就决定了其对马克思的把握无法达到与马克思进行创造性对话的高度。就像海德格尔所指出的："因为马克思在经验异化之际深入到历史的一个本质性维度中，所以，马克思主义的历史观就比其他历史学优越。但由于无论胡塞尔还是萨特——至少就我目前看来——都没有认识到在存在中的历史性要素的本质性，故无论是现象学还是实存主义都没有达到有可能与马克思主义进行一种创造性对话的那个维度。"① 通过以上分析，我们可以清楚地认识到，海德格尔的这一批判所指向的不仅是萨特，更是萨特思想的重要源头之一——科耶夫的哲学人类学。

　　　　　　　　　　　　　　　　（本文原载《现代哲学》2012 年第 2 期）

---

　　① 海德格尔：《关于人道主义的书信》，载《路标》，孙周兴译，商务印书馆 2000 年版，第 401 页。

附 录 2

意识的内在性问题与历史之思
——论科耶夫与马克思对意识哲学的
批判及其路径差异

在 20 世纪法国哲学以及国际黑格尔研究中，科耶夫的哲学人类学独树一帜、影响深远。通过对《精神现象学》的创造性"误读"，科耶夫以人的欲望代替了黑格尔的自我意识，并将自我意识的发展历程解读为人之存在展开自身的过程。这一方面使科耶夫的哲学人类学最终走出了传统哲学的基本建制——意识的内在性，另一方面也使得人之活动所构筑的历史的本质性维度得以显现出来。这一崭新的哲学视野与马克思所开创的历史唯物主义息息相关。因此，在历史唯物主义的视野下对科耶夫哲学人类学的轴心——欲望理论予以分析考察，具有重要的理论意义。

一　欲望超越感觉

科耶夫哲学人类学的建构，与其对黑格尔《精神现象学》的批判性阐释交织在一起。在对《精神现象学》的创造性解读中，科耶夫不仅"武断"地将黑格尔现象学与当代现象学运动等同起来，而且还"武断"地将黑格尔的自我意识直接解读为"人"本身。在《黑格尔导读》中，科耶夫对《精神现象学》第四章 A 节的注释因其内容的重要性而被提前到了代序的位置上来，致使我们打开此书看到的第一句话就是："人是自我意识。人意识到自己，意识到人的实在性和尊严，所以人本质上不同于动物，因为动物不能超越单纯的自我感觉的层次。当人'第一次'说出'我'的时候，人意识到自己。因此，通过理解人的'起源'来理解人，就是理解由语言揭示的自我的起源。"①

---

① 科耶夫：《黑格尔导读》，姜志辉译，译林出版社 2005 年版，第 3 页。

这段话蕴含了以下几层意思：第一，人是自我意识——一种能够意识到自我的意识。第二，人要在意识到自己的过程中发现自身存在的真实性，就这一点来说，人不同于动物。当科耶夫强调"动物不能超越单纯的自我感觉"的时候，也就从反面说明了人可以超越单纯的自我感觉。第三，要"通过理解人的'起源'来理解人"，而这种起源需要借助于语言来揭示，具体而言，就在于人在何种情况下在语言中说出一个"我"。

问题最终被归结到了语言之上，被还原为一种特定的语言场景：即人在怎样的情景下可以完全说出一个"我"。为了解决这一问题，科耶夫首先批判了用"思维"、"理性"以及"知性"来反思我的存在的路径。这一路径无疑代表了笛卡尔以来以"我思"为标尺的西方近代哲学传统。在这一传统中，"我思"作为存在的基础乃是自明的。然而在科耶夫看来，当人们陷于这种沉思之中而不能自拔的时候，并不能发现真正的"我"。因为在"我思故我在"的推论中，我思的结果是我思之对象——我在，在这个过程中，沉思的对象成为了主导，我思之后，只能说出"我思的是什么"，而不能说出一个"我"。"进行沉思的人完全被他所沉思的东西'吸引'；'认识的主体''消失'在被认识的客体中。沉思揭示客体，而不是揭示主体。"[1]

那么被沉思的对象所吸引的人，如何才能返回自身呢？科耶夫认为只能通过欲望。例如当人们感觉到饥饿的时候，想吃饭的欲望使人发现了自己的存在，人们在这个时候总会自然而然地说出："我——饿了。"而当人们说出"我……"的时候，自我作为一个存在彰显了出来。"正是一个存在的（有意识）欲望构成了作为自我的这种存在，并在促使这个存在说出'我……'的时候揭示了这个存在。"[2]这样，人就不再是抽象的理性动物，而是以欲望为前提和显现方式的活生生人。

那么，这种欲望与动物的欲望又有何不同呢？这就涉及对作为人的特质的欲望的进一步界定。诚然，以"自我感觉"为特质的动物也有欲望，这种欲望乃是一种生理欲望，生理欲望乃是一种自然的欲望，例如饥饿、口渴等。自然欲望的满足必然导致所欲望对象的消失，即被否定，如食物和水的消失。因此，自然欲望乃是对立性的欲望，即它仅仅存在于对立之

---

① 科耶夫：《黑格尔导读》，姜志辉译，译林出版社 2005 年版，第 3 页。
② 同上书，第 4 页。

中，其对象也只能是实在的物，欲望的满足意味着对对象的否定，即必然导致欲望对象的消失。比如口渴的欲望只存在于与水的对立之中，一旦水被喝了，欲望得到了满足，那么欲望本身也就消失了。以自我意识为特质的人的欲望则根本不同。它不再是自然性的，而是社会性的；其对象不再是实在的物，而是他者的欲望。"人类发生的欲望不同于动物的欲望（动物的欲望构成一个自然的、仅仅活着的、只有其生命感觉的存在），因为人的欲望不针对一个实在的、'肯定的'、给定的客体，而是针对另一个欲望。"① 欲望的满足也不意味着对对象的单纯否定，而是一种对立中的统一。这种欲望的结构意味着他者的必然存在，这一他者也必然是社会性的存在，因为"人的现实性只能是社会的"。② "如果人的现实性是一种社会的现实性，那么仅当欲望是相互欲求着的，社会才是人的社会。"③ 这样，人及其社会在一种新的视野——欲望的视野下获得了一种新的阐释。

二　欲望洞穿"我思"

正是通过对"自我意识"的探求，科耶夫的欲望理论及其哲学人类学得以建构。然而，我们还需注意的是，在黑格尔那里，自我意识的问题在本质上就是自我意识的统一问题，即"我思"与我在统一的问题。他通过对意识与自我意识的双重化将这种统一改造为一种间接性的统一。然而不管黑格尔对自我意识做了怎样的改造，从最为根本的层面看，都不过是对"我思"的一种研究，即研究"我思"作为一种思维或意识所具有的特质。与之不同的是，科耶夫借助其欲望理论，对传统意识哲学的基础性问题——我思问题予以了一个别开生面的回应。

"为了能以笛卡尔的方式提出同样的问题，《精神现象学》必须回答自以为能到达最终或绝对真理的哲学的问题：'我思故我在'；但我是什么"④ 科耶夫在此运用追问方式的转换来改变答案本身。在黑格尔那里，对于笛卡尔问题的改进实际上是以"我思是什么"为出发点来展开研究的，在科耶夫这里，他所追问的却是"我是什么"。经过这样一个转换，

---

① Alexandre Kojève, *Introduction to the Reading of Hegel*, Cornell University Press, 1980, p. 6.
② Ibid.
③ Ibid.
④ Ibid. , p. 33.

原本指向意识，并且似乎只能通过对"意识"的改造才能解答的问题，突然变成了对"我"的追问。从"意识"到"我"，科耶夫通过这一似乎并不起眼的转换改变了整个黑格尔哲学的根基。这一转换的实现显然受到了海德格尔的影响。海德格尔对于"我思"问题的解决就是通过将对"意识"本身的追问转换为对"此在"的追问。在海德格尔看来，"意识是在此在中得到根据的"。① 对于这种转换，海德格尔认为应将其视为源初意义上的"移居"，即把哲学的根基从原本高高在上的意识领域下降到现实世界之中。科耶夫对"我是什么"的追问同样是一种"移居"。只不过他又把海德格尔的"此在"转换为"我"。认为对"我是什么"的不同回答在根本上决定着对意识内在性问题的基本态度。

　　对于"我是什么"的问题可以有不同回答。笛卡尔的回答是："我是一个能思维的存在。"这一回答不仅属于笛卡尔，而且属于所有追问"我思是什么"的哲学家。科耶夫的回答则是"我是一个哲学家"。② "我不仅仅是一个能思维的存在；我也是——首先——是黑格尔。那么，这个黑格尔又是什么？首先，他是一个有血有肉的人，他知道自己就是这样的。不过，这个人不会在空中飞翔。他坐在一把椅子上，在一张书桌前，用羽毛笔在纸上写字。"③ 这一回答又意味着什么呢？一个哲学家与一个能思维的存在之间有何根本不同呢？关键在于如何理解这里的"哲学家"。科耶夫视野中的哲学家"坐在一把椅子上，在一张书桌前，用羽毛笔在纸上写字。"简而言之，这个哲学家乃是一个现实的、感性的、活生生的人。这样的人当然不能简单归结为各种感觉的组合体，感觉的生理性存在永远只是人的一个自然的基础，而不能界定人的本质。科耶夫在描述这个有血有肉的"我"的时候，其笔触集中在他的生活，他与世界打交道的过程之上：他坐在椅子上，他用笔写字，并且他知道他所使用的物都是人劳动的产物，甚至指出当这个"我"听到耶拿战争的隆隆炮声的时候："他知道大炮也是一种劳动的产物，这一次，用于人与人之间的生死斗争。但是，事情不止于此。他知道他听到的炮声是在耶拿战役中拿破仑的大炮的轰鸣。他因而知道他生活在拿破仑在那里行动的一个世界中。"④ 可见，这个

---

　① 海德格尔：《晚期海德格尔的三天研讨班纪要》，丁耘摘译，《哲学译丛》2001 年第 3 期。
　② Alexandre Kojève, *Introduction to the Reading of Hegel*, Cornell University Press, 1980, p. 33.
　③ Ibid. , p. 34.
　④ Ibid.

"我"不仅处于一个特定的世界之中，而且还能够对这个世界拥有自己的见解。这意味着这个"我"从一开始就已经从"我思"中"出离"出来。换言之，科耶夫从一开始就是从某种"与'我思'根本不同的东西"出发，这就为其走出意识的内在性提供了可能。

从解读的角度看，科耶夫显然对黑格尔做出了一种过渡的阐释，将原本不属于黑格尔哲学的东西悄悄输入其中：将"我思"偷换为"我"，即将思维偷换为现实的人的存在，由此导致了对意识内在性之前提的质疑。在之前的传统形而上学之中，我思是我在的前提，即思维是存在的前提。经过了科耶夫的改造，我思本身需要一种前提，即"我"的存在。由此整个我思问题的路向就由意识衍生存在，转向了由存在衍生意识，正是在这一点上，科耶夫完成了对意识内在性的突破。

问题还没有就此止步。在科耶夫看来，"我"不仅是有血有肉的现实的存在，"我"同时还是一个能够"理解"我所处世界的存在，他强调，"我是一个哲学家"。这种理解如何可能？因为我不仅是一个客观的存在，而且还是一个有意识的存在，"不仅仅有意识，而且——首先——也是自我意识。人不仅仅是一个能思维的存在，也就是能用语言（logos），用由词汇构成和具有一种意义的语言揭示存在的人。人还揭示——同样用语言——揭示着存在的存在，他自己的存在，与被揭示的存在对立的能揭示的存在，并给予这个存在'我'（Ich）和'自我'（Selbst）的名称"。①

用自我意识来界定"我"的本质，那么我作为一个特殊的已经出离在世的存在本身又是一个意识，并且出离在世的存在只能是我之为人的一个基础，我要成为我，要成为一个不同于生理性存在的特殊存在，所依赖就是自我意识。这种自我意识的显现就是对存在的揭示。在科耶夫看来，黑格尔所追求的最终的绝对知识就是这样一种自我意识：它能够通过理解客观存在而理解自身，并且通过理解自身来理解整个客观存在。自我意识就是绝对精神，这是黑格尔的结论。但在此，科耶夫无疑放大了黑格尔对自我意识的特殊界定，即黑格尔所谓的自我意识是自我与对象的统一性运动，客观世界在其中作为一个必要环节构成了对自我的一种确证。

从性质上看，科耶夫尽管运用了黑格尔的几乎所有重要术语和命题。但他在运用的过程中却从根本上转换了它们的基础，而所有转换的关键就

---

① Alexandre Kojève, *Introduction to the Reading of Hegel*, Cornell University Press, 1980, p. 36.

在于自我意识。对自我意识的转换构成了科耶夫思想的一个"理论硬核"。
首先,科耶夫将自我意识转变为一个有血有肉的人的存在;接下来,他面
临的是自我意识的产生问题,即如何让人意识到一个"我"的存在?黑格
尔对此提出的命题是:"自我意识是欲望一般",欲望在黑格尔那里表征了
一种自我意识的确证方式:通过否定对象的存在,来给予自我以确信。也
就是说,欲望就是一种否定。在对对象的否定中,自我意识形成了。由于
科耶夫对自我意识界定所完成的第一个转换(即将自我意识转换为一个现
实的人),他对欲望的界定也就从根本上完全不同,这种界定恰好构成了
对"人是欲望的存在"之命题的进一步说明:

> "欲望是什么——人们仅想到叫作'饥饿'的欲望——如果欲望
> 不是用行动改变被沉思的物,与我的存在没有关系、也与我没有关系
> 的它自身的存在中否定它,使之同化于我,把它变成我的东西,在我
> 之中和通过我而吸收,除此之外,它还能是什么?"① 于是,"为了
> '我'这个词能出现,除了纯粹消极的,仅仅揭示存在的沉思,还应
> 该有别的东西。在黑格尔看来,这个别的东西就是他在第四章开头谈
> 论的欲望。"②

在此,欲望与沉思相对应。人在沉思中所沉迷的是自在的物,不能形
成真正的意识与认识;而在欲望中,人打破了沉思的消极性,具有了积极
的行动。在行动中,物被否定,这种物因成为我之欲望的对象而不得不被
"我"所否定。然而正是在这种被否定之中,物进入了我的意识,成为了
我所意识的对象,而我也在对对象的意识中,意识到了"我"。因此,人
及其存在乃至哲学存在的基础,不是沉思,而是欲望"所以自我意识的基
础,即真正人的存在(归根结底——哲学的存在)的基础,不是纯粹认知
和消极的沉思,而是欲望(这就是为什么,尽管是附带地说,仅仅当有某
种叫作生物生命和动物生命的东西,人的存在才是可能的。因为如果没有
生命,就没有欲望)"。③

---

① Alexandre Kojève, *Introduction to the Reading of Hegel*, Cornell University Press, 1980, pp.
37 – 38.

② Ibid. , p. 37.

③ Ibid.

　　这一段话至为关键。科耶夫在此明确指出他的哲学已经突破了意识内在性的束缚，即消极的沉思不再是自我意识，即人的基础，同时更为关键的在于：在科耶夫看来，人是什么的问题就是哲学的基础问题，人的基础变化了，那么他所提出的整个哲学的基础也就变化了。这个基础不再是传统哲学中津津乐道的"我思"，而是"欲望"。需要再次强调的是，在科耶夫这里，欲望乃是一种现实的欲望，欲望的否定乃是对现实的否定，欲望的行动也是现实的行动，它们在其最为根本之点上是一致的，即都是"向外"的，这里所谓的"向外"，乃是指向意识之外、"我思"之外。这种向外乃是自发的、自然的，就像人的呼吸一样，因此，"向外"不是任何外力推动的结果，而是欲望的天性。换言之，就像意识的内在性是基于"我思"的哲学的必然命运一样，欲望的外在性乃是基于"我欲"的哲学的自然使命。进而言之，在基于"我欲"的哲学之中，意识的内在性问题自然解体了。所谓自然解体了，不是说它解决了这一问题，而是说这一问题不再成为问题。

　　至此，我们可以进行一个基本的回顾。科耶夫首先把人归结为自我意识，然后又把自我意识归结为欲望。于是对于欲望的现象学阐释也就是对自我意识的现象学阐释，同时也就是对人的现象学阐释。这一阐释对于科耶夫来说，并不是最终目的，其最终目的在于转换传统哲学的基础，即让哲学从意识内在性的藩篱中走出来，进入现实的世界之中。在此他接受了海德格尔具有原则高度的阐述："只要人们从 Ego cogito（我思）出发，便根本无法再来贯穿对象领域；因为根据我思的基本建制（正如根据莱布尼茨的单子基本建制），它根本没有某物得以进出的窗户。就此而言，我思是一个封闭的区域。'从'该封闭的区域'出来'这一想法是自相矛盾的。因此，必须从某种与我思不同的东西出发。"① 在这一原则的指引下，他发现了欲望，并从欲望这一"与我思不同的东西出发"，洞穿了"我思"的迷雾，使意识的内在性问题如庖丁解牛一般"轰然倒地"。借用伽达默尔的评价："自那时以后，许多人都开始认为追问主体如何达到对所谓'外部世界'的知识是荒谬的、陈腐透顶的。"②

---

　　① 海德格尔：《晚期海德格尔的三天研讨班纪要》，丁耘摘译，《哲学译丛》2001 年第 3 期。
　　② 伽达默尔：《哲学解释学》，夏镇平、宋建平译，上海译文出版社 1994 年版，第 118 页。

三　欲望与生产：切入历史深处的两条路径

科耶夫以欲望洞穿了传统哲学的基本建制——意识的内在性问题，这一突破的核心在于以外向的欲望代替了内向的"我思"，从而使哲学的基础脱离开意识的牢笼，转向了现实的人。最早实现这一转向的不是科耶夫，而是马克思。科耶夫正是受到了马克思的影响，并将马克思与海德格尔结合起来，才实现自己的理论突破的。因此，对科耶夫与马克思的关系予以考察，就是一件具有重要意义的事情了。

海德格尔更早地注意到了马克思思想中所蕴含的革命性变革。他曾经明确指出："因为马克思在经验异化之际深入到历史的一个本质性维度中，所以，马克思主义的历史观就比其他历史学优越。但由于无论胡塞尔还是萨特——至少就我目前看来——都没有认识到在存在中的历史性因素的本质性，故无论是现象学还是实存主义，都没有达到有可能与马克思主义进行一种创造性对话的那个维度。"[1]

要理解这样一个对马克思思想的"高度评价"，我们需要弄清楚的是究竟什么是"历史的本质性维度"？在我们看来，这种历史的本质性维度就是人的现实的生存过程。它是人作为包含有"历史性因素"（在海德格尔哲学中，所谓的历史性就是一种时间性，人是一种时间性的生存）的存在所展现的一种生存状态。它是现实的、感性的。在海德格尔看来，马克思是借助于对"异化"的分析深入历史的本质性维度的。那么，什么又是海德格尔所指的"异化"呢？就是马克思在《1844年经济学哲学手稿》中所涉及的"异化劳动"。

"劳动"进入理论思考的视野并不始于马克思。早在黑格尔和国民经济学家那里，劳动就已经成为一个重要问题。关键在于如何把握劳动。在黑格尔那里，劳动代表着精神陶冶事物的一种否定性活动，在以亚当·斯密和大卫·李嘉图为代表的国民经济学家那里，劳动则被视为价值产生的根源。但无论他们多么重视劳动，劳动在他们那里只能以一种抽象的理论形态而存在。这样的劳动无疑是非历史的，即它是一个没有历史的抽象存在。

马克思看到并超越了这种"抽象"的劳动，这一超越是通过对异化劳

---

[1]　海德格尔：《路标》，孙周兴译，商务印书馆2000年版，第401页。

动的批判来实现的。他指出："我们且从当前的经济事实出发。"① 异化劳动就是一个无法回避的"当前的经济事实"，在这里，既没有抽象的理论设定，也没有自我意识的纯粹想象，完全是"从当前的经济事实出发"。马克思正是立足于此，实现了对黑格尔哲学的扬弃。一方面，吸收了黑格尔辩证法所发现的劳动的原则，即对象化的原则；另一方面，将这个只有肯定性的劳动转换为同时包含否定性维度的现实的劳动。异化劳动作为劳动的否定性，是劳动的现实性，同时也是人的现实存在的一种显现。

马克思的这种现实的劳动被科耶夫还原为黑格尔意义上的劳动。科耶夫在分析欲望结构的时候，将劳动视为黑格尔意义上的肯定性劳动。这种劳动仍然是黑格尔哲学中所推崇的自我意识对物的陶冶，物在被自我对象化的过程中，成为了劳动的产物，其最终目的是确证奴隶的自我意识的存在。科耶夫则通过将自我意识等同于现实的人，从而将劳动转换为人的现实活动。就劳动的性质而言，科耶夫显然没有达到马克思对劳动的现实性分析，即没有提及劳动的否定性维度。但不管怎样，他仍然凸显了劳动在创造历史的意义上所占据的重要地位，并将劳动看作是人对物的一种现实的改造。这种界定本身已经将劳动转换为一种现实的活动，就此而言，科耶夫并没有从根本上背离马克思。不仅如此，如果我们能够对马克思的历史唯物主义给予更为充分的理解，那么我们可以在更深的理论层面上找到两者所具有的相似性。

在一定意义上说，科耶夫所描述的以欲望为核心的哲学人类学与马克思的历史唯物主义都是一种"历史性"的展现。历史性本质上就是一种时间性。这种时间性虽然在海德格尔那里得到了系统的阐释，但其实在黑格尔那里，通过辩证法的基本原则，已经有所显现。辩证法在"有""无"之间的流变之中显现了一种过程性、时间性的内涵，因此黑格尔哲学自身包含有历史性的维度。只是这种时间性是一种观念（概念）的历史性，它所显现的是意识的发展历程。科耶夫与马克思都是在黑格尔哲学基础之上发展出来的，因此这种历史性倾向被二者共同继承下来。二者的共同性在于：无论是科耶夫，还是马克思都将展开历史性的契机视为现实的、生成性的。只不过在科耶夫那里是欲望，在马克思那里则是生产。

在科耶夫那里，欲望作为人的一种否定性活动，当人被界定为欲望的

① 马克思：《1844 年经济学哲学手稿》，人民出版社 2000 年版，第 51 页。

存在的时候，它所显现的是一个现实的、感性的人的存在。于是历史性的展开也必然是活生生的现实，而不再是任何意义上的概念或自我意识。马克思的历史唯物主义同样是对历史性的切入与展开，历史性的展开同样需要以对人的本质的界定为前提。值得注意的是，在马克思所完成的对人的本质的界定中，所依赖的文本几乎与科耶夫完全一致，即他们都以黑格尔的《精神现象学》为基础文本，通过对黑格尔哲学的批判来展开自己的理论。不同之处在于，马克思的切入点和立足点是生产。那么"生产"如何成为展开历史性的关键环节呢？这仍然需要从马克思对黑格尔的批判说起。马克思在批判黑格尔辩证法时曾经指出："因为黑格尔根据否定的否定所包含的肯定方面把否定的否定看成真正的和惟一的肯定的东西，而根据它所包含的否定方面把它看成一切存在的惟一真正的活动和自我实现的活动，所以他只是为历史的运动找到抽象的、逻辑的、思辨的表达，这种历史还不是作为一个当作前提的主体的人的现实历史，而只是人的产生的活动、人的形成的历史。"①

对于这一段论述，我们可以从反面来加以理解：虽然黑格尔辩证法是一种抽象的、逻辑的、思辨的表达，但它却因对否定性的凸显而触及了表达"历史"的一种方式。这种方式本身是否定性，这种否定性体现为一种过程，即在马克思那里被视为"异化—复归"的发展模式。在这种模式中，异化所带来的对象化的过程，实际上是一种生产逻辑的产生。也就是说，当黑格尔将自我意识的确证归结为自我向非我的转换，并在非我中重新确证自我的时候，自我意识就具有了一种生产性的力量。马克思清楚地意识到了这一点："全部外化历史和外化的全部消除，不过是抽象的、绝对的思维生产史，即逻辑的思辨的思维的生产史。"② 于是"生产"在黑格尔的哲学中实际上显现为"异化"，更确切地说是"对象化"的过程。劳动正是这一对象化的显现，而这种对象化首先是对黑格尔自我意识的否定，即自我向非我的转换。在这一点上，马克思并没有与黑格尔产生分歧。二者的根本分歧在于转化过程的基础：在黑格尔那里是自我意识，在马克思这里则是现实的、感性的人。

马克思在指出黑格尔自我意识哲学中所包含的生产逻辑的抽象性和思

① 马克思：《1844年经济学哲学手稿》，人民出版社2000年版，第97页。
② 同上书，第99页。

辨性的同时，也从反面说明了自己哲学的立足点一定是感性的、现实的。这种现实性不仅体现在从事劳动的，或者说进行对象化活动的一定是现实的人，同时还体现在这种现实的人也必须是进行着对象化活动的人。两者缺一不可：

> 人直接地是自然存在物。人作为自然存在物，而且作为有生命的自然存在物，一方面赋有自然力、生命力，是能动的自然存在物；这些力量作为天赋和才能、作为欲望存在于人身上；另一方面，人作为自然的、肉体的、感性的、对象性的存在物，同动植物一样，是受动的、受制约的和受限制的存在物，就是说，他的欲望的对象是作为不依赖于他的对象而存在于他之外的；但是，这些对象是他的需要的对象；是表现和确证他的本质力量所不可缺少的、重要的对象。①

可见，在马克思那里，如同在科耶夫那里一样，人是一个包含有否定性能力的存在物，只是马克思用"能动性"来表达否定性的内涵。但无论怎样，人首先作为动物性的存在是不可回避的事实。这是马克思和科耶夫所共同承认的前提，也正是在这一点上，马克思和科耶夫完成了对黑格尔的颠倒，从而也完成了对意识内在性的突破。在人的能动性（否定性）的界定中，人就是历史性的展开，因此是历史的创造者。因为"生产"或者"劳动"并不是人的一个外在属性；相反，它们就是人本身的显现。于是对于马克思来说，人的本质不是抽象的理性，而是一种否定性的活动，例如在《1844 年经济学哲学手稿》（以下简称《手稿》）中，马克思就将人视为一种自由自觉的活动。但是如果仅仅停留于此，马克思所展开的历史性在某种意义上将和科耶夫没有本质区别，因为后者所凸显的人的欲望的本质，其含义也是一种自由的、否定性的活动。

事实上马克思的历史唯物主义与科耶夫的哲学人类学之间存在着巨大的理论差异，问题在于究竟是什么导致了二者在展开历史性的过程中产生差异？在我们看来，这个差异恰恰就在于马克思没有停留于将人的本质界定为否定性的活动本身。正如海德格尔在《三天研讨班纪要》中所提到的那样，哲学因为没有能够深入这个时代的两重独特现实，因此还满足于跟

---

① 马克思：《1844 年经济学哲学手稿》，人民出版社 2000 年版，第 105 页。

在知性科学后面亦步亦趋，这两重独特的现实就是："经济发展与这种发展所需要的架构。"① 在海德格尔看来，马克思显然懂得这两重现实。"马克思主义懂得这〔双重〕现实。"②

这就一语道破了天机。当马克思还停留在费尔巴哈的视阈中，试图在人本学的意义上去界定人的时候，否定性的活动显然是对人的一种合理界定。然而，伴随着这种否定性活动所附带的生产和劳动的内涵，使得马克思不得不继续前进。现实的生产和劳动不是一种思辨的运动，而是人在现实世界中进行现实活动的过程。于是现实世界的"事实"不能不进入思考的范围，那么这个时代的现实的特质究竟是什么呢？

马克思把现代社会称为"工业的社会"，认为"工业时代"是一个特殊的时代，人在工业社会之前，始终在协助于自然的生产，这是古典农业社会的基本特质。只有到了工业时代之后，人的活动才成为主导性的，人不再辅助自然进行生产，而是开始让自然围绕人的需要进行生产，因此工业的生产才是真正意义上的"生产"（就生产的本义是对象化的活动，是一个从无到有的过程而言），也是人的活动在自然基础之上的显现。正是基于这一认识，马克思才这样去言说工业："工业的历史和工业的已经生成的对象性的存在，是一本打开了的关于人的本质力量的书，是感性地摆在我们面前的人的心理学"，③"工业是自然界对人，因而也是自然科学对人的现实的历史关系"。④ 工业显现出了人作为自由自觉活动所必需的一种设定，但同时工业却也是这个时代的经济事实本身。马克思用这一词来表达人的本质的显现，在某种意义上已经试图将哲学深入到历史的经济现实本身之中了。

由此，马克思绝无可能停留在对人的人本学意义上的界定，马克思需要找寻一种真正的基于历史现实的对人之本质的表达。在《费尔巴哈提纲》中，马克思将人的本质重新表达为："人的本质不是单个人所固有的抽象物，在其现实性上，它是一切社会关系的总和。"⑤ 这种重新表达似乎与人本学意义上的设定相差甚远，其实从本质上说，它不过是马克思思想

① 海德格尔：《晚期海德格尔的三天研讨班纪要》，丁耘摘译，《哲学译丛》2001 年第 3 期。
② 同上。
③ 马克思：《1844 年经济学哲学手稿》，人民出版社 2000 年版，第 88 页。
④ 同上书，第 89 页。
⑤ 《马克思恩格斯选集》第 1 卷，人民出版社 1995 年版，第 56 页。

不断深化发展的必然结论。因为在《手稿》中，人的活动就被设定为必然是"社会的"。作为确证自身的对象化活动的存在需要对象的存在，他自己与另一个人的存在于是成为了人的活动的前提，于是，对于人的活动来说，"社会性质是整个运动的普遍性质"。① 因为"只有在社会中，自然界才是人自己的人的存在的基础，才是人的现实的生活要素。只有在社会中，人的自然的存在对他来说才是自己的人的存在，并且自然界对他说来才成为人。因此，社会是人同自然界的完成了的本质的统一，是自然界的真正复活，是人的实现了的自然主义和自然界的实现了的人道主义。"② 由此，马克思得出这样一个结论："个体是社会存在物。"③

正是在这一思路之下，马克思在彻底扬弃费尔巴哈的基础上，将对人的本质的界定转向了"社会关系的总和"。在此，人作为一种否定性活动的本质被包含在了"社会关系"之中，同时这种界定却凸显了对整个经济现实的关注。人是社会关系的总和，意味着人的存在从来都不是单个的、孤立的，从而是抽象的存在，他始终是在现实世界中的存在。于是由人的本质所开启的历史性也由此不可能是一个抽象的理论设定，它必然是现实的、社会的人的存在的显现。这种社会的人在这个时代显现为工业时代中人的特质。

与此相应，如果我们将视野仅仅局限在单个人的存在的话，那么即使我们试图从生存论的意义上去揭示其存在样态，那么所得到的界定也是缺乏现实性的，这一点在科耶夫哲学中得到了显现。他虽然在存在论上把人界定为欲望，并把劳动和斗争纳入欲望的生存论结构之中。然而由于缺乏对现实的经济事实的关注，从而忽视了作为"社会的人"的维度④。于是，他只能将人仅仅界定为欲望、劳动与斗争。所以尽管他也发现了劳动的肯定性价值，但却没有发现"异化劳动"。对于马克思来说，一定的社会关系才是人的活动最终得以展开、显现的地方。于是从来不存在什么单个人的活动，人的活动总是社会的，即既是感性的、对象性的，又是集体的，

---

① 马克思：《1844年经济学哲学手稿》，人民出版社2000年版，第82—83页。
② 同上书，第83页。
③ 同上书，第84页。
④ 科耶夫也谈到了人的个体性是特殊性与普遍性的结合，然而科耶夫意义上的普遍性并不是"社会的存在"。在马克思那里，"社会"本身就是对象性的存在，是人的感性存在的显现，因此能够直接意指社会现实本身，而科耶夫的普遍性恰恰是一种抽象的普遍性，如同马克思在费尔巴哈语境下所强调的"类"。

因此是真正现实的存在。这种现实的人的存在方式，在马克思看来就是"生产"。

我们可以做出这样一种概括，对于单个的、活生生的人来说，欲望就是人的本质，劳动（侧重于单个人的特性）创造历史。对于现实的、具体的、活生生的人来说，"社会"是人的本质，生产（侧重于集体性的特质）创造了历史。人是社会的活动，这种活动就是生产。这是历史唯物主义所展开的一种历史性理路。正是在这一维度上，马克思比科耶夫更为深入地触及了历史的本质性维度。虽然科耶夫也以人之欲望的存在论分析突破了传统形而上学所固守的意识内在性，但是由于他没有涉及"社会的人"，也没有去探寻现实经济事实的哲学视阈，这就导致了其对于历史性的展开，带有更多的"理论"色彩，从而大大削弱了其所蕴含的现实性原则。

（本文原载《学海》2010 年第 6 期）

参考文献

外文文献

［1］Alexandre Kojève, *Introduction to the Reading of Hegel*, Cornell University Press, 1980.

［2］Alian Badiou, *L' être et L' évenement* , editions du Seul, 1988.

［3］Alain Badiou, *Metapolitics*, translated by Jason Barker, VERSO, 2005.

［4］Jean Hyppolite, *Genesis and Structure of Hegel's Phenomenology of Spirit*, Northwestern University Press; 1 edition（June 1, 1979）.

［5］Jean Hyppolite, *Hyppolite, Essai sur la Logique de Hegel'* Figures（1952）.

［6］Jean Hyppolite, *Etudes sur Marx et Hegel.* Paris, M. Rivière, 1955.

［7］Jean Walh, *le Malheur de la conscience dans la philosophie de Hegel*, PUF, 1951.

［8］John O' Neill, *Hegel's Dialectic of Desire and Recognition*, State University of New York Press（January 1996）.

［9］Hans - Georg Gadmer, *Heidegger's Ways* , State University of New York Press（February 1994）.

［10］Hans - Georg Gadamer, *Reason in the Age of Science* , Cambridge, Massachusetts & London, England: The MIT Press, 1986.

［11］Hans - Georg Gadamer, *Hegel's Dialectic - Five Hermeneutical Studies*, Yale University Press（September 10, 1982）.

［12］H. S. Harris, *Hegel: Phenomenology and System*, Hackett Pub Co（October 1, 1995）.

［13］H. S. Harris, *Hegel's Ladder* , Hackett Pub Co Inc, 1 edition（September 1997）.

［14］Lacan: Ecrits, *A selection*（trans Bruce Fink）, W. W. Norton & Company，2002.

［15］Martin Heidegger，*Hegel's Concept of Experience*，Harpercollins，September 1989.

［16］Martin Heidegger，*Hegel's Phenomenology of Sprite*，Indiana University Press ，August 22，1988.

［17］Merleau‑Ponty，*Humanisme et terreur*，Gallimard，1947.

［18］Robert Stern，*G. W. F. Hegel*：*Critical Assessments*，Routledge，1 edition，December 7，1993.

中文文献

［1］邓晓芒：《思辨的张力》，商务印书馆 2008 年版。

［2］伽达默尔：《哲学解释学》，夏镇平、宋建平译，上海译文出版社 1994 年版。

［3］科耶夫：《黑格尔导读》，姜志辉译，译林出版社 2005 年版。

［4］多米尼克·奥弗莱：《亚历山大·科耶夫：哲学、国家与历史的终结》，张尧均译，商务印书馆 2013 年版。

［5］科耶夫：《科耶夫的新拉丁帝国》，邱立波编译，华夏出版社 2008 年版。

［6］莎蒂亚·德鲁里：《亚历山大·科耶夫：后现代政治的根源》，赵琦译，新星出版社 2007 年版。

［7］科耶夫：《对〈精神现象学〉前六章的概括解释》，李鹏程译，《哲学译丛》1997 年第 1 期和第 2 期连载。

［8］科耶夫：《科耶夫致唐·迪克淘的信》，《学海》2010 年第 6 期。

［9］黑格尔：《精神现象学》（上卷），贺麟、王玖兴译，商务印书馆 1979 年版。

［10］黑格尔：《精神现象学》（下卷），贺麟、王玖兴译，商务印书馆 1979 年版。

［11］黑格尔：《哲学史讲演录》第 4 卷，贺麟、王太庆译，商务印书馆 1978 年版。

［12］黑格尔：《小逻辑》，贺麟译，商务印书馆 1980 年版。

［13］海德格尔：《存在与时间》，陈嘉映、王庆节译，生活·读书·新知三联书店 1987 年版。

［14］海德格尔:《路标》,孙周兴译,商务印书馆 2000 年版。

［15］海德格尔:《林中路》,孙周兴译,上海译文出版社 1997 年版。

［16］《海德格尔选集》(上卷),孙周兴译,上海三联书店 1996 年版。

［17］胡塞尔:《笛卡尔式的沉思》,张庭国译,中国城市出版社 2002 年版。

［18］胡塞尔:《现象学与哲学的危机》,吕详译,国际文化出版公司 1988 年版。

［19］胡塞尔:《欧洲科学的危机与超越论的现象学》,王炳文译,商务印书馆 2001 年版。

［20］胡塞尔:《现象学的观念》,倪梁康译,上海译文出版社 1987 年版。

［21］吕迪格尔·萨弗兰斯基:《海德格尔传》,靳希平译,商务印书馆 1999 年版。

［22］罗伯特·皮平:《黑格尔的观念论》,陈虎平译,华夏出版社 2006 年版。

［23］丁耘摘译:《晚期海德格尔的三天研讨班纪要》,《哲学译丛》2001 年第 3 期。

［24］《费希特著作选集》第 3 卷,梁志学主编,商务印书馆 2000 年版。

［25］费希特:《全部知识学的基础》,王玖兴译,商务印书馆 1986 年版。

［26］卡尔·洛维特:《从黑格尔到尼采》,李秋零译,生活·新书·新知三联书店 2006 年版。

［27］马克思:《1844 年经济学哲学手稿》,刘丕坤译,人民出版社 1979 年版。

［28］马克思:《1844 年经济学哲学手稿》,人民出版社 2000 年版

［29］《马克思恩格斯选集》第 1—4 卷,人民出版社 1995 年版。

［30］《马克思恩格斯全集》第 1 卷,人民出版社 1956 年版。

［31］《马克思恩格斯全集》第 3 卷,人民出版社 2002 年版。

［32］《马克思恩格斯全集》第 23 卷,人民出版社 1972 年版。

［33］《马克思恩格斯全集》第 42 卷,人民出版社 1979 年版

［34］《拉康选集》,上海三联书店 2001 年版。

［35］倪梁康:《自识与反思》,商务印书馆 2002 年版。

［36］萨特:《辩证理性批判》,林骧华、徐和瑾、陈伟丰等译,安徽文艺出版社 1998 年版。

［37］萨特:《存在与虚无》,陈宣良译,生活·新书·新知三联书店 1997 年版。

［38］克莱因伯格:《存在的一代——海德格尔哲学在法国 1927—1961》,陈颖译,新星出版社 2010 年版。

［39］孙向晨:《从黑格尔到现代法国哲学——论科耶夫的黑格尔主义》,《学术季刊》1998 年第 1 期。

［40］张盾:《在什么意义上黑格尔辩证法是马克思哲学变革的思想源头?——从"卢卡奇—科耶夫解读"看》,《复旦学报》2007 年第 3 期。

［41］严泽胜:《科耶夫:欲望和历史的辩证法》,《外国文学》2003 年第 6 期。

［42］仰海峰:《〈精神现象学〉中的主人奴隶的辩证法——科耶夫〈黑格尔导读〉的核心理念》,《现代哲学》2007 年第 3 期。

［43］夏莹:《科耶夫对黑格尔辩证法的批判及其存在论本质辨析》,《学海》2010 年第 6 期。

［44］夏莹:《论科耶夫哲学要义及其对现象学的误读——以对〈科耶夫致唐·迪克淘的信〉的解读为基础》,《现代哲学》2012 年第 2 期。

后 记

　　本书的问世，经历了一个跌宕起伏的三部曲。2005—2008 年，我在复旦大学哲学学院从事博士后研究，2008 年 6 月完成的出站报告构成了本书的第一稿。吴晓明、俞吾金、张庆熊、张汝伦、陈学明、孙承叔等教授提出了宝贵意见。2009—2010 年，我利用在牛津大学哲学系访学的机会，集中时间进行了一次比较大的修改，形成了第二稿。此后长期束之高阁。2013 年，书稿有幸获得中国社会科学院创新工程学术出版基金的资助，在出版之前，又见缝插针地进行了第二次比较大的修改，形成了第三稿，也就是本书目前的样子。从着手准备到正式出版，前后跨越了十个年头，其间发表了两篇相关论文。它们和本书存在着千丝万缕的联系，故以附录的形式附于正文之后。近十年间，本书所进行的研究虽因种种原因常常被迫中断。但总的状况是理剪不断、理还乱。其间关于科耶夫的认识也在不断变化。如果要用一句话来概括的话，那么我所选择的表述是，科耶夫的思想和他的人生经历一样：丰富而复杂。我的研究体会也可以用同样的文字来表达，只是要简单颠倒一下次序，那就是：复杂而丰富。

　　乍一接触科耶夫，就像一艘小船忽然驶进百慕大群岛，仅仅在一刹那间，方向消失了。我只能赶紧回撤，再寻指南针。如此几个来回，我才慢慢找到了点"北"，也才开始感受说科耶夫的"丰富而复杂"。要在有限的时间内，特别是就我有限的研究能力而言，对付一个如此难缠的对象，权宜之计只能是把研究范围一缩再缩，三次修改过程虽然每次都有增有减，但总的趋势是缩小战线。这样自然会带来"一叶障目、不见森林"之风险。但是在"与其伤其十指、不如断其一指"这一不无极端之理念的支配下，几经周折，我最终还是确定以《黑格尔导读》中的欲望理论为主攻方向。尽管如此，在与科耶夫的"亲密交往"中，我还时常陷入"庄周梦蝶"之境。面对一段文字，科耶夫、黑格尔、海德格尔还有马克思的影子重叠交错，"不知周之梦为蝴蝶与，蝴蝶之梦为周与？"直到此时，我才真切意识到和科耶夫打交道必不可少的一个条件，就是要有充分的细心和耐心。而这一点却恰恰是我所欠缺的，因为我读书读文一向喜欢一针见血、痛快淋漓、浩浩荡荡、荡气回肠。但这一次，我却不得不放下望远镜、拿起放大镜，小心假设、耐心求证。其中之甘苦，"如鱼饮水、冷暖自知"。

本书的完成，得益于诸多师友的帮助。首先要感谢的是我博士后阶段的合作导师吴晓明教授，他不仅在我进行博士后研究期间全程指导了我的学习，而且在我出站之后，一直引导着我的研究。近十年间无数次聆听教诲，他的睿智、才华、激情以及对我所展现出来的宽容、大度和循循善诱，每每令我如沐春风、如饮甘霖。同时要感谢中国社会科学院哲学研究所的李景源和孙伟平研究员，他们多年来一以贯之的帮助、支持和引领，使我获益良多。最后要指出的是清华大学哲学系夏莹副教授不仅自始至终关注着本书的研究工作，而且亲身参与了此项研究，发表了一些相关成果。至为重要的是，她利用在法国巴黎第一大学哲学系访学的机会，搜集了一些重要文献并译为汉语，这为本书的写作提供了很大帮助。同时本书涉及的一些特定观念乃至表述，也是我们多次讨论和思想碰撞的结果。

曹丕在《典论·论文》中讲"盖文章，经国之大业，不朽之盛事"。我向来对此有些不以为然，认为给予写作之事过多的关注和过重的责任，反而会使其不堪重负、步履艰难，从而失去那种最为珍贵的活泼的自由精神。因此，与之相应，我更为欣赏杜甫的"文章千古事，得失寸心知"。不过，对于此时的我而言，"寸心"所知的是，本书需要完善的地方还有许多。对此，我不想以写作是一门遗憾的艺术来聊以自慰，只是希望自己以后还有机会把这一研究继续下去。